重庆工商大学商科国际化特色项目
重庆工商大学学术专著出版基金资助

成长型企业股权融资的
供应链运营决策研究

李　鑫◎著

中国财经出版传媒集团

 经济科学出版社
Economic Science Press

图书在版编目（CIP）数据

成长型企业股权融资的供应链运营决策研究/李鑫著．——
北京：经济科学出版社，2021.7
　（资本市场会计研究丛书）
　ISBN 978 - 7 - 5218 - 2712 - 5

　Ⅰ.①成…　Ⅱ.①李…　Ⅲ.①企业融资 - 供应链管理 -
研究　Ⅳ.①F275.1

　中国版本图书馆 CIP 数据核字（2021）第 142024 号

责任编辑：孙丽丽　胡蔚婷
责任校对：蒋子明
版式设计：陈宇琰
责任印制：范　艳　张佳裕

成长型企业股权融资的供应链运营决策研究

李　鑫　著

经济科学出版社出版、发行　新华书店经销

社址：北京市海淀区阜成路甲 28 号　邮编：100142

总编部电话：010 - 88191217　发行部电话：010 - 88191522

网址：www. esp. com. cn

电子邮箱：esp@ esp. com. cn

天猫网店：经济科学出版社旗舰店

网址：http://jjkxcbs. tmall. com

北京季蜂印刷有限公司印装

710×1000　16 开　14 印张　210000 字

2021 年 8 月第 1 版　2021 年 8 月第 1 次印刷

ISBN 978 - 7 - 5218 - 2712 - 5　定价：55.00 元

（图书出现印装问题，本社负责调换。电话：010 - 88191510）

（版权所有　侵权必究　打击盗版　举报热线：010 - 88191661

QQ：2242791300　营销中心电话：010 - 88191537

电子邮箱：dbts@ esp. com. cn）

摘　要

　　近年来，随着资本市场蓬勃发展与政策环境不断优化，股权融资已成为成长型企业重要融资渠道。然而，股权投融资双方不断涌现估值、企业控制权、委托代理等矛盾冲突，削弱金融服务于实体经济的能力。与此同时，处于快速成长期企业由于高度不确定环境所带来"运营风险"进一步加剧金融资本"脱实向虚""资本空转"等乱象。由此可见，经济新常态下推动金融与实体经济紧密结合已成为经济发展中的重要命题。探寻企业价值创造与股权融资有机契合是实现企业上下游及股权投资机构多方合作共赢的有效实施途径。因此，本书基于供应链上下游和投融资双方结构关系研究成长型企业股权融资问题，则立足于探究实体与金融结合的微观运行基础，具有一定的研究价值与实践意义。

　　本书立足于企业价值评估亟需在企业价值创造基础上来展开，避免了"产融割裂"的缺陷，以上下游和投融资双方结构关系探讨企业运营对股权融资影响。具体围绕着供应链契约（渠道控制）、股权投资结构、风险态度信息共享三个方面研究企业价值创造对股权投融资影响，不仅拓展了供应链金融研究范畴，又为投融资决策提供理论支撑与参考。

　　第一，研究了成长型企业股权融资下供应链渠道控制问题。渠道控制结构重塑了供应链上下游企业决策权力（批发价与零售价），是推动成长型企业股权融资与供应链价值创造有机契合的关键。以企业运营为基础构建了成长型企业股权融资模型，对比分析批发价锁定（不锁定）下的强（弱）渠道控制对股权投融资及供应链影响。探讨批发价锁定与不同市场成长性下供应链最优渠道控制策略。发现市场成长性主导了成长型企业股权融资后供应链渠道控制策略选择，批发价不锁定时应避免采用强渠道控制；当批发价锁定时强渠道控制促进了企业股权融资，而批发价不锁定下弱渠道控制则促进了企业股权融资。此外，最优供应链渠道控制策略还存在"股权融资意愿背驰"现象。

第二，研究了成长型企业股权融资下供应链契约选择机制。供应链契约是促进金融与供应链深度融合及防范金融系统风险的根本举措。从运营角度刻画了股权资本重构融资企业信用与运营决策转移的新特征，还进一步构建了成长型企业股债联动融资下批发价（收益共享）契约模型，探讨了供应链契约的选择机制及对供应链运营效率改善空间。发现了投贷联动融资下供应链契约选择取决于交易成本降低（协同效益）与供应链协同成本的比较。此外，收益共享契约下股权融资能协同供应链成员与投资机构实现"帕累托改进"且存在贷款利率与努力成本扰动风险"倒挂"现象。

第三，研究了运营视角下成长型企业股权融资下最优投资结构问题。探讨合理股权投资结构是推动产融深度融合以"增强金融服务实体经济的能力和意愿"的重要命题。以企业运营角度刻画了供应链鲁棒风险模型支持下投融资博弈的新特征，构建了企业投贷联动融资模型，探讨合理投资结构存在性。发现了投资方参与成长型企业股权融资博弈时，存在协调投资方利益最大化的"投贷联动区间"与最优投资结构，且最优投资结构受市场成长性主导。此外，企业所得税降低导致负债税盾效应减弱时，存在"反啄食顺序"的投资偏好。

第四，研究了成长型企业股权融资下风险态度信息共享价值。探寻投融资双方风险态度合作机制是避免"产融割裂"缺陷，缓和金融资源错配矛盾重要手段。在成长型企业股权融资基础上进一步考虑信贷融资（银行），并刻画了银行风险规避与企业风险偏好特征，构建了风险态度协同的成长型企业投贷联动融资模型，探讨了能缓解企业风险态度不对称的多方合作机制。发现了企业风险态度协同机制下投贷联动融资能协调供应链与金融机构实现"帕累托"改进。此外，企业风险态度协同机制的投贷联动中存在遏制"逆向选择"的协同效应，而非协同机制下则出现银行利润被"侵蚀"现象。

Abstract

In recent years, with the vigorous development of capital market and the continuous optimization of policy environment, equity financing has become an important financing channel for growth enterprises. However, both sides of equity investment and financing continue to emerge conflicts such as valuation, corporate control power, and principal-agent, which weaken the economic ability of financial services entities and aggravate the chaos of financial capital "financial disengagement entities" and "capital idling". Therefore, it has become an important proposition in economic development to promote the integration of finance and real economy under the new normal period.

Exploring the combination of enterprise value creation and equity financing is an effective way to achieve win-win cooperation between financing companies (including their upstream and downstream) and financial institutions. This book is based on the enterprise value assessment, needs to be carried out on the basis of enterprise value creation. It avoids the defect of "separation of production and finance", and explores the issue of equity financing from the perspective of structure. Focusing on the three aspects of supply chain contract (channel) structure, equity investment structure and risk attitude coordination structure, this book researches the impact of enterprise value creation on equity investment and financing, which not only expands the research scope of supply chain finance, but also provides theoretical support and reference for investment and financing decision.

Firstly, this book discusses the choice of supply chain channel control structure under the equity financing of growth enterprises. Channel control structure re-shapes the decision-making power (wholesale price and retail price) of upstream and downstream enterprises in the supply chain, which is the key to promote the organic combination of the equity financing of growing enterprises and the value creation of supply chain. Based on the perspective of enterprise operation, this book constructs a growth enterprise equity financing model, compares and analyzes the impact of strong (weak) channel control structure under wholesale price lock-in (unlocked) on equity investment and financing and supply chain, and discusses the optimal channel control strategy under wholesale price lock-in and different market growth. It is found that market growth dominates the choice of supply chain channel control strategy after equity financing for growth enterprises, and strong channel control should be avoided when wholesale price is not locked; strong channel control promotes equity financing when wholesale price is locked, while weak channel control promotes equity financing when wholesale price is not locked. Moreover, the optimal supply chain control strategy chosen by the supplier has the phenomenon of "equity financing willingness".

Secondly, this book investigates the supply chain contract structure selection mechanism under the equity financing of growing enterprises. Supply chain contract structure is the fundamental measure to promote the deep integration of finance and supply chain and prevent the risk of financial system. It is found that the choice of supply chain contract structure depends on the comparison of transaction cost reduction (synergy benefit) and supply chain synergy cost. In addition, equity financing under revenue sharing contract could cooperate with supply chain members and investment institutions to achieve "Pareto improvement" and there is a risk of "upside-down" phenomenon of loan interest rate and effort cost disruption.

Thirdly, this book researches the optimal investment structure under the equity financing of growth companies. Exploring the rational equity investment structure is an important proposition to promote the deep integration of industry and fi-

nance to "enhance the ability and willingness of financial services to the real economy". From the perspective of enterprise operation, this book describes the new characteristics of investment and financing game supported by supply chain robust risk model, constructs enterprise investment and loan linkage financing model, and discusses the existence of reasonable investment structure. It finds that there exists the "investment and loan linkage interval" and the optimal investment structure and the optimal investment structure is dominated by market growth. Moreover, lower corporate income tax has reduced the debt tax shield effect, there is an investment preference for "anti-pecking order".

Fourthly, this book considers the cooperative value of equity financing risk attitude from the perspective of enterprise operation. It is an important means to explore the risk attitude cooperation mechanism between the two sides of investment and financing to avoid the defect of "separation of production and finance" and ease the contradiction of mismatched financing resources. Based on the equity financing of growth enterprises, credit financing (bank) is further considered, and the characteristics of bank risk aversion and enterprise risk preference are described, a growth enterprise investment and loan linkage model with risk attitude is constructed, and a multi-cooperation mechanism that could alleviate the asymmetry of enterprise risk attitude is discussed. It finds that the investment and loan linkage could coordinate the supply chain and financial institutions to achieve the "Pareto improvement" range under the cooperation of retailer risk information. There is a cooperative synergy effect in the retailer risk information sharing mechanism to curb "reverse selection". However, there is the phenomenon of "erosion" of bank profits by growth enterprises under the non-cooperative mechanism.

第 1 章

绪 论

1.1　研究背景与问题提出

1.1.1　研究背景

世界经济进入转型期，中国经济发展步入新常态，过去经济发展依托的人口红利、资源红利、环境红利等很难再成为优势，并呈现出"经济增速放缓、经济结构调整加快、经济发展动力转换"的新特征。此外，在全球价值链中，品质与品牌成为竞争力的重要方面，供给侧结构性改革作为适应和引领经济新常态的突破口，已成为中国经济发展方式转型和经济结构优化的关键。中小企业①（SMEs）是推动中国经济与社会稳定发展的重要力量，是促进经济创新活力的源泉。据工业和信息化部统计，当前我国的中小企业约 4 000 万家（占全国企业总数的 90% 以上）创造了中国 60% 以上的国内生产总值（GDP），完成了 70% 以上发明专利，贡献了 50% 以上的税收，吸纳了中国 80% 的城镇就业人口。由此可见，中小企业是供给侧结构性改革的重要载体，在增加就业、促进经济增长、科技创新与社会和谐稳定等方面具有不可替代的作用。资金是企业运营与成长的"血液和命脉"，企业发展离不开资金的支持与配合，然而中小企业融资难题已成为制约中国实体经济创新与市场竞争力提升。根据《中国社会融资环境报告》数据显示，中小企业的信贷满足率仅为 20%，截至 2016 年底小额贷款公司向中小企业所投放贷款余额为 9 420 亿元，相对 2014 年（9 273 亿元）降低了 1.56%。因此，引导金融服务于实体经济与提高金融资源配置效率成为深化金融改革的重要探索方向。

成长型企业是指在一定存续期内（如 3 年以上），具有持续挖掘未利用资源能力，不同程度地呈现整体扩张态势，未来发展预期良好的企业

---

① 根据工业和信息化部、国家统计局、国家发展改革委、财政部研究制定了《中小企业划型标准规定》，根据企业从业人员、营业收入、资产总额等指标，结合行业特点将中小企业划分为中型、小型、微型三种类型。

（Cornely，1986），表现在市场开发能力、科研与创新、公司治理等方面具有竞争优势或发展潜力。成长型企业代表中小企业的中坚力量，是加快建设与提升实体经济的重要着力点，而资金支持则成为长型企业捕获发展机会能力的根本保障。关于公司资本结构理论中优序融资理论（pecking order theory，啄食顺序理论）指出信息不对称导致权益融资会传递企业经营的负面信息，而外部融资产生额外支付成本，即企业融资方式一般会遵循内源、债务、权益融资的先后次序（Myers and Majluf，1984）。

成长型企业具有"无抵（质）押和担保物、财务不健全、经营不稳定"等特征不符合银行信贷条件。一方面，斯蒂格利茨（Stiglitz）和韦斯（Weiss，1981）认为借贷双方企业经营信息不对称，导致银行尽职调查、监督管理等交易成本过高而采取信贷配给制度。信息不对称引起"逆向选择（adverse selection）""道德风险（moral hazard）"问题削弱银行信贷投放意愿，使得成长型企业普遍存在着金融资本短缺现象（Arrow，1963；Akerlof，1995）。另一方面，当成长型企业运营风险不确定时，银行通常采取提高贷款风险溢价（补偿）甚至降低信贷供给（Joyce et al.，2010；Adrian et al.，2013）等风险控制行为，具体表现为"断贷、抽贷、停贷"等典型风险规避决策，这或将加速融资企业倒闭。据此可知，由于信息不对称致使银行缺少对成长型企业运营能力进行甄别，银行为化解不良贷款危机，采取"一刀切"方式降低信贷供给，无形中将提升企业融资门槛与资金使用成本。综上可知，股权融资或将成为缓解成长型企业资金瓶颈，实现跨越式发展的重要融资渠道。

20 世纪 90 年代，股权投资行业获得长足发展。中国已经初步建立了完善的资本市场（包括场内和场外市场），拓宽成长型企业直接融资渠道，切实提升融资效率。2017 年全国金融工作会议提出"要增强资本市场服务实体经济功能，积极有序发展股权融资，提高直接融资比重与防范金融系统风险"，从而奠定了新形势下深化金融体制改的总基调。据此可知，股权融资成为金融体制改革背景下提高金融资源配置效率与保障风险可控的重要命题。如表 1 - 1 所示，国家还出台了一系列积极推进股权融资发展政策法规，促进多层次金融资本服务实体经济，助推供给侧结构性改革，为经济长期持续健康发展夯实基础。

表1-1　　　　　　　　　　　　股权投/融资政策法规

序号	文件名称	发布机构	发布时间
1	《关于进一步促进资本市场健康发展的若干意见》	国务院	2014年5月8日
2	《关于加快众创空间发展服务实体经济转型升级的指导意见》	国务院	2016年2月18日
3	《关于支持银行业金融机构加大创新力度开展科创企业投贷联动试点的指导意见》	银监会、科技部、中国人民银行	2016年4月15日
4	《降低实体经济企业成本工作方案的通知》	国务院	2016年8月22日
5	《关于积极稳妥降低企业杠杆率的意见》	国务院	2016年9月22日
6	《关于创新管理优化服务培育壮大经济发展新动能加快新旧动能接续转换的意见》	国务院	2017年1月13日
7	《关于2017年深化经济体制改革重点工作意见的通知》	国务院	2017年4月13日
8	《关于进一步深化小微企业金融服务的意见》	人民银行、银保监会、证监会、国家发展改革委、财政部	2018年6月25日
9	《关于加强金融服务民营企业的若干意见》	国务院	2019年2月14日

根据表1-1中股权投/融资政策法规小结如下：（1）提高直接融资比重，降低企业杠杆与综合融资成本；（2）完善股权投资基金与资本市场法规（如退出机制），着力降低制度性交易成本；（3）创新型探索股权和债权相结合的混合型融资服务（投贷联动机制）。与此同时，政府还成立政府引导基金（government guide fund，GGF）发挥财政资金杠杆放大效应，增加创业投资资本供给，通过引导私募股权投资（private equity，PE）与风险投

资（venture capitalists，VC）资本克服市场金融资源配置失灵问题。据私募通数据显示，截至 2017 年底，中国股权投资类政府引导基金（包括创业投资基金、产业投资基金等）共设立达 1 297 支（同比增长 43.95%），总目标规模达 63 197.69 亿元（同比增长 96.1%）。由此可见，政府整合并组织金融资本、民间社会资本，通过"政策＋市场"行为引导规范股权投/融资市场发展，解决成长型企业"融资难、融资贵"问题。

中国股权投资市场在"大众创业、万众创新"的背景下快速成长，增强金融资本资源配置效率。《2018 年政府工作报告》明确提出增加股权融资，妥善应对"钱荒"等金融市场异常波动，控制债务规模以防范化解金融系统风险。据私募通统计，截至 2017 年底，中国股权投资机构约 1.3 万家，管理资本量（包括早期投资、创业投资、私募股权投资）约 8.7 万亿元，与 2016 年同期相比，增幅高达 30%、24.29%。由此表明：股权投/融资对于丰富企业投资渠道，降低企业综合融资成本并提高公司治理水平具有举足轻重作用。2017 年中国股权投资基金共 3 574 支，其中成长基金和创业投资基金占 88.1%（见图 1－1），由于成长型企业所处周期表现出"高成长与高风险并存"特点，使得企业信贷资本可得性较低或无法弥补企业扩张期运营资金缺口，所以股权融资是成长型企业长远发展的战略性问题。

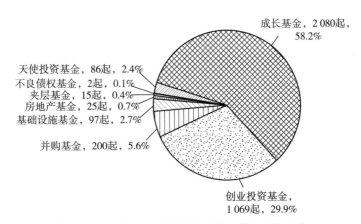

图 1－1　2017 年中国股权投资基金募集支数分布

资料来源：私募通。

　　据私募通数据显示，2017 年沪深两市新增 IPO 共 504 家，融资金额达 3 232.74亿元，其中 VC/PE 支持上市公司 285 家（占总数 56.55%），融资 1 782.77亿元（占总额 55.15%）。2018 年上半年，虽然 VC/PE 支持上市公司绝对数量下降，但 VC/PE 上市渗透率仍高达 58.88%（见图 1-2）。由此表明，近 60% 上市企业 IPO 前选择了股权融资方式助推企业发展。随着中国股权投资市场发展迅速，2008~2018 上半年期间股权投资（包括早期投资、VC、PE）案例数与投资金额复合增长率高达 29.42% 与 28.51%。截至 2017 年底，股权投资案例数 10 144 起，股权投资金额 12 111.49 亿元，相对 2016 年同期增幅达 11.18%、62.59%（见图 1-3）。一方面，企业的成长机遇获得股权投资机构认可与青睐，大量成长型企业扩张发展成为资本保值、增值重要投资渠道。另一方面，股权资本驱动成长型企业捕获跨越式发展机会。

　　随着股权资本投资市场的快速发展，为支撑实体经济中成长型企业发展壮大，促进产业融合提供了重要保障。Google、Facebook、苹果、美团、京东、小米等国内外知名企业在初创、成长期都离不开股权资本推动与加持。此外，诸多企业的并购案例都伴随着股权资本的撮合。在并购案例中形成以股权资本为纽带，衔接不同企业组织避免了恶性竞争对市场扭曲，有效整合人力、技术、资本及市场资源，通过生产资源优势互补实现企业间协调。

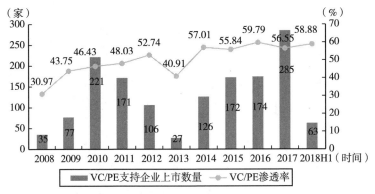

图 1-2　中国历年 VC/PE 支持中国企业上市情况

资料来源：私募通。

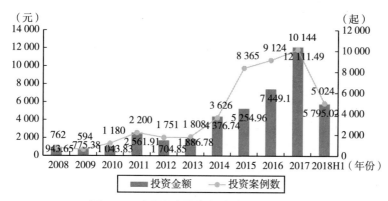

图 1 - 3 中国历年股权投资市场投资情况

资料来源：私募通。

　　股权融资也有失败案例，原因或许是股权融资围绕着企业估值、融资额、融资阶段、经营目标、退出机制和控制权等一系列企业战略举措展开，而当这些战略举措的价值创造与企业价值评估发生严重偏离时，成长型企业与股权投资机构之间的矛盾冲突将不可避免。因此，股权融资与企业运营这一价值创造过程相结合显得尤为重要。

1.1.2 问题提出

　　2017 年 7 月全国金融工作会议明确指出"金融是实体经济的血脉，为实体经济服务是金融的天职，是金融的宗旨，也是防范金融风险的根本举措"。金融本质是通过增强中介效率和分配效率，降低隐性交易成本和风险并促进实体经济与金融良性循环。但现实中信贷资本却无法满足成长型企业快速发展的需求，原因如下：第一，学术界研究发现信息不对称致使信贷资源错配，从而提高成长型企业融资门槛或成本；麦金龙（Mckinnon，1973）提出"金融抑制"理论并指出政府对利率严格限制，加剧了信贷资源错配。施幕格利茨和维斯（Stiglitz and Weiss，1981）认为借贷双方由于企业经营信息不对称，导致银行对于融资企业信息搜寻、监督成本过高而采取信贷配给制度。第二，实践中成长型企业信用不足；在以间接融资为主的社会融资结构中，实践中成长型企业①与生俱来"资产轻、无抵押物、无担保、现金流不稳定"等经营特点难以获得信贷支持。2017 年 8 月发布的《降成本：2017 年的调查与分析》数据显示，中小民营企业中有 61.4% 的样本企业存在融资困难问题，对金融支持获得感普遍较低。因此，随着股权投资市场快速发展，股权融资已成为成长型企业"捕获成长机会、获得跨越式发展"的重要融资方式。然而，如何理解股权融资与企业运营的内在联系，则为增强金融服务实体经济能力提供微观运作基础。

以往学术研究从资本运作方面探讨资本结构与企业价值创造或融资决策的关系，格雷厄姆和费雪（Graham and Fisher，1939）提出价值投资理论，前者强调投资的安全性而未能考虑企业未来成长能力，而费雪则更为关注企业内在价值的要素，如：企业管理与未来成长前景等因素。随后经"MM"理论（Modigliani and Miller，1958；Modigliani and Miller，1963）认为企业融资决策影响企业价值大小，即从企业负债筹资与权益资本筹资来研究企业市场价值的实现。综上可知，上述研究未能将企业融资决策与企业运营有机结合。更进一步来说，金融资本与企业运营割裂及信息不对称问题将加剧投融资双方矛盾冲突并可能形成"此消彼长"的竞争态势，从而影响投融资决策。因此，已有学者将企业运营纳入债权融资决策中，资本约束下联合考虑生产与融资决策对供应链决策与绩效的影响（Buzacott and Zhang，2004）。而股权融资与企业运营相结合的研究还需进一步深入探讨。

由此可知，股权融资已成为激活成长型企业捕获成长机会，实现跨越式发展的融资方式。微观层面，股权融资缓解了成长型企业融资困境，促进金融资本积极渗透、服务于实体经济价值创造。宏观层面，股权融资是深化金融体制改革与创新背景下降低企业杠杆，推动产业结构转型升级的重要举措。然而，诸多股权投/融资案例中投融资双方矛盾冲突表明，股权融资亟待将企业价值创造问题与价值评估相结合，避免投融资双方非合作博弈制约

---

① 成长型企业代表中小企业的中坚力量，具有中小企业的典型特征。全书如无特殊说明，则将成长型企业近似看作中小企业。

产融间有效对接。

　　本书认为，供应链运作是企业价值创造的基础，是激活供应链上下游协调捕获跨越式发展机会能力的关键。故股权融资这一价值评估过程亟需充分考虑供应链运作过程，股权投融资决策要在企业运营基础上来展开研究。本书基于企业运营视角探寻实体与金融结合的微观基础，具体从供应链契约（渠道控制）、企业资本结构、融资企业风险态度信息共享三个方面展开，探究不同结构性关系下企业运营对股权融资的影响。图1-4阐述了本书研究问题的提出思路。

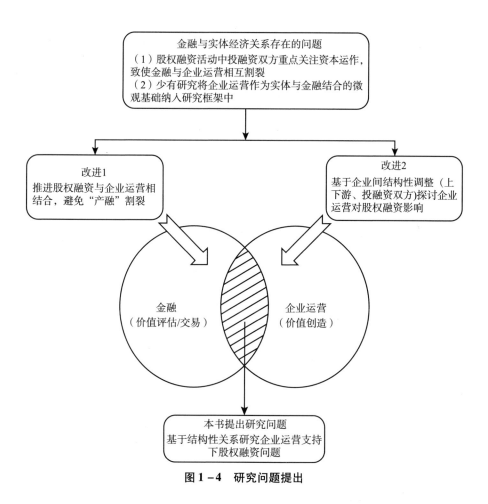

图1-4　研究问题提出

1.2　研究目的和意义

2019 年 2 月国务院颁布《关于加强金融服务民营企业的若干意见》，明确指出"金融要把为实体经济服务作为出发点和落脚点，有效缓解民营企业融资难融资贵问题"。由此可见，成长型企业"如何借助股权资本市场捕获市场机会并实现跨越式发展"成为经济新常态下纾解企业融资瓶颈的重要课题。股权投融资决策与企业运营有机契合不仅激活了金融与供应链协同价值创造能力，还成为推动金融服务实体经济的微观基础。目前学术界对股权投/融资的探讨主要基于金融领域资本运作，造成股权融资与企业运营相互割裂的缺陷，使得企业运营视角下股权融资理论研究滞后于实践。但实践中供应链股权融资主要基于企业"经验"探索，缺乏科学合理的理论支撑。本书从企业运营视角探讨股权融资问题，引导股权资本服务实体经济（供应链）以加快成长型企业发展壮大，而实体经济的（供应链）稳定与繁荣又为股权资本保值、增值及金融系统风险防范提供保证。因此，本书从供应链契约（渠道控制）选择、企业资本结构、融资企业风险态度信息共享三个方面探讨企业运营对股权融资影响，为股权融资中投融双方决策提供理论支撑与为商业实践提供管理启示。

本书的研究意义主要体现在以下两个方面：

（1）拓展了企业运营与股权融资交叉下的运营管理研究及应用范畴，丰富了股权融资与供应链金融领域的研究。目前对于股权融资研究主要基于纯金融领域的资本运作视角，从股权投/融资意愿、经营绩效、公司治理、技术创新及盈余管理等方面展开实证研究。本书是在上述研究基础上，将股权融资与企业运营相结合，基于企业运营角度探讨股权投融资问题。这避免了以往研究中融资与运营相"割裂"的缺陷，以股权融资与供应链管理交叉为突破口，从新视角审视股权融资问题，拓宽了供应链金融研究及运营管理应用范畴。

（2）为成长型企业股权融资及运营决策提供科学指导与理论参考，为

金融体制改革实践探索提供理论支撑与管理启示。本书基于上下游与投融双方结构性视角探讨企业运营对长型企业股权融资问题。具体围绕供应链契约（渠道）、融资企业资本结构（投资视角）、融资企业风险态度信息协同三个方面探讨企业运营对成长型企业股权投融资的影响。为缓和投融资双方信息不对称所致非合作博弈及一系列深层次矛盾冲突加剧，如企业估值、企业控制权、委托代理等问题提供理论参考与现实指导，寻求多方（金融机构与供应链上下游）合作共赢有效实施途径。本书研究企业运营与股权融资结合，是金融体制改革背景下驱动"金融服务实体经济"以提升"金融资源配置效率"的直观表现。

1.3　研究内容

本书以企业运营为基础，围绕供应链契约（渠道控制）选择机制、企业资本结构、融资企业风险态度信息协同三个层面展开研究，研究资金约束的成长型企业股权融资后，不同结构关系下企业运营对股权融资决策的作用机制。主要研究框架如图 1－5 所示：

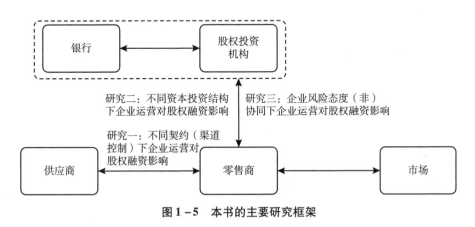

图 1－5　本书的主要研究框架

全书共分为七章，具体研究内容如下：

第 1 章，绪论。首先，阐述了股权融资的必然性和分析股权投资发展现状，从实践案例出发探究了股权投/融中矛盾冲突，将实践与学术研究相结合并提炼出现实研究问题，阐述与归纳了研究目的与意义。然后，介绍了研究内容、研究方法和技术路线。最后，提炼了研究问题的创新点与贡献。

第 2 章，国内外文献综述及研究问题界定。首先，对本书研究对象、研究内容及重要术语进行界定，明晰研究范畴。其次，对企业运营及股权融资相关统计数据进行分析，揭示研究问题实践价值与意义。最后，对股权投/融、企业结构关系相关文献进行梳理、归纳，并结合研究问题进行文献评述，进一步契合研究方向。

第 3 章，成长型企业股权融资的渠道控制研究。本章基于供应链渠道控制角度研究供应链股权融资问题，刻画了供应商股权融资下决策权力（批发价与零售价）重塑的契约结构性特征。首先建立企业运营的基准模型，然后将供应商股权融资引入基准模型中，避免现实中融资战略与企业运营相互割裂，最后通过数理推导、数值分析进一步对比研究影响供应链渠道控制选择的因素及不同渠道控制对股权融资影响。

第 4 章，成长型企业股权融资的供应链契约选择研究。本章以探析股权融资的供应链契约选择问题，进一步厘清股权融资下探寻合理供应链契约有利于促进多层次金融资本与企业运营深度融合，防范企业运营风险并提高金融资源配置效率。首先构建了零售商投贷联动融资（混合型股权融资）下批发价（收益共享）契约模型，然后刻画了股权资本缓解投融资双方信息不对称问题，最后通过模型推导、数值分析探讨零售商股权融资的供应链契约选择机制。此外，还进一步探讨了不同契约对供应链绩效影响。

第 5 章，成长型企业股权融资的最优投资结构研究。本章以企业运营为基础建立了零售商股权融资（混合型股权融资）模型，研究中考虑了投资决策与企业资本结构相互联系，厘清企业运营决策与资本结构联系。首先构建零售商鲁棒风险管理下股权融资模型，然后刻画投资机构参与博弈的新特征，最后通过数理推导、数值分析探讨投贷联动融资中提升"金融资源配置效率"的"最优投资结构"及其对企业运营决策的影响。

第 6 章，成长型企业股权融资的风险信息共享价值研究。本章以探析股权融资下缓和投贷双方风险态度信息不对称的多方合作可能，还同时刻画投融双方风险态度，从而避免风险信息不对称导致供应链价值创造与投资决策割裂的缺陷，进一步厘清融资企业风险信息在与金融机构信息协同下多方合作机制存在性。首先构建零售商投贷联动融资（混合型股权）模型，然后刻画了零售企业风险喜好与金融机构（PE 与银行）风险厌恶决策特征，最后通过模型推导、数值分析、案例佐证来探讨存在缓和零售商风险信息不对称矛盾的合作机制及其对企业运营决策影响。

第 7 章，结论与展望。对全书研究工作进行总结，归纳出主要结论与经济管理启示，并对后续研究方向进行展望。

1.4 研究方法与技术路线

1.4.1 研究方法

本书研究成长型企业股权融资问题，以上下游和投融资双方结构关系探讨企业运作所支撑的企业价值创造和供需匹配，是涉及供应链管理与股权投/融资的交叉研究。首先，前期通过实践案例收集、整理及归纳，提炼出股权融资核心问题。然后，基于文献研究建立成长型企业（混合型）股权融资模型，并进一步描述与刻画研究问题的现实特征。最后，采用优化理论、行为量化、逆向归纳法等进行企业运营和股权投/融资决策，并通过数值分析探讨理论研究。本书运用的研究方法具体包括以下几类：

1. 案例整理

梳理与归纳诸多股权融资案例，研究投融资关系及其对企业运营决策内在联系。据此提炼出本书研究问题，并为论文模型理论研究提供实践支撑。

2. 文献整理

通过 Web of Science，ScienceDirect，中国知网（CNKI）、上海证券交易所、深圳证券交易所等网络数据库资源和各类相关书籍，查阅了供应链管理、股权投/融资、资本结构、鲁棒决策方法、条件风险价值模型（CVaR）等方面的文献，对已有研究成果进行梳理并结合实践案例提出本书的研究主体和研究框架。

3. 模型构建

研究问题以分布式鲁棒优化方法来进行模型的构建，具体采用到极小极大后悔准则和极大极小准则（Scarf 准则）来处理市场需求信息缺失的问题。将融资企业与金融机构风险态度通过风险价值模型（CVaR）进行刻画，引入到决策者的目标函数中。

4. 模型求解

采用运筹学对偶理论，利用博弈理论、高等数学相关理论知识对决策主体鲁棒优化问题转化为线性优化问题进行求解，从而得到决策者的鲁棒最优解。对于多方博弈的模型还采用逆向归纳法求解最优决策。

5. 数值分析

基于模型求解结果，运用 Matlab、Maple 等软件结合定理与推论进行数值分析，对比分析参数敏感性分析下模型决策，深入挖掘模型与解析解未能直观呈现出性质与特征。

1.4.2　技术路线

本书的技术路线如图 1-6 所示，大致可分为四个部分：

（1）第一部分为第 1 章，描述了研究背景及问题的提出。

（2）第二部分为第 2 章，阐述了国内外研究现状，界定本书研究中定位。

（3）第三部分为第 3 章至第 6 章，为本书主体内容。第 3 章和第 4 章探讨供应链上下游结构关系（渠道或契约）对股权融资影响。第 5 章和第 6 章探析了投融资双方结构关系（企业资本或风险态度协同）对股权融资影响。

（4）第四部分为第 7 章，对全书进行总结和展望未来研究。

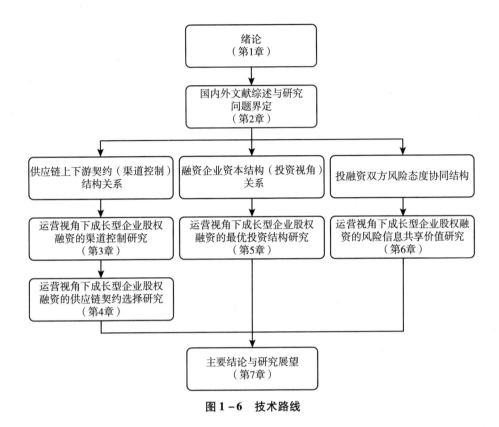

图 1-6　技术路线

1.5　本书的创新之处

实践中成长型企业由于信用不足而难以获得信贷支持，国家颁布一系列股权投/融资政策法规（见表 1-1），以增强股权资本服务成长型企业能力。然而，股权融资活动中价值评估与价值创造相互割裂，致使投融资双方矛盾冲突频现（见表 1-2），阻碍产融间相互融合。本书研究成长型企业运营对股权融资影响，立足于为推动"金融与实体经济融合"提供微观运作基础。本书认为股权投融资决策要在企业运营基础上来展开研究，并以结构性视角探讨供应链运作所支撑企业价值创造与供需匹配如何有效对接价值评估与交易的过程，即企业运营与股权融资相结合。研究围绕供应链契约（渠道）、融资企业资本结构、投融资双方信息协同三个方面展开，探究成长型企业间结构关系（企业运营上下游、投融资双方）中"竞合"关系及权力结构重塑对股权投融资影响。本书研究创新主要体现在以下几方面：

（1）以供应链契约（渠道控制）选择机制作为切入点，探讨企业运营对成长型企业股权融资影响。

供应链契约或渠道合作旨在提升供应链上下游协同价值，通过缔结激励机制以化解个体成员与整体决策目标不一致所导致矛盾冲突或效率低下问题。已有学者从市场需求、成本结构、边际成本、信息不对称及供应链协调（Cachon，2003）等方面研究渠道结构与供应链契约。布扎科特和张（Buzacott and Zhang，2004）研究了基于资产的融资行为对零售商生产运营与库存决策影响，学术界因此意识到供应链契约（渠道）与融资决策相结合重要性，但主要以债权融资视角进行研究探索。实践中，股权融资已成为成长型企业捕获跨越式发展的重融资方式。与此同时，股权融资也离不开企业运营支撑，特别是供应链上下游协同合作。因此，本书基于以往研究启示与现实背景，建立了企业运营与股权融资的内在联系，如股权融资金额与企业运营状况（如市场拓展、订货决策）与上下游结构关系（如产品定价权与收益分配模式）直接相关。此外，股权融资决策通过原股东对企业控制权、利润分配比例及上下游结构关系影响企业运营。本书从供应链契约（渠道控制）选择视角研究成长型企业股权融资影响及供应链成员与金融机构多方共赢的合作可能，并为现实中成长型企业股权融资下供应链契约（渠道控制）选择问题提供了理论依据。

（2）构建了企业运营与股权融资内在联系，探寻了资本结构对企业股权融资的影响。

以往研究主要从 MM 定理（Modigliani and Miller，1963）、权衡理论（Myers and Majluf，1984）、信号传递理论等经典文献探讨资本结构与企业价值关系，随后有学者从产品竞争优势、控制权私利、风险规避程度探讨企业最优资本结构。上述文献研究主要从规范与实证方法，以融资企业内部治理角度研究资本结构与企业价值大小关系。本书认为企业运营是投融资双方合作根本保障，而实践中占据主导地位的金融机构通常会根据融资企业运营

决定融资企业资本结构大小，所以将企业运营作为新兴视角纳入资本结构（投资角度）研究范畴。基于此，本书基于投融资博弈视角探讨了企业运营对成长型企业投贷联动融资（混合型股权）中最优股债投资结构影响，发现了仅当市场成长性较低时，投资者倾向采取"信贷投资"，才遵循"优序融资理论"。此外，本书研究拓宽了传统企业资本结构理论，为股权融资中投资结构确定提供参考依据。

（3）探究了企业与金融机构的风险态度信息协同对股权融资影响。

信息不对称致使投融资双方进行非合作博弈，并产生"逆向选择"与"道德风险"问题（Stiglitz and Weiss，1981）。有学者认为企业财务状况不透明将抑制金融机构投资意愿（Berger and Udell，1998）。之后，学术界则从企业信息披露、对赌契约、信息共享等方面探讨如何缓解信息不对称造成信息搜集成本与事后监督成本。以往研究基于非合作博弈视角与风险溢价（补偿）的价理论探讨投融资决策，然而供应链价值创造与运营风险是投资收益与安全性的根本保障。此外，股权融资还受融资企业（零售商）与金融机构（银行与 PE）风险态度的影响。因此，本书从企业运营角度，考虑了成长型融资企业与金融机构风险偏好，并构建了风险态度信息协同的投贷联动融资（混合型股权）模型，探讨了抑制金融机构向融资企业索要额外风险补偿（风险溢价）与缓解融资企业风险信息不对称问题的多方合作机制。本书从投融资双方风险信息协同视角探讨企业运营对股权融资影响，发现企业运营与投融资决策相结合有助于缓和现实中投融资双方信息不对称矛盾，避免产融割裂致使金融资本呈现"脱实向虚""资本空转"等乱象的出现。

第 2 章

国内外文献综述
及研究问题界定

2.1 股权投融资与运营数据统计

在研究问题探讨前，本书对成长型企业股权融资与企业运营相关数据统计，进一步凸显企业运营对股权融资影响机制。由于未上市企业财务信息披露制度不健全，难以获取成长型企业股权投融资数据。成长性良好的企业一般选择在 A 股（创业板与中小板最具代表性）上市并发布企业上市前的《招股说明书》，其中将明确揭示企业运营数据。本书数据统计主要有以下三项：第一项，上市前股权结构中是否引入股权投资机构（PE/VC）；第二项，股权募集资金用途统计；第三项，企业上市前后可能面临的"成长风险"。项目团队对 A 股（主板、中小板、创业板）上市企业数据进行统计。第一项与第三项统计工作由作者及团队成员（共 10 人）耗时 15 个工作日共同完成，第二项工作由作者耗时 20 个工作日完成。

2.1.1 企业上市前股权融资数据统计

企业市场上市前会在《招股说明书》中披露其股权结构，特别给出前十名股东详细信息（如个人或机构、是否参与公司治理等）。团队成员从深圳证券交易所的创业板上市企业公告中查询、下载《招股说明书》，按证监会行业分类对上市企业进行梳理。主要统计内容如下：通过 Wind 数据库查询前十名股东是否为机构投资者（VC/PE），据此判断是否引入股权投资及统计股权投资机构数目。数据查询截止日期为 2014 年 12 月 1 日，统计样本为创业板上市 403 家企业，详细统计数据参见附录 A。统计结果如图 2 - 1 和图 2 - 2 所示。

统计数据表明，在创业上市 403 家企业中，有 237 家企业在上市前引入过股权资本，占比约 58.8%。其中非制造业（73 家）中 61.34% 的上市企业曾引入股权投资机构，制造业中有 164 家引入股权资本，占比 57.75%。股权投资为企业提供资金及全方位增值服务（如企业治理结构、战略发展、资产财务优化、市场、公共关系、技术创新等一揽子资源整合），这将助推

成长型企业快速发展壮大。因此，股权融资是成长型企业激活成长性的重要融资途径。

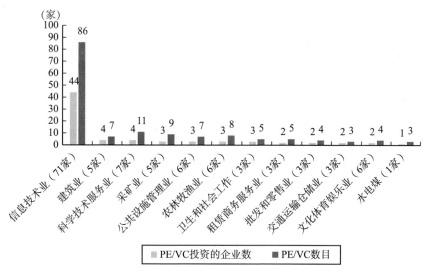

图 2-1　创业板上市非制造业 PE/VC 投资情况统计

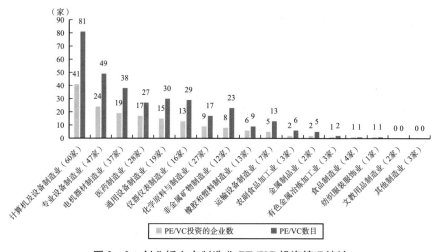

图 2-2　创业板上市制造业 PE/VC 投资情况统计

创业板上市 403 家企业上市前曾总共引入 483 家股权投资机构（PE/VC），其中 73 家制造类企业引入 152 家投资机构（占比 31.47%），164 家非制造企业引入 331 家投资机构（占比 68.53%）。统计数据显示，每家上市企业平均引入 2 家股权投资机构，成长型企业发展中亟需股权资本捕获跨越式发展机会，即表现出多轮股权融资或多机构联合投资趋势。

2.1.2　企业股权融资募资投向统计

《招股说明书》中将披露企业融资后所募集资金具体用途，作者从上海证券交易所、深圳证券交易所网站下载新上市企业《招股说明书》（统计时间段：2014 年 11 月 11 日至 2015 年 6 月 21 日）进行查询与统计工作。首先按主板、中小板、创业板对统计样本（共 192 家）进行分类，然后统计上市企业的资金使用详细，最后将资金使用详细归纳三类：促研发、提产能、扩市场。详细统计数据参见附录 B。统计结果如图 2 – 3 所示。

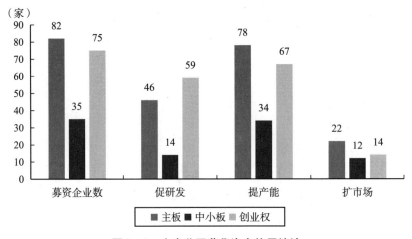

图 2 – 3　上市公司募集资金使用统计

统计时间段：2014 年 11 月 11 日 ~2015 年 6 月 21 日。

统计数据表明，统计 192 家上市企业中，主板 82 家（占 42.71%）、中小板 35 家（占 18.23%）、创业板 75 家（占 39.06%）。其中上市企业股权融资用于促研发与提产能的募资企业数占 61.98% 和 93.23%，扩市场的募资企业占 25%。表明主板与创业板上市企业以制造业与高新技术企业为主，此类企业快速成长最为显著的特征是通过产能扩张与研发投入保持市场竞争优势。图 2 - 3 涵盖证监会全行业上市企业募资使用统计且样本中制造企业比重较大（共 142 家，占 73.96%），使得研发与扩产能资金需求比重较高。现实中成长型零售商或供应商股权融资则主要用于市场拓展，本书研究成长型企业股权融资进行市场拓展捕获快速发展机会时，企业运营与投融资决策内在联系。

2.1.3　投贷联动融资相关政策法规

随着成长型企业不同成长阶段的差异化融资需求，又充分考虑中国是以信贷为主的金融体系特点，在深化金融体制改革背景下以"投贷联动机制"模式为主的混合型股权融资应运而生。投贷联动本质是将不同风险偏好与收益要求的投资主体围绕供应链（实体经济）"价值创造与供需匹配"这一核心目标搭建起"风险与利益共同体"。通过在信息、渠道、产品、客户等不同层面展开合作，运用创新型金融工具满足企业多元化的资金需求。

党的十九大进一步强调"深化金融体制改革，增强金融服务实体经济能力"，引导金融服从服务于经济社会发展已成为深化金融改革出发点与落脚点。根据表 2 - 1 政策梳理可知，自 2015 年以来多项政策提出混合型股权融资已成为创新型金融服务探索的重要方向。2016 年 4 月，中国银监会、科技部、中国人民银行联合颁布《关于支持银行业金融机构加大创新力度开展科创企业投贷联动试点的指导意见》，公布首批试点地区和银行名单，标志着兼顾"股权 + 信贷"融合特征的金融服务模式正式纳入金融"供给侧改革"的战略举措。因此，本书探讨成长型企业股权融资问题时，还将银行（信贷资本）对供应链及股权投资机构影响纳入研究视角中。这不仅进一步深入刻画实践中投融资特征，还能基于供应链视角、银行金融机构多视角探讨股权融资问题。特别说明，投贷联动融资属于"混合型"股权融资范畴，股权投资机构（资本）是投贷联动的核心，具有全局与主导性的作用价值，与股权资本金额大小或股债比例无关。

表 2－1   投贷联动政策

文件名称	发布机构	发布时间	相关内容
《关于深化体制机制改革加快实施创新驱动发展战略的若干意见》	国务院	2015 年 3 月 13 日	完善商业银行相关法律。选择符合条件的银行业金融机构，探索试点为企业创新活动提供股权和债权相结合的融资服务方式，与创业投资、股权投资机构实现投贷联动
《关于加快众创空间发展服务实体经济转型升级的指导意见》	国务院	2016 年 2 月 18 日	选择符合条件的银行业金融机构，在试点地区探索为众创空间内企业创新活动提供股权和债权相结合的融资服务，与创业投资、股权投资机构试点投贷联动
《关于支持银行业金融机构加大创新力度开展科创企业投贷联动试点的指导意见》	银监会、科技部、中国人民银行	2016 年 4 月 15 日	鼓励试点银行向试点地区采用"股权投资和银行信贷"相结合方式金融供给总量，优化金融供给结构

2.2 国内外文献综述

2.2.1 股权投/融资文献研究

本书基于结构性视角探究成长型企业股权融资问题，与本书相关且支撑本书研究基础的国内文献中，主要集中于如下两类：一类是关于股权投/融资的研究。另一类是关于不同企业结构方面的文献。

股权资本作为金融的重要组成部分，已成为中小型企业特别是具有高成长性的企业捕获跨越式发展机会的重要推动力量。股权投资是指投资者对标的企业权益性投资活动，股权投资包括风险投资（VC）、企业风险投资（CVC）、私募股权投资（PE）、天使投资（Angel Investors）、股权众筹（Crowdfunding）等投资形式（Metrick and Yasuda，2009；Schmidt，2010；Krishnan et al.，2011）。股权投资基金起源于美国，1946 年成立第一家以风险投资公司——美国研究与发展公司（ARD），标着股权投资呈现出"机构化、制度化与专业化"发展趋势。1986 年，中国科学技术部与财政部等联合设立了中国第一家专营风险投资公司——中国创业风险投资公司，促进了中国股权投资市场快速发展。

早期股权投资研究主要围绕股权投资流程开展，泰比和布鲁诺（Tyebjee and Bruno，1984）将股权投资流程划分为：项目寻找、初步评估、尽职调查、设计投资方案、交易构造和管理以及项目退出六个阶段，并提出了风险投资项目评估模型（Tyebjee – Bruno 指标体系）。根据项目所在市场与行业特征进行识别与评估的筛选过程，不仅影响股权投资机构决策行为，还成为股权投资活动过程中最大限度分散风险与获得投资收益的关键（Muzyka et al.，1996；Kaplan and Strömberg，2001）。海格等（Hege et al.，2009）对比分析 146 家欧洲与 233 家美国风险投资机构支持企业表现，发现美国风险投资机构更具优异项目筛选能力。

除上述研究外，还有学者对股权项目筛选过程中的标准细分为：标的企业市场前景、管理团队、产品与技术、财务状况、竞争环境及战略方向等（Petty and Gruber，2011），探讨股权投资活动中项目筛选的决定因素。代表性文献如表 2 – 2 所示。

表 2 – 2　　　　　　　　股权投/融资过程企业筛选影响因素分类

研究内容	代表文献
市场潜力	麦克米伦（1985），奥普勒和提特曼（1993），伊兰戈等（1995），冈珀斯等（2009），迪莫夫等（2012），哈格登和肯尼迪（2012）
管理团队	威尔斯（1974），戈尔曼和萨尔曼（1989），穆齐卡等（1996），伯格和肯尼迪（2000），卡普兰和斯特伦贝格（2009），勒纳（2012）
产品与技术	布鲁诺和泰比（1985），弗洛丽达和肯尼迪（1988），埃拉诺等（1995），恩格尔和波斯拱（2007）
财务状况	提特曼和韦塞克斯（1988），贝格曼和海格（1998），迪莫夫等（2007），蒂克沃娃（2010）
竞争环境	穆齐卡等（1996），兰普金和黛丝（1996），艾尔兰等（2003），哈考特和伍德（2007），克雷西等（2007），麦克米伦等（2009）

　　以上研究探讨了融资企业发展特征与股权投资机构项目筛选即投资决策联系，既为实践提供了参考依据，又为后续股权投/融资深入研究奠定理论基础。此后，有文献研究了风险投资与经济增长关系（Peneder，2009）、法律与制度框架对股权投资影响（Bottazzi et al.，2009；Cumming and Knill，2012；Gbadji，2015）。风险投资机构者不仅是资金供给者，还需融资监督融资、参与重大经营决策及提供管理咨询服务等，所以声誉与管理经验则对股权投资机构至关重要（Milanov and Shepherd，2013；Bernstein and Sheen，2013；Pollock et al.，2015）。有学者提出股权投/融资后改变企业治理机构，如引入独立的董事会结构（Gerasymenko et al.，2015）、股权投资委员会（Celikyurt et al.，2014；Chen et al.，2014），这将股权投资与公司价值创造联系起来。基于上述研究成果，本书按照股权投/融资意愿、股权投/融资对企业价值创造的影响机制及其他视角股权投/融资研究。

　　（1）股权投/融资意愿研究。

　　以往文献主要从融资企业所处市场成长性、股权融资成本、价值评估、政府机构等角度探讨股权投融资双方意愿。也有学者从企业内部治理、战略、财务等多角度，如业务相关多元化、企业风险、资产结构等方面研究股权投/融资意愿。

　　①市场成长性。

　　麦克米伦等（Macmillan et al.，1985）提出市场成长性是风险投资机构项目筛选指标中最为重要因素。埃拉诺等（Elango et al.，1995）研究发风险投资机构对成长期企业较为关注企业市场成长性，而对成熟期企业更强调市场接受度。有学者指出高成长性凭借与政府密切关系而获得政府合同，进一步更容易获得股权投资（Paglia and Harjoto，2014）。林克等（Link et al.，2014）通过实证研究美国高科技企业，发现具有高成长型的创新型企业更易获得风险投资机构青睐。由此可见，市场成长性对于成长期企业较为重要，是风险投资机构股权投资的重要参考因素。

　　②股权融资成本。

　　股权投/融资活动中，融资成本是投资者的预期回报与风险控制的关键问

题。黄少安和张岗（2001）研究认为权益成本低于债权融资成本是中国上市公司存在强烈融资偏好的直接动因。巴塔查利亚等（Bhattacharya et al.，2003）研究发现完善信息披露制度能降低股权投资者与企业信息不对称，从而降低股权融资成本，提升企业股权融资意愿（马亚华和史笑梦，2017；王振山和王秉阳，2018）。陆正飞和叶康涛（2004）通过引入剩余收益贴现模型核算股权融资成本，研究表明融资成本因素并不能完全解释中国股权融资偏好行为。黄少安和钟卫东（2012）认为由于构成股权融资成本各因素约束力的差异，造成股权融资成本低于债权融资成本。柯林斯和黄（Collins and Huang，2011）认为管理层侵占股东权益或内部人控制将提高股权融资成本，而提高管理层持股比例，以增强利益协同性降低委托代理成本（Huang et al.，2009；Wang et al.，2017）。

③价值评估。

1906 年，欧文·费雪（Irving Fisher）在其专著《资本与收入的性质》中完整地论述了收入与资本的关系及价值等相关问题，分析了资本价值的形成过程及资本价值的源泉，为现代企业价值评估奠定了理论基石。实证研究表明，估值矛盾严重影响股权投融资双方意愿，卡帕索等（Capasso et al.，2014）认为估值是对未来企业价值创造能力与股权投资机构退出机会的综合体现。

迈尔斯和米卢夫（Myers and Majluf，1984）研究发现当市场信息不对称时，价值高估企业股权融资意愿强烈。维斯瓦纳特（Viswanath，1993）认为考虑多经营周期时，价值低估企业即使在现金充裕条件下仍会倾向选择股权融资。舒（Hsu，2004）研究发现有意愿选择剩余声誉良好风险投资机构，并以折价估值方式向风投机构支付溢价。卡帕索等（Capasso et al.，2014）研究发现估值矛盾致使 40% 的股权投资交易失败，企业价值评估问题使得约 40% 融资企业放弃股权融资方式。

④政府机构。

政府除了直接引导私募股权投资中小企业，还能通过间接渠道（货币、财政、监管和立法等政策环境）影响股权双方投融资意愿（Callagher et al.，

2016）。卡明和麦金塔（Cumming and Macintosh，2006）对加拿大资本市场进行了实证研究，发现政府引导基金对私募股权投资基金产生"挤出效应"，从而抑制私募股权投资意愿。默里等（Murray et al.，2012）认为政府引导私人股权资本虽能增强对潜力巨大的中小企业股权投资意愿，但不能促进股权投融资良性循环。但也有学者持相反观点，如卡尔扎西（Karsai，2018）提出政府与私人部门建立混合型股权投资基金能增强私募股权对中小创新型企业股权投资意愿。此外，还有学者认为相关多元化促进企业股权融资意愿（Kochhar and Hit，1998），而企业风险、资产结构、现金流也会成为影响私募股权投资的重要因素（Schäfer et al.，2004）。

（2）股权投/融资对企业价值创造影响机制研究。

股权投资不仅能够缓解企业资金困境，还能帮助企业在公司战略、运营管理、资源整合等方面提供增值服务，以提升企业市场竞争力优势与营业利润。风险资本可能被视为企业发展可持续发展的重要催化剂（Bürer and Wüstenhagen，2009），能提供"三重底线"（经济、社会公平、环境）的商业建议和网络支持（Bocken，2015）来支撑企业价值创造与发展。现有研究主要从经营绩效、公司治理、技术创新及盈余管理四个方面展开。

①股权投资对企业经营绩效影响。

有研究表明获得风投机构、企业风险投资机构支持的公司在上市前和上市后的运营表现显著优于非风投机构支持的公司（Benson and Ziedonis，2009）。李德焱和颜明（2013）实证研究发现当风险投资对创业企业介入时间长或对企业股权控制较强（持股 10% 以往）才能促进企业经营绩效(Tang et al.，2015）。杰拉西门科等（Gerasymenko et al.，2015）发现创业企业绩效与风险投资机构参与度呈正相关（徐欣和夏芸，2015）。但也有学者认为风险投资机构对企业经营绩效影响有限，吴育辉等（2016）研究表明风险投资机构短期能改善企业息税前利润率，其效果显著程度取决于风险资本数量、投资经营等，但无法提升企业总资产周转率。此外，有文献研究发现政治关于风险资本目标冲突，阻碍企业经营绩效改善，即企业上市后经营业绩与股票回报呈下降趋势（张天舒等，2015）。

②股权投资对公司治理影响。

布卢姆等（Bloom et al.，2009）实证研究了亚洲、欧洲和美国的 4 000 多家中型企业管理实践数据，发现获得股权资本支持的企业拥有强大的人力管理实践（招聘、解雇、薪酬和晋升）与强有力的运营管理实践（精益生产、持续改进和监控）。尼科尼亚和莱特（Nikoskelainen and Wright，2007）发现私募股权投资机构通过积极参与董事会来监控和影响收购公司的战略和管理实践（冯慧群，2016）。莱特等（Wright et al.，2010）提出私募股权投资机构参与企业经营与治理不仅能降低代理成本与解决现金流问题，还能增强企业对市场控制，提升企业机制创造价值能力。叙沙尔（Suchard，2009）解释风险资本支持的企业在 IPO 时有董事会独立性较强现象，这是因为风险投资家倾向招聘具有行业经验的专业独立董事来参与企业治理（Cressy et al.，2007）。也有学者研究表明股权投资机构对企业治理影响无关甚至产生负面效应。陈建林等（2018）认为私募股权对企业绩效影响程度还取决于地区制度环境、管理模式专业化（朱鸿伟和陈诚，2014）。

③股权投资对公司技术创新影响。

学术研究已经证明了风险资本具备融资、项目筛选、价值提升（非正式网络和专业商业模式）三大功能（Peneder，2010）在技术创新中的支持作用，在商业实践中也证实研发和创新能力是企业提升市场竞争力的重要因素。哈鲁希萨和植田（Hirukawa and Ueda，2011）研究发现风险资本都是企业专利研发活动中的有效驱动因素。科图姆和勒纳（Kortum and Lerner，2000）实证研究表明 1 美元风险资本对专利数量的促进作用大约是 1 美元研发支出的 3.1 倍。萨法里（Safari，2017）发现在较弱的知识产权制度中，风险投资对创新的影响更高（Hirukawa and Ueda，2011）。有研究表明风险投资与专利申请之间的因果联系微弱，风投甚至对融资企业未来的专利申请和拨款产生了负面影响（苟燕楠和董静，2014；Lahr and Mina，2015；庄新霞等，2017）。

此外，还有学者研究发现风险投资对企业技术创新影响较弱或呈负相关。阿凡里提斯（Arvanitis and Stucki，2014）研究了早期风险投资对瑞士创业公司创新活动及持续性的影响，发现风投支持这种优势并不能长期持续。吴涛和赵增耀（2016）实证研究发现风险资本仅能促进企业创新绩效，但对发明专利影响不显著（王玉荣和李军，2009）。

④股权投资对公司盈余管理影响。

股权投资机构通过派驻董事会参与企业经营决策，强化对企业盈余管理行为，通过影响对盈余质量实现企业价值改善（孙寅等，2012）。丹等（Dan et al.，2010）提出私募股权可强化对企业监督管理，增强会计信息质量，提升企业盈余质量（徐子尧等，2016）。阿格拉瓦克和库珀（Agrawal and Cooper，2010）认为尽管成熟和有信誉的风险股权投资机构对 IPO 公司的财务报告质量有着积极的影响，但为追求投资回报而降低盈余管理程度（Wan，2013）。蔡宁（2015）研究发现私募股权资本支持企业在 IPO 时的盈余管理显著高于无私募机构支持企业。张子炜等（2012）研究发现私募股权投资机构对企业盈余管理程度与其持股周期有关，即长期持股降低盈余管理程度。

（3）股权投/融资信息不对称风险。

股权投融资双方、管理层之间存在利益冲突与信息不对称，致使逆向选择（adverse selection）和道德风险（moral hazard）两种委托代理问题产生（Akerlof，1995），学术领域则从净现金流、控制权、激励机制等方面分析委托代理问题。为应对信息不对称风险，风险投资机构采用"多轮次、小额度"分阶段投放资金（Tian，2011；Jia，2017），当面临严重道德风险时，投资机构可以重新协商条款甚至撤回投资来分散风险（Li and Chi，2013；Vilkkumaa et al.，2015；Tian，2011）。一方面，风险投资机构还采用合同机制减少信息不对称问题，如股票期权（Arcot，2014）、契约合同（Bengtsson，2011）、可转换证券（Hellmann，2001；Bayar and Chemmanur，2011）、董事会代表（Wijbenga et al.，2007；Jolink and Niesten，2016）及对管理团队监管与激励。伴随着企业经营业绩提高，股权投资机构对契约机制使用或控制手段趋于减少。另一方面，风险投资机构还采取投资联盟形式降低投资风险，即"辛迪加"模式（Gu and Lu，2014；Keil et al.，2010）。诸多风投机构采取"共享机会、联合审查、分散风险"原则降低信息不对称风险，提高投资回报（Hochberg et al.，2007；Sorenson and Stuart，2008；

Hopp and Lukas，2014）。此外，还有学者关注股权投/融中退出机制、价值评估、投资经验与声誉等研究视角，代表性文献如表2–3所示。

表2–3　　　　　　　　　有关股权投/融资其他研究

研究内容	代表文献
退出机制	陈良华等（2005），巴勒等（2011），赵吟（2013），克劳斯尔和克劳斯（2014），杰拉西门科和阿瑟斯（2014），孙敬辉（2014），姚铮等（2016）
价值评估	朱和陈（2009），汉莱和霍伯特（2012），靳磊（2012），周翔翼等（2013），布洛克等（2013），班斯和米顿（2014），张华等（2014）
投资收益	迪拉德和卡塞尔（2009），段新生（2011），沙玛和考沙尔（2012），周翔翼等（2013），余琰等（2014），刘建丽（2014），郑宇（2015），马克斯（2015），毕希纳（2016），斯蒂格（2018），戈希尔和维亚斯（2018）
治理经验与声誉	蒂克沃娃和博雷尔（2011），格雷迪和米连科（2011），张亦春和洪图（2012），米拉诺夫和谢泼德（2013），内姆等（2014），胡志颖等（2015），波洛克等（2015），巴里和米霍（2015），沈忧和张立民（2017）
法律与制度	博塔齐和林（2009），波波夫和卢森波姆（2013），邓青（2013），黄继承等（2014），田素华和刘依妮（2014），库里等（2015），陶西格和德利欧斯（2015）
宏观环境	艾伦（2012），伯恩斯坦和希恩（2013），阿克塞尔松和詹金森（2013），波波夫（2014），米歇尔（2014），昂等（2014），叶加涅吉和拉普鲁姆（2016）

2.2.2　企业组织治理结构文献研究

企业组织治理结构关系可分为：企业内部治理结构与外部治理结构，后者包括企业上下游及存在"竞和"关系相关组织结构（如合作伙伴或竞争对手）。企业治理结构是指为实现资源配置的有效性，对生产、采购、企业财务（资本）、人力资源等方面进行管理。企业外部结构则由价值链上不同企业由于信息失真与各企业决策目标不一致性，致使供应链条运作效率低下。通过链条上下游企业权力结构、利益目标缔结契约合同促使各企业合作具体化，即形成新的渠道或契约结构，旨在将原来的局部优化行为转为整体利益最大化。本书主要从企业资本结构、渠道控制、供应链契约三个方面进行文献梳理。

（1）关于资本结构文献研究。

企业资本结构早期研究源于 MM 理论的提出，让学术界意识到资本结构可以建立一种约束或激励机制以优化企业内部治理机构，提升企业资源利用效率，促使企业价值最大化。相关研究主要集中在公司财务理论、宏观经济环境、其他因素（破产风险、股权投资）等方面。

①有关公司财务理论研究。

莫迪和米勒（Modigliani and Miller，1958）认为完美资本市场中（不考虑所得税与破产风险时），企业市场价值与资本结构无关。资本市场无交易成本与资本自有流动前提不符合现实倾向，企业所得税也是客观存在。莫迪和米勒（Modigliani and Miller，1963）提出在考虑所得税情况下（修正的MM 定理），负债会因利息的抵税作用而增加企业价值（负债给企业带来节税收益）。詹姆斯和斯科特（James and Scott，1976）提出"权衡理论"，其认为负债虽能产生税盾效应，但较高负债比重增大破产风险（融资成本上升）。企业最优资本结构是边际税盾利益与边际财务困境之间综合权衡。迈尔斯和米卢夫（Myers and Majluf，1984）运用逆向选择理论探讨企业财务结构，由于投融资双方信息不对称，企业发行股票被视为价值高估信号，从而削弱股权投资意愿（提高融资成本）。因此，企业融资中将优先考虑使用企业内部的盈余，其次是债权融资，最后考虑权益融资，即"啄食顺序理论"。

②宏观经济环境对企业资本机构影响。

有学者研究发现稳定有序的宏观经济环境有助于企业资本结构调整（Cook and Tang，2010；谢桂标和许姣丽，2018），而经济增长幅度会降低资本结构，通货膨胀则提升资本结构（Korajczyk and Levy，2003；曾海舰和苏冬蔚，2010）。利维和轩尼斯（Levy and Hennessy，2006）实证研究发现企业在经济繁荣期比萧条期偿债能力高 40%。潜力和胡援成（2015）研究发现公司规模大、有形资产多将提升资本结构，融资约束大、盈利高与成长快的企业则降低资本结构（雒敏和聂文忠，2012）。此外，还有学者从地理因素、周期性、企业规模等视角探讨宏观经济环境对企业资本结构调整的影响（麦勇等，2011；江龙等，2013）。法思等（Fan et al.，2012）认为企业资本结构受所在区域法制健全与政府清廉程度、企业规模的影响（袁春生和郭晋汝，2018；甄红线等，2014）。

③其他非经济因素对企业资本结构影响。

企业信息透明度高时倾向采取股权融资，而知识产权保护可降低资本市场上投融资双方信息不对称，从而拓宽企业融资渠道，降低财务杠杆（李莉等，2014）。提特曼和齐普拉科夫（Titman and Tsyplakov，2007）从企业破产风险与股（债）权代理人问题角度研究资本结构问题，财务破产风险加快企业资本结构调整速度。为降低财务困境风险，股东与经理层有动机降低企业财务杠杆比重（顾研和周强龙，2018）。于格尼耶等（Hugonnier et al.，2015）实证研究发现信贷市场不确定性过对公司违约风险、动态融资政策、债权人的周转率等产生影响，从而改变企业融资决策及资本结构。还有学者从股权持有期、股权激励等角度探讨企业资本结构调整（Roberts and Yuan，2010；Attig et al.，2013；章硕和盛安琪，2018）。

（2）有关供应链渠道文献研究。

供应链成员依托渠道资源、市场、信息等形成渠道权力，对其他供应链成员决策（如定价、订货、库存等）及竞合关系（供应链契约）产生影响，并最终影响供应链效率、利润分配及风险应对能力。张等（Zhang et al.，2012）分析了产品具有可替代性与不同渠道权力结构（MS、RS、VN 博弈模型）对定价决策的影响，研究发现当产品替代性适中或较高时，Stackelberg 模型（MS 与 RS 两类）总高于 VN 博弈模型，但 VN 模型下消费者福利却更高（Wei et al.，2013；Khamseh et al.，2014）。马和谢（Ma and Xie，2016）研究表明制造商获得渠道权力不对称时更有利，零售商则相反。渠道权力对称时，供应链稳定性较差，容易导致市场混乱。张廷龙和梁樑（2012）构建了由制造商和零售商组成不同渠道权力和信息结构供应链博弈模型，研究发现制造商利润随着零售商渠道权力减弱而增加。杨帆等（2014）根据市场权力结构探讨了分别由制造商与零售商主导 Stackelberg 博弈，研究发现 Stackelberg 博弈领导者总是获益方。供应链除了价格决策影响外，不同渠道权力结构的影响也不容忽视（Choi et al.，2013；Xiao et al.，2015）。

（3）关于供应链契约文献研究。

供应链各层级之间由于信息不对称，使得失真的需求信息逐级放大并导致"牛鞭效应"问题。此外，供应链各参与主体都试图制定追求自身利益最大化决策而损害供应链整体效率，即决策不一致性导致"双重边际效应"问题。供应契约通过重塑供应链成员之间权力来结构克服供应链低效以及降低需求不确定风险，按照"利益共享和风险共担"原则协调供应链。

①有关供应链契约起源与类型文献。

帕斯特纳克（Pasternack，1985）提出了供应链成员通过缔结合作协议或激励措施保证上下游买卖双方协调，通过优化销售渠道与降低供应链运营总成本来改善供应链绩效。卡琼（Cachon，2003）回顾并延伸了契约下利用激励对供应链中的冲突进行管理的相关文献，发现缺乏促使企业实施这些行为的激励措施（供应链契约）。更进一步，卡琼（Cachon，2003）在此基础上结合供应链报童模型，对回购契约、批发价格契约、数量弹性契约和收益共享契约机制优化条款进行梳理与总结。

②有关供应链契约协调文献研究。

有学者将欧式看涨期权与收益共享机制构建成混合型收益共享期权合同，研究表明该契约不仅提高供应链总效率，还能减少双重的边际效应（Ryan et al.，2013；Cai et al.，2017）。马哈詹（Mahajan，2014）对比分析数量柔性契约与无协调机制契约下供应链收益，发现数量折扣契约能实现供应链多方共赢。胡军等（2013）研究了需求不确定下供应链质量契约模型，发现价格契约无法实现供应链协调，而奖惩契约、批发价契约（Chen et al.，2012）、收益共享契约（Wei and Choi，2010；王君等，2018；谢家平等，2018）及特许经营契约与两部定价契约不仅能提升供应链效率，还能提升供应链中产品质量（张学龙和王军进，2016）。

随后有研究从契约公平、社会责任道德风险等视角探讨供应链契约协调。（Devangan et al.，2013）研究库存水平对零售商需求影响机制，指出保证契约公平性与个体理性化则能提升供应链效率。Hsueh（2014）将企业社会责任（CSR）整合到供应链决策中，提出嵌入企业社会责任（RS‐CSR）

的收益共享契约，通过确定最优的企业社会责任（CSR）投资、批发价格和收益分享比率实现供应链效率提升（范建昌等，2017；Liu et al.，2017）。亨利和维尔纳（Henry and Wernz，2015）研究三阶段供应链中零售商如何激励其利益冲突的两个上游进行合作的行为，运营多尺度决策理论（MS-DT）与收益共享契约不仅解决了供应链各个阶段的不确定性，还实现了全供应链协调（申强等 2014；卢荣花和李南，2015；浦徐进等，2018）。

此外，有研究表明上述契约无法协调供应链或在特定条件下对供应链绩效改进产生影响。杨等（Yang et al.，2015）基于主从博弈研究二级供应链定价与库存决策，发现收益共享契约的供应链效率超过集中决策情形，但仅限于制造商和零售商对总利润进行分配（邱若臻等，2015）。代建生（2017）研究了数量折扣契约、数量折扣与收益共享的混合契约、数量折扣与回购的混合契约对供应链绩效影响，发现前者无法协调风险规避型零售的供应链，后两者仅能协调零售商风险规避程度较低供应链（Xu et al.，2014；Hou et al.，2016）。

③供应链其他契约或视角研究。

供应链契约是通过设计合理激励或约束机制以促进多方合作（或减少各方机会主义行为），通过降低运营过程中交易成本来提升供应链绩效。现实中供应链契约会涉及更为复杂的情形。因此，有学者从库存管理模式、两次订购模式、信息不对称与承诺行为（Zhang and Luo，2009）、客户战略选择行为、竞争结构等方面探讨对契约协调影响（张欢和刘洋，2016；汤春华等，2017）。其他供应链契约相关代表性文献如表 2 - 4 所示。

表 2 - 4　　　　　　　其他供应链契约相关代表性研究

研究内容	代表文献
库存管理	毅和萨卡尔（2013）；杨宽和易灵燕（2015）；王道平等（2016）；邵婧（2016）；玛哈塔和德（2016）；库马尔等（2016）；马哈米和卡里米（2017）
两次订购	杨宽和易灵燕（2015）；颜波等（2015）；吴晓黎等（2014）；蔡建湖等（2010）；戈霍里希和米尔扎扎德（2015）；戴伊和杨（2015）；昌等（2017）

续表

研究内容	代表文献
信息不对称与承诺行为	雷等（2015）；吴等（2017）；曹滨和高杰（2018）；刘浪等（2018）；史文强等（2018）；乔瓦尼（2018）；古等（2018）
客户战略选择行为	沃伊特（2014）；陈和苏（2014）；张新鑫等（2015）；坦塔维等（2015）；申成霖和张新鑫（2016）；江和陈（2016）；王大飞等（2017）；王宣涛等（2017）
竞争结构	文和张（2015）；齐西斯等（2015）；李等（2016）；卡巴内和拉斯蒂－巴尔佐基（2016）；张红等（2018）；唐润和彭洋洋（2018）；常英等（2018）

2.3　文献评述

近年来，股权投资市场获得快速发展，并逐渐成为支持实体经济的重要力量。以往学术界对股权投/融资研究主要集中于股权投/融资意愿研究、股权投/融资对企业价值创造影响机制研究（如绩效、企业治理、技术创新、盈余管理）、信息不对称风险等多个方面，并得到诸多有意义的结论与发现。而探寻企业价值创造与股权融资有机契合是实现企业上下游及股权投资机构多方合作共赢的有效实施途径，且学术界已对债权融资与企业运营结合进行探索。这为本书股权融资与企业运营结合奠定了良好研究基础。

随着经济与市场全球化竞争日益激烈，企业逐渐认识企业组织结构关系正发生深刻变化，即从企业内部治理拓展至外部成员间协调合作，即"真正的竞争不是企业与企业之间的竞争，而是供应链与供应链之间的竞争"。一方面，关于企业内部财务治理；学术界在以往研究中对企业资本结构研究主要从公司财务、宏观经济环境影响因素等方面进行探讨，而本书则从"投资视角"刻画投融资双方博弈新特征，并结合供应链运作对企业资本结构的影响。另一方面，关于企业外部结构关系；以往研究从渠道结构、供应链契约协调、竞争关系、信息不对称等视角探讨供应链成员"竞合"关系下权力结构、收益分配及运营风险应对等问题。已有学者将供应链运营中库存决策与融资决策联合考虑（Buzacott and Zhang，2004），但主要属于供应

链债权融资范畴。本书则基于上述研究的基础上将供应链运营（上下游企业价值创造）与股权投资有机结合，探寻股权资本对供应链上下游价值创造与供需匹配的激活过程。然而，随着实践中股权投资市场快速发展，如何通过股权融资与企业运用有效对接，以缓解投融资双方矛盾冲突，实现投融资双方合作共赢，是国家、金融机构与实体经济发展的共同诉求，同时也亟待更多的学术研究提供科学指导与理论参考。

由此可得，以往有关股权融资与供应链管理的研究中立足于：股权投融资双方基于非合作博弈视角探讨投融资决策。以及供应链运营与股权资本融合纳入投融资的决策中；然而，供应链运营与股权资本结合不仅仅是资金层面供需匹配，还是股权资本激活成长型企业与供应链上下游协同捕获成长机会的能力。基于此，本书在已有研究基础上，从企业运营与融资相结合的角度探究成长型企业股权融资问题，将供应链运营层面的价值创造与股权投/融资这一价值评估、交易过程有机契合，围绕供应链契约（渠道）选择、融资企业资本结构、融资企业风险信息共享三个方面研究企业运营对股权投/融资影响。此外，本书研究股权投/融资结合不仅重塑供应链上下游、投融资双方新型"竞合"关系，同时还为现实中股权投融资活动中多层次、多组织之间的战略合作提供理论参考与管理启示。

2.4　研究问题界定

股权投融资既是一个企业价值评估与交易的过程，也是股权投融资双方协同价值创造与供需匹配的过程。股权投融资流程可分为：项目寻找、初步评估、尽职调查、设计投资方案、交易构造和管理以及项目退出六个阶段。股权投融资竞合与决策都围绕着企业估值、融资额、融资阶段、经营目标、退出机制和控制权等一系列问题展开。为明确研究内容与范围，本节根据现实情况进行如下研究界定：

（1）实践中，成长型企业的界定通常依据中国企业评价协会会同国家经济贸易委员会中小企业司和国家统计局工业交通统计司所设立了《中小企业发展问题研究》课题，以企业实绩财务指标为直接依据，建立包括发展状况、获利水平、经济效率、偿债能力和行业成长性五大类定量指标，以及管理能力、技术创新能力和成长环境三大类定性指标对成长型中小企业进行综合评估。因此，基于对实际商业环境提炼，将成长型企业界定为具有持续挖掘未利用资源能力，未来发展预期良好的企业。本书研究背景主要将成长型企业定义为在市场开发能力方面具有竞争优势或发展潜力，并描述为供应链中融资企业面对良好的市场成长机遇。

（2）本书研究成长型企业股权融资是指"增资扩股型"。据私募通数据显示，2009～2018 上半年，共有 396 起零售企业、90 起供应商（批发类）股权融资事件，融资金额分别达 331.53 亿元、378.61 亿元（见图 2－4 和图 2－5）。由此说明，成长型企业股权融资或将对供应链上下游决策产生影响，从而影响供应链协同合作。因此，为探究不同节点企业股权融资对供应链运作的影响，本书所研究成长型企业既可能是上游供应商，也可能是下游零售企业。不研究纯金融层面的资本运作，如：杠杆收购、产权交易、国内（外）上市、买壳上市等。

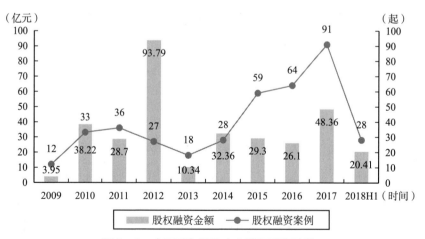

图 2－4　中国历年零售企业股权融资统计

资料来源：私募通。

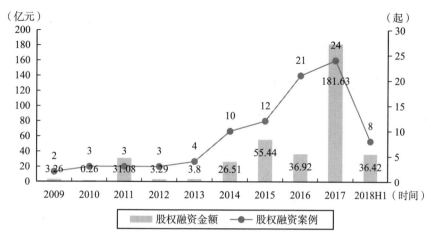

图 2 - 5　中国历年供应商（批发类）股权融资统计

资料来源：私募通。

（3）研究问题关注"扩张类"成长型企业的股权融资问题。据私募通数据显示，2017 年中国股权投资类型中"成长资本与创业投资资本"占股权投资总额 71.18%。如图 2 - 6 所示，2017 年股权投资市场投资案例阶段分布中，共有 7 163 起（占股权融资事件 70.61%）股权融资案例发生在初创期与成长期。由此，本书研究"扩张类"成长型企业是指"初创期与成长期"企业。企业"增资扩股型"融资的目的一般可分为两类：新业务探索（探索类成长型企业）和原业务的扩张（扩张类成长型企业）。虽然上述

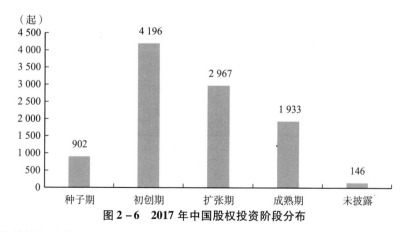

图 2 - 6　2017 年中国股权投资阶段分布

资料来源：私募通。

两类成长型企业的融资都需要关注供应链合作，但"扩张类"与运营关系更直接和紧密。此类企业具有一定市场基础，以追求利润或资产最大化为目标，并非依靠"烧钱"迅速抢占市场份额。

（4）本书关注企业IPO前风险投资和私募股权两类股权投融资行为，不研究IPO后的股权再融资行为（如定向增发）。成长性是指处于初创前期与成长期的企业股权融资行为，所以不研究天使投资、公司风险投资以及带有政策引导与福利性质的政府引导基金（GGF）等股权投融资行为。

（5）成长型企业股权融资将签订一系列契约促进多方合作，如投融资双方"增资扩股协议"、供应链上下游"供应链契约"，所以强调"金融与实体相结合"，故而重点关注供应链上下游协同价值创造对"增资扩股协议"的股权融资影响。

（6）在研究企业成长型企业股权融资过程中，还考虑其他金融机构（如银行）对股权融资影响，本书称之为"混合型股权融资"（股债联动或投贷联动）。2016年4月，中国银监会、科技部、中国人民银行联合颁布《关于支持银行业金融机构加大创新力度开展科创企业投贷联动试点的指导意见》，公布首批试点地区和银行名单。对于投贷联动机制界定为"境内投资子公司"模式，如图2-7所示，试点银行以"信贷投放"与本集团设立的具有投资功能的子公司"股权投资"相结合的方式，通过相关制度安排，为企业提供持续资金支持的融资模式。

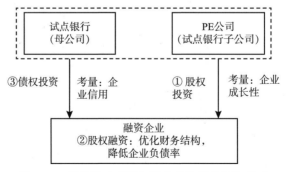

图2-7   投贷联动"银行境内投资子公司"模式

　　需要特殊说明的是，投贷联动融资属于"混合型"股权融资范畴，实践中投贷联动通常在私募机构对融资企业评估和投资基础上，商业银行再跟进贷款形成"股权＋债权"联动投资模式。投贷联动机制中股权资本先行投资实现了融资企业信用加持的战略性举措。此外，当融资企业发生违约风险，投贷联动机制通过相关制度安排，由投资收益抵补信贷风险。所以股债联动机制中股权投资机构（资本）是核心，具有全局与主导性作用价值与意义，而与股权资本金额大小或股债比例无关。

第3章

成长型企业股权融资
的渠道控制研究

3.1 引 言

供应链控制主要存在库存控制、运作控制、渠道控制和信息控制等形式（张锡林和唐元虎，2002），尽管供应链控制减少成员间的目标不一致及偏好离散度，但供应链控制亦会加剧供应链矛盾冲突。例如，2004 年国美电器要求格力电器两款热销空调在销售旺季降价，格力电器认为国美电器的"短期促销"行为破坏了格力在当地市场价格体系及影响了其他分销商的市场份额和所得利益，造成了渠道成员的不稳定。随着空调巨头和家电零售巨头之间的渠道控制矛盾持续升级，最终致使格力全面退出国美。此外，汽车销售行业中，也存在零售价控制矛盾与冲突。例如，4S 店对热门车型汽车采取"加价提车"销售策略，对滞销车型采用"适当降低配置，大幅降价"策略，通过变相"提价与降价"绕开主机厂商"指导价"约束。由此可见，零售价控制是渠道控制重要内容，而合理的渠道控制策略能减少或缓解渠道上下游利益冲突（庄贵军等，2008）。据清科数据显示：截至 2016 年底，沪深两市新增 IPO 共 227 家，融资 1 511 亿元，其中 VC/PE 支持上市公司148 家（占总数 65.2%），融资 1 020 亿元（占总额 67.5%）。据统计，截至 2016 年 1 月，在深圳交易所创业板上市的 354 家制造企业中有 224 家（接近 63.28%）上市前曾引进股权投资。股权融资已成为成长型企业捕获成长机会的主要手段，然而不断涌现渠道控制矛盾冲突势必影响企业经营决策，制约股权融资后供应链上下游的价值创造。因此，在股权融资跨越式发展的背景下，研究供应商股权融资下的渠道控制选择问题，不仅解决股权融资与供应链运营相互割裂的缺陷，厘清二者间联系及其对企业运作与价值创造的作用机制，而且拓宽了供应链价值理论新范畴。

现有文献主要从渠道控制、契约控制与供应链协调三个层次研究供应链控制。韦茨等（Weitz et al.，1995）渠道控制机制分为权威、合同与规范三个类型的机制。供应链渠道控制表现为供应链成员针对特定产品（或品牌）为其他成员制定市场策略的能力，根据控制权的归属，渠道控制可分为生产商控制和流通商控制且二者间都存在同一市场竞争关系（晏维龙，2004；Wang and Bell，2009）。已有研究主要从两个层面对渠道控制展开研究：第一，商品可替代性或者渠道差异化；制造商决定是自建渠道还是通过独立零售商向市场出售产品，取决于商品的可替代性（Trivedi，1998）。此外，杨丽等（2010）渠道中的控制模式也将对价格形成机制产生影响。第二，价格竞争激烈程度；有学者研究发现价格竞争激烈程度也将会影响制造商自建渠道的决策（许丽君等，2009），斯泰林（Staelin，2008）进一步得出竞争性越强的商品使得制造商越倾向于通过多种渠道进行销售。随着交易成本理论发展，契约控制越来越多地运用于供应链管理中。卢斯长和布朗（Lusch and Brown，1996）将契约控制定义为签订规范合同，规定供应链各方的责任以及交易细节。回购契约（侯玉梅等，2013）、收益共享契约（石丹和李勇建，2015）、两步定价法、持有成本补贴、数量弹性契约、数量折扣契约均可协调供应链（Cachon and Lariviere，2005；刘斌，2005；肖迪和潘可文，2012；陈敬贤和马志强，2014），但也有学者认为上述契约无法对多渠道的供应链协调（Boyaci，2004；Cai，2010；Chen et al.，2012）。为进一步实现供应链整体效率和效益的最优目标，供应链合作被运用于供应链管理中，即供应链协调。马龙（Malone，1987）认为供应链协调是供应链成员间为实现共同目标进行交流和做出决策的模式，供应链各方间的决策、通信和交互的模式，可以帮助计划、控制和调整供应链中所涉及的物料、零部件、服务、信息、资金、人员和方法之间的交流与协调（Romano，2003）。

　　关于企业价值理论的研究，一方面，基于渠道控制、契约控制与供应链协调等供应链运营视角研究企业价值创造；另一方面，从投融资视角评估企业价值创造；格雷厄姆（Grahamhe，2005）和费雪（Fisher，2003）共同建立价值投资的理论基础，前者强调投资的安全性而未能考虑企业未来成长能力，而费雪则非常重视能增加企业内在价值的要素，如：企业管理与运营能力及未来发展前景等。后来经完善，提出"MM 理论"认为企业融资决策影响企业价值大小（Modigliani and Miller，1958），即从企业负债筹资与权益资本筹资来研究企业市场价值的实现。但上述理论研究未能结合企业融资与供应链运营对企业价值创造的共同影响，因此，供应商股权融资下的供应链控制研究则实现了融资决策与供应链运营的有机契合。

本章基于供应链股权融资视角研究供应链控制问题，刻画了供应商股权融资下决策权力（批发价与零售价）重塑的契约结构特征。首先建立供应链运营的基准模型，然后将供应商股权融资引入基准模型中，避免现实中融资战略与供应链运营相互割裂，最后通过数理推导、数值分析进一步对比研究影响供应链控制策略选择的因素及不同控制策略对股权融资影响。

3.2　问题描述及基准模型

3.2.1　问题描述及假设

考虑一个二级供应链，零售商面临市场需求 $D = a - bp$（其中 a，$b > 0$），双方订立批发价契约进行经营活动。供应商制定批发价格为 w（单位成本为 c），零售商制定零售价 p。供应商融资前固定资产为 A，自有资金 η 满足融资运营需求，即 $\eta = cq$。当处于成长期的供应商面临良好市场机遇时，通过付出努力水平 e 进行市场开拓，但因自有资金不足而引入股权融资。供应商股权融资金额为 $B(e)$，一部分资金用于开拓新增市场需求所需运营资金，另一部分资金用于固定资产投资。供应商股权融资后以企业（供应商和 PE）利润最大化为目标制定决策。模型相关变量及参数定义如表 3 – 1 所示：

表 3 – 1　　　　　　　　　　　　参数定义

变量	定义
α	估值水平（采用市净率法估值）
β	市场成长因子，β 越大表示企业成长性越好
a	零售商的初始市场规模（供应商股权融资前）
θ	供应商股权融资的资金利用率
s	努力成本参数（$s > 0$）

3.2.2　基准模型

考虑二级供应链中的供应商与零售商通过订立批发价契约进行正常经营活动。供应商先制定批发价 w，零售商面临市场需求 $D = a - bp$（其中 a，b > 0），且根据批发价 w 制定满足市场需求的销售价 p，从而实现供需平衡 $q = D$，系统流程如图 3 - 1 所示。

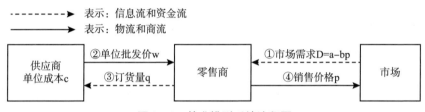

图 3 - 1　基准模型系统流程图

零售商利润函数为：

$$\Pi_R(p) = (p - w)q$$

供应商利润函数为：

$$\Pi_S(w) = (w - c)q$$

供应商与零售商进行 Stackelberg 博弈，则通过简单优化，则最优批发价为：$w^* = \dfrac{a + bc}{2b}$，最优零售价为：$p^* = \dfrac{3a + bc}{4b}$，订货量为：$q^* = \dfrac{a - bc}{4}$，零售商利润为：$\Pi_R(q^*) = \dfrac{(a - bc)^2}{16b}$，供应商利润为：$\Pi_S(w^*) = \dfrac{(a - bc)^2}{8b}$。

供应商能进行正常的经营时自有资金为：$\eta = cq^* = \dfrac{c(a - bc)}{4}$，供应商自有资金 η 仅能满足基准模型下运营需求，如面临市场机遇进行市场开拓则需要更多营运资金满足新市场的需求。

3.3　供应商市场开拓模型

供应商（供应链核心企业）面临良好市场机遇且资金短缺，其通过付出努力水平 e 进行市场开拓，则新的市场需求为：

$$D(e) = a - bp + \beta e$$

市场开拓努力水平 e 包括：提升销售努力与服务水平、增加广告投入、电子商务平台拓展等诸多市场扩张措施。其中市场开拓的努力成本设为 $\frac{1}{2}se^2$（Taylor，2002；梁昌勇和叶春森，2015）。

供应商融资过程中，过多的融资额会导致资金闲置，且会稀释供应商的持股比例，削弱对企业控制权。因此，融资额是根据供应链经营目标（市场开拓时努力水平与订货量）需求来确定金额大小，一部分融资额（占比 θ）用于市场拓展，另一部分用于固定资产投资。供应商的融资额、努力成本与运营成本在数量上满足：$cq(e) + \frac{1}{2}se^2 = \eta + \theta B(e)$，所以供应商股权融资额为：

$$B(e) = \frac{1}{\theta}\left(cq(e) + \frac{1}{2}se^2 - \eta\right)$$

供应商通过股权融资弥补运营资金不足，股权融资额为 $B(e)$。投融资双方采用市净率法对企业估值，估值水平是 α，则供应商持股比例为：$C_S = \frac{\alpha(A + \eta)}{\alpha(A + \eta) + B(e)}$，PE 持股比例为：$C_{PE} = \frac{B(e)}{\alpha(A + \eta) + B(e)}$。供应商凭借供应链核心地位决定是（否）让渡对零售价决策权，为进一步分析供应链渠道控制问题，本章考虑如下两种供应链渠道控制策略：

（1）供应商采用强渠道链控制：零售商作为供应商的跟随者，无零售价决策权，按照基准模型中的零售价 $p^* = \frac{3a + bc}{4b}$ 销售商品。如实践案例中，汽车生产厂凭借对产品供货控制为避免经销商之间陷入恶性价格竞争，而制定出具有零售价意味的"市场指导价"。

（2）供应商采用弱渠道链控制：供应商将基于终端市场渗透、竞争格局及上下游关联企业利益考虑让渡零售定价决策权，即零售商按自主决定零售价 p 销售商品。现实案例中国美"O2M 全渠道零售战略"提出产品价位（零售价与批发价）与规格，供应商仅负责接单与生产制造。

此外，尽管供应商作为供应链核心企业，但亟待零售商在市场开拓中配合，零售商凭借销售渠道优势不仅迫使供应商让渡零售定价权，甚至要求批发价保持不变以配合供应商股权融资后对市场开拓。因此，本章根据供应商是（否）参与批发价决策博弈界定为批发价不锁定（锁定）。

本章研究供应商股权融资后如何选择供应链控制策略，根据不同供应链控制下所需资金以及其创造的价值来合理选择融资额。具体考虑如下四种策略模型（见表 3 - 2）：

表 3 - 2　　供应链批发价锁定（不锁定）下强（弱）渠道控制模型

项目	策略类型	批发价	零售价	决策变量与次序
策略 1	批发价锁定下的强渠道控制	$w_1 = w^*$	$p_1 = p^*$	e_1
策略 2	批发价锁定下的弱渠道控制	$w_2 = w^*$	p_2	$e_2 \rightarrow p_2$
策略 3	批发价不锁定下的强渠道控制	w_3	$p_3 = p^*$	$e_3 \rightarrow w_3$
策略 4	批发价不锁定下的弱渠道控制	w_4	p_4	$e_4 \rightarrow w_4 \rightarrow p_4$

3.3.1　策略 1：批发价锁定下的强渠道控制

本节考虑供应商股权融资后不参与博弈且加强供应链控制，即批发价 w^* 不变，零售商按价格 p^* 销售商品。供应商通过制定努力水平 e_1 使企业总利润最大。PE 为供应商提供所需资金，待其产品出售、资金回笼后按持股比例进行收益分配，系统流程如图 3 - 2 所示。

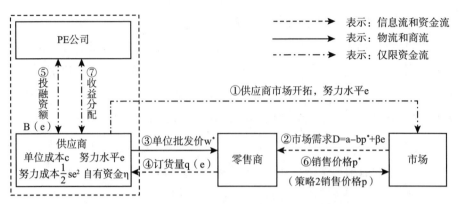

图 3 - 2　批发价锁定下（强/弱渠道控制）系统流程图

企业（供应商和 PE）总利润函数为：

$$\Pi_{S\&PE}(e_1) = (w_1^* - c)q_1(e_1) - \frac{1}{2}se_1^2$$

$$\text{s. t.} \begin{cases} \Pi_{S\&PE}(e_1) \geqslant \Pi_S(w^*) = \dfrac{(a-bc)^2}{8b} \\[2mm] \Pi_R(p_1) \geqslant \Pi_R(p^*) = \dfrac{(a-bc)^2}{16b} \end{cases} \tag{3.1}$$

定理 3.1　供应商股权融资后不参与博弈且采用强渠道控制，则追求企业的总利润最大化时，供应商最优努力水平为：$e_1^* = \dfrac{(a-bc)\beta}{2bs}$，产品批发价为：$w_1^* = w^* = \dfrac{a+bc}{2b}$，产品零售价为：$p_1^* = p^* = \dfrac{3a+bc}{4b}$，企业（供应商和 PE）总利润为：$\Pi_{S\&PE}(e_1^*) = \dfrac{(a-bc)^2(\beta^2+bs)}{8b^2s}$。

最优努力水平 $e_1^* = \dfrac{(a-bc)\beta}{2bs}$ 对市场成长性 β 求导可得：$\dfrac{de_1^*}{d\beta} = \dfrac{(a-bc)}{2bs} > 0$，供应商持股比例 $C_S = \dfrac{\alpha(A+\eta)}{\alpha(A+\eta)+B(e_1^*)}$ 对 β 求导可得，

$$\frac{dC_S}{d\beta} = -\frac{\alpha(A+\eta)se_1^*}{[\alpha(A+\eta)+B(e_1^*)]^2}\frac{de_1^*}{d\beta} < 0$$

由定理 3.1 可知，供应商股权融资后不参与博弈，但加强供应链渠道控

制，即保持零售价不变，使得面临市场成长性良好的供应商选择较高的努力水平、订货量和融资额，进而带动零售商及供应链的快速发展。同时，供应商的控制权或将由于融资额的上升而不断丧失。实践中不乏此类案例，某企业因面临良好市场成长性而亟须引入股权融资解决资金瓶颈，企业虽实现了爆发式增长，但"企业成长性与控制权之间的天然矛盾"致使创始人丧失企业控制权。

3.3.2　策略2：批发价锁定下的弱渠道控制

本节考虑供应商股权融资后，供应商不参与博弈且对供应链采用弱控制，即批发价 w^* 不变，零售商自主决策零售价 p_2。供应商通过制定努力水平 e_2 使企业总利润最大，系统流程如图 3－2 所示。

零售商利润函数为：

$$\Pi_R(p_2) = (p_2 - w_2)q_2(e_2,\ p_2)$$

$$\text{s. t. } \Pi_R(p_2) \geqslant \Pi_R(p^*) = \frac{(a-bc)^2}{16b} \tag{3.2}$$

企业总利润函数为：

$$\Pi_{S\&PE}(e_2) = (w_2 - c)q_2(e_2,\ p_2) - \frac{1}{2}se_2^2$$

$$\text{s. t. } \Pi_{S\&PE}(e_2) \geqslant \Pi_S(w^*) = \frac{(a-bc)^2}{8b} \tag{3.3}$$

定理 3.2　供应商股权融资后不参与博弈且采用弱供应链控制，则追求企业的总利润最大化时，供应商最优努力水平为：$e_2^* = \dfrac{\beta(a-bc)}{4bs}$，产品批发价为：$w_2^* = w^* = \dfrac{a+bc}{2b}$，产品最优零售价为：$p_2^* = \dfrac{3a+bc}{4b} + \dfrac{\beta^2(a-bc)}{8b^2s}$。

由定理 3.1 和定理 3.2 可知，当供应商股权融资后且不参与博弈时 $\Pi_{S\&PE}(e_1^*) > \Pi_{S\&PE}(e_2^*)$，即批发价锁定下供应商加强供应链渠道控制的企业总利润（策略 1）高于不加强渠道控制时的总利润（策略 2）。因此，当供应链批发价锁定时，供应商会加强对渠道控制且选择较高努力水平、订单量与融资额来提高企业总利润，且供应商对渠道控制策略的选择与市场成长性无关。

3.3.3 策略3：批发价不锁定下的强渠道控制

本节考虑供应商股权融资后参与博弈，供应商制定批发价格 w_3，同时供应商加强供应链渠道控制，即零售商按 p^* 销售商品。供应商通过制定努力水平 e_3 使企业总利润最大，系统流程如图3-3所示。

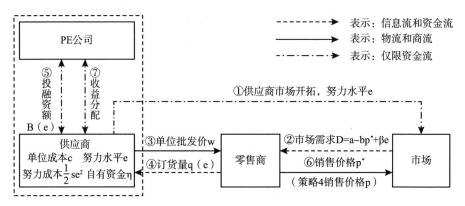

图3-3 批发价不锁定下（强/弱渠道控制）系统流程图

企业总利润函数为：

$$\Pi_{S\&PE}(e_3, w_3) = (w_3 - c)q_3(e_3) - \frac{1}{2}se_3^2$$

$$\text{s. t.} \begin{cases} \Pi_{S\&PE}(e_3, w_3) \geqslant \Pi_S(w^*) \\ \Pi_R(p_3^*) \geqslant \Pi_R(p^*) \end{cases} \tag{3.4}$$

定理3.3 供应商股权融资后不参与博弈且对供应链采用强渠道控制，则追求企业总利润最大化时，供应商最优努力水平为：$e_3^* = \dfrac{3\beta(a-bc)}{4bs}$，产品最优批发价为：$w_3^* = \dfrac{3a+bc}{4b}$，产品零售价为：$p_3^* = \dfrac{3a+bc}{4b}$，零售商利润为：$\Pi_R(q_3) = 0$。

推论3.1 当批发价不锁定且供应商采用强供应链渠道控制时，将致使

零售商不再参与供应链的运营，此时供应商无股权融资意愿，即供应商将不进行股权融资活动。

供应商加强供应链渠道控制使得零售价不变且供应商参与博弈，通过制定最优批发价 $w_3^* = p_3^*$ 攫取整个供应链的全部利润，此时零售商的利润 $\Pi_R(p_3^*) = 0$，即零售商的利润完全被供应商所侵蚀，零售商不再参与供应链的运营。因此，供应商股权融资后在批发价不锁定时应避免采用强渠道控制。

3.3.4　策略 4：批发价不锁定下的弱渠道控制

本节考虑供应商股权融资后不参与博弈，供应商者制定批发价 w_4，同时供应商采取弱控制策略，即零售商按自主决策零售价 p_4。供应商通过制定努力水平 e_4 使企业总利润最大，系统流程如图 3 - 3 所示。

零售商利润函数为：

$$\Pi_R(p_4) = (p_4 - w_4)q_4(e_4, p_4)$$
$$\text{s. t. } \Pi_R(p_4) \geqslant \Pi_R(p^*) \tag{3.5}$$

企业总利润函数为：

$$\Pi_{S\&PE}(e_4, w_4) = (w_4 - c)q_4(e_4, p_4) - \frac{1}{2}se_4^2$$
$$\text{s. t. } \Pi_{S\&PE}(e_4, w_4) \geqslant \Pi_S(w^*) \tag{3.6}$$

定理 3.4　供应商股权融资后不参与博弈且对供应链采用弱渠道控制，则追求企业的总利润最大化：

（1）当 $0 < \beta < 2\sqrt{bs}$ 时，供应商最优努力水平为：$e_4^* = \dfrac{\beta(bc - a)}{\beta^2 - 4bs}$，产品最优批发价为：$w_4^* = \dfrac{\beta^2 c - 2s(a + bc)}{\beta^2 - 4bs}$，产品最优零售价为：$p_4^* = \dfrac{\beta^2 c - 3as - bcs}{\beta^2 - 4bs}$，企业总利润为：$\Pi_{S\&PE}(e_4^*, w_4^*) = \dfrac{s(a - bc)^2}{2(4bs - \beta^2)}$。

（2）当 $\beta > 2\sqrt{bs}$ 时，因不满足现实情形而舍去。面临较高的成长性意味着供应商可以无限地开拓市场，同时有动机无限提高批发价来增加企业自身利润。但现实情形中供应商因避免零售商为追求自身利润不断提高零售价

（弱供应链控制），而相悖供应商开拓市场扩大需求的融资初衷。所以当市场成长性足够高时，供应商会选择供应链批发价锁定下的强渠道控制策略（策略1）。

①供应链弱渠道控制（策略2和策略4）下，批发价之差为：

$$\Delta w^{4-2} = w_4^* - w_2^* = \frac{\beta^2 c - 2s(a + bc)}{\beta^2 - 4bs} - \frac{a + bc}{2b} = \frac{\beta^2(a - bc)}{2b(4bs - \beta^2)} > 0$$

即 $w_4^* > w_2^*$。

②供应链弱渠道控制（策略2和策略4）下，产品零售价之差为：

$$\Delta p^{4-2} = \frac{(\beta^2 c - 3as - bcs)8b^2 s}{8b^2 s(\beta^2 - 4bs)} - \frac{(\beta^2 - 4bs)[2bs(3a + bc) + \beta^2(a - bc)]}{8b^2 s(\beta^2 - 4bs)}$$

令 $H_1(\beta^2) = (\beta^2 c - 3as - bcs)8b^2 s - (\beta^2 - 4bs)[2bs(3a + bc) + \beta^2(a - bc)]$，将 β^2 视为整体，且满足条件 $0 < \beta^2 < 4bs$。$\frac{dH_1(\beta^2)}{d\beta^2} = -2bs(a - bc) - 2\beta^2(a - bc) < 0$，当 $\beta^2 = 0$ 时，$\max[H_1(\beta^2)] = 0$，所以 $H_1(\beta^2) < 0$，由 $0 < \beta^2 < 4bs$，即 $8b^2 s(\beta^2 - 4bs) < 0$，故 $\Delta p^{4-2} > 0$，存在 $p_4^* > p_2^*$。

由此可知，供应商采取弱渠道控制时，零售商在批发价不锁定（策略4）下倾向制定较高零售价以应对供应商批发价上涨所造成价格冲击，而批发价锁定（策略2）则会抑制批发价与零售价同时上涨的意愿。

由定理3.1~定理3.4中的部分结论列表分布如表3-3所示。

表3-3   定理3.1~定理3.4部分结论比较分析

项目	策略类型	最优努力水平	订货量	股权融资额
批发价锁定	策略1（强渠道控制）	$\dfrac{\beta(a - bc)}{2bs}$	$\dfrac{(a - bc)(bs + 2\beta^2)}{4bs}$	$\dfrac{\beta^2(a + 3bc)(a - bc)}{8\theta b^2 s}$
	策略2（弱渠道控制）	$\dfrac{\beta(a - bc)}{4bs}$	$\dfrac{(a - bc)(\beta^2 + 2bs)}{8bs}$	$\dfrac{\beta^2(a + 3bc)(a - bc)}{32\theta b^2 s}$
批发价不锁定	策略3（强渠道控制）	$\dfrac{3\beta(a - bc)}{4bs}$	$\dfrac{(a - bc)(bs + 3\beta^2)}{4bs}$	$\dfrac{\beta^2(a - bc)(9a + 15bc)}{32\theta b^2 s}$
	策略4（弱渠道控制）	$\dfrac{\beta(bc - a)}{\beta^2 - 4bs}$	$\dfrac{bs(bc - a)}{\beta^2 - 4bs}$	$\dfrac{\beta^2(bc - a)(c\beta^2 - 2bcs - 2as)}{4\theta(\beta^2 - 4bs)^2}$

推论 3.2　当市场成长性一定，供应链批发价锁定时，供应商采取强供应链渠道控制（策略 1），而批发价不锁定时，供应商采取弱供应链渠道控制（策略 4）。

证明：根据四种策略模型的约束条件及表 3-3 可知，当 $\forall \beta \in [0, +\infty)$ 时，恒有：

$$\Delta\Pi_{S\&PE}^{1-2} = \Pi_{S\&PE}(e_1^*) - \Pi_{S\&PE}(e_2^*) = \frac{(a-bc)^2 3\beta^2}{32b^2 s} > 0$$

即 $\Pi_{S\&PE}(e_1^*) > \Pi_{S\&PE}(e_2^*)$。

$$\Delta\Pi_{S\&PE}^{2-0} = \Pi_{S\&PE}(e_2^*) - \Pi_S(w^*) = \frac{(a-bc)^2 \beta^2}{32b^2 s} > 0$$

即 $\Pi_{S\&PE}(e_2^*) > \Pi_S(w^*)$。

推论 3.2 证毕。

由推论 3.1 可知，供应商不参与博弈时，供应商加强供应链渠道控制下企业总利润高于不加强供应链渠道控制时的总利润。因为策略 3 中零售商利润全部被供应商所侵蚀，所以零售商不参与供应链运营中，故批发价不锁定时，供应商采取弱供应链渠道控制策略（策略 4）。

推论 3.3　供应商股权融资后根据市场成长性确定最优供应链渠道控制策略，即供应商的控制策略选择与市场成长性密切相关。

市场成长性是股权投融资双方合作基础，供应商股权融资需依托供应链运作的基础上来展开，因为良好市场成长性可通过供应商对市场开拓，最终表现为供应商所提供的产品对消费者的满足程度。因此，市场成长性影响了供应链渠道控制的选择。

当 $\sqrt{(2\sqrt{6}-4)bs} < \beta < \sqrt{3bs}$ 时，供应商决策优劣次序：策略 1 > 策略 4 > 策略 2，供应商采用强渠道控制（策略 1）。

当 $\sqrt{3bs} < \beta < 2\sqrt{bs}$ 时，供应商决策优劣次序：策略 4 > 策略 1 > 策略 2，供应商采用弱渠道控制（策略 4）。

当 $\beta > 2\sqrt{bs}$ 时，供应商决策优劣次序：策略 1 > 策略 2，供应商采用强渠道控制（策略 1）。

证明： 推论 3.3 的证明分为两部分，即情形 1 和情形 2：

情形 1： 证明供应商进行股权融资的必要条件。根据推论 3.2 的证明可知：

当 $\forall \beta \in [0, +\infty)$ 时，恒有 $\Pi_{S\&PE}(e_1^*) > \Pi_{S\&PE}(e_2^*)$，$\Pi_{S\&PE}(e_2^*) > \Pi_S(w^*)$，$\Pi_{S\&PE}(e_2^*) < \Pi_{S\&PE}(e_4^*, w_4^*)$ 成立。根据定理 3.4 可知：

$$\Delta\Pi_{S\&PE}^{1-4} = \Pi_{S\&PE}(e_1^*) - \Pi_{S\&PE}(e_4^*, w_4^*) = (a-bc)^2\beta^2 \frac{(3bs-\beta^2)}{16b^2s(4bs-\beta^2)}$$

则，
$$\begin{cases} \Pi_{S\&PE}(e_1^*) > \Pi_{S\&PE}(e_4^*, w_4^*) > \Pi_{S\&PE}(e_2^*), & \text{当 } 0 < \beta < \sqrt{3bs} \\ \Pi_{S\&PE}(e_4^*, w_4^*) > \Pi_{S\&PE}(e_1^*) > \Pi_{S\&PE}(e_2^*), & \text{当 } \sqrt{3bs} < \beta < 2\sqrt{bs} \\ \Pi_{S\&PE}(e_1^*) > \Pi_{S\&PE}(e_2^*), & \text{当 } \beta > 2\sqrt{bs} \end{cases}$$

综上可知，市场成长性对零售商的供应链控制决策存在约束与影响。当 $\forall \beta \in [0, +\infty)$ 时，存在 $\Pi_{S\&PE}(e_1^*) > \Pi_{S\&PE}(e_2^*) > \Pi_S(w^*)$，即策略 1 和策略 2 中供应商均有动机参与股权融资。

当 $\forall \beta \in (0, 2\sqrt{bs})$ 时，$\Pi_{S\&PE}(e_4^*, w_4^*) > \Pi_{S\&PE}(e_2^*) > \Pi_S(w^*)$，即策略 4 中供应商会参与股权融资。

情形 2： 证明供应商进行股权融资后，零售商参与供应链运营的必要条件。根据策略 2 和策略 4 的约束条件及由定理 3.1 – 3.4 可知 $\Pi_R(p_1^*) > \Pi_R(p^*)$，有

$$\Delta\Pi_R^{2-0} = \Pi_R(p_2^*) - \Pi_R(p^*) = \frac{(a-bc)^2(\beta^4 + 4bs\beta^2 - 4b^2s^2)}{64b^3s^2}$$

当 $\beta > \sqrt{2(\sqrt{2}-1)bs}$ 时，即 $\Pi_R(p_2^*) > \Pi_R(p^*)$。由定理 3.4 和基准模型可得：

$$\Delta\Pi_R^{4-0} = \Pi_R(p_4^*) - \Pi_R(p^*) = \frac{(a-bc)^2}{8b(4bs-\beta^2)^2}(\beta^4 + 8bs\beta^2 - 8b^2s^2)$$

当 $\beta > \sqrt{(2\sqrt{6}-4)bs}$ 时，由定理 3.4 和基准模型可得：$\Pi_R(p_4^*) > \Pi_R(p^*)$。由于 $\sqrt{(2\sqrt{6}-4)bs} > \sqrt{2(\sqrt{2}-1)bs}$，所以策略 4 中供应商股权融资后，零售商参与运营的条件需满足 $\forall \beta \in (\sqrt{(2\sqrt{6}-4)bs}, 2\sqrt{bs})$。

综上可知，满足供应商进行股权融资且零售商参与供应链运营的前提：

$$
\begin{cases}
\Pi_{S\&PE}(e_1^*) > \Pi_{S\&PE}(e_4^*,\ w_4^*) > \Pi_{S\&PE}(e_2^*), & 当 \sqrt{(2\sqrt{6}-4)bs} < \beta < \sqrt{3bs} \\
\Pi_{S\&PE}(e_4^*,\ w_4^*) > \Pi_{S\&PE}(e_1^*) > \Pi_{S\&PE}(e_2^*), & 当 \sqrt{3bs} < \beta < 2\sqrt{bs} \\
\Pi_{S\&PE}(e_1^*) > \Pi_{S\&PE}(e_2^*), & 当 \beta > 2\sqrt{bs}
\end{cases}
$$

推论 3.3 证毕。

推论 3.4　强（弱）供应链渠道控制影响了供应商的股权融资额，最优供应链控制下存在"股权融资意愿背驰"现象。

证明： 由定理 3.1 – 3.4 可知，

$$
\begin{cases}
\Delta e^{1-2} = e_1^* - e_2^* = \dfrac{(a-bc)\beta}{2bs} - \dfrac{(a-bc)\beta}{4bs} = \dfrac{(a-bc)\beta}{4bs} > 0 \\[2mm]
\Delta e^{2-4} = e_2^* - e_4^* = \dfrac{\beta(a-bc)}{4bs} - \dfrac{\beta(bc-a)}{\beta^2-4bs} = \dfrac{\beta^3(a-bc)}{4bs(\beta^2-4bs)} \\[2mm]
\Delta e^{1-4} = e_1^* - e_4^* = \dfrac{(a-bc)\beta}{2bs} - \dfrac{\beta(bc-a)}{\beta^2-4bs} = \beta(a-bc)\dfrac{2bs-\beta^2}{2bs(4bs-\beta^2)}
\end{cases}
$$

则，
$$
\begin{cases}
e_1^* > e_4^* > e_2^*, & 当 \sqrt{(2\sqrt{6}-4)\ bs} < \beta < \sqrt{2bs} \\
e_4^* > e_1^* > e_2^*, & 当 \sqrt{2bs} < \beta < 2\sqrt{bs} \\
e_1^* > e_2^*, & 当 \beta > 2\sqrt{bs}
\end{cases}
\quad 。
$$

由 $\Delta B(e)^{1-2} = B(e_1^*) - B(e_2^*) = \dfrac{\beta^2(a+3bc)(a-bc)}{8\theta b^2 s} - \dfrac{\beta^2(a+3bc)(a-bc)}{32\theta b^2 s} > 0$，所以存在 $B(e_1^*) > B(e_2^*)$。由

$$
\Delta B(e)^{2-4} = B(e_2^*) - B(e_4^*)
$$
$$
= \dfrac{\beta^2(a-bc)}{4\theta}\left[\dfrac{(a+3bc)(\beta^2-4bs)^2 + 8b^2 s(c\beta^2 - 2bcs - 2as)}{8b^2 s(\beta^2-4bs^2)}\right]
$$

令 $H_2(\beta^2) = (a+3bc)(\beta^2-4bs)^2 + 8b^2 s(c\beta^2 - 2bcs - 2as)$，即

$$
\Delta = 64b^2 s^2(a+2bc)^2 - 128b^3 cs^2(a+3bc) = 64b^2 s^2(a^2 + 2abc - b^2 c^2)
$$

因为 $a > bc$，所以 $\Delta = 64b^2 s^2\left[(a+bc)^2 - 2b^2 c^2\right] > 128b^3 cs$，存在

$$
\beta^2 = \dfrac{8bs(a+2bc) \pm 8bs\sqrt{a^2 + 2abc - b^2 c^2}}{2(a+3bc)}
$$

所以 $\beta = 2\sqrt{bs\dfrac{(a+2bc)\pm\sqrt{a^2+2abc-b^2c^2}}{(a+3bc)}}$。

（1）因为 $a > bc$，所以 $2\sqrt{bs\dfrac{(a+2bc)+\sqrt{a^2+2abc-b^2c^2}}{(a+3bc)}} > 2\sqrt{bs}$。

（2）当 $a > 3bc$ 时，即 $\min[6.378a^2-0.918abc-44.1536b^2c^2]\approx 10.495b^2c^2 > 0$，

所以 $2\sqrt{bs\dfrac{(a+2bc)-\sqrt{a^2+2abc-b^2c^2}}{(a+3bc)}} < \sqrt{(2\sqrt{6}-4)bs}$。

由推论 3.3 的证明可知：

当 $2\sqrt{bs\dfrac{(a+2bc)-\sqrt{a^2+2abc-b^2c^2}}{(a+3bc)}} < \sqrt{(2\sqrt{6}-4)bs} < \beta < 2\sqrt{bs}$时，

则，$\Delta B(e)^{2-4} < 0$，即 $B(e_2^*) < B(e_4^*)$。

$\Delta B(e)^{1-4} = B(e_1^*) - B(e_4^*)$

$$= \frac{\beta^2(a-bc)}{4\theta}\left[\frac{(a+3bc)(\beta^2-4bs)^2+2b^2s(c\beta^2-2bcs-2as)}{2b^2s(\beta^2-4bs)^2}\right]$$

令 $H_3(\beta^2) = (a+3bc)(\beta^2-4bs)^2+2b^2s(c\beta^2-2bcs-2as)$，即

$$\beta = \sqrt{bs\frac{(4a+11bc)\pm\sqrt{b^2c^2+4(a+3bc)(a-bc)}}{(a+3bc)}}$$

（1）因为 $bc < \sqrt{b^2c^2+4(a+3bc)(a-bc)}$，即

$$\sqrt{bs\frac{(4a+11bc)+\sqrt{b^2c^2+4(a+3bc)(a-bc)}}{(a+3bc)}} > 2\sqrt{bs}$$

（2）因为 $(9a^2+48abc+64b^2c^2)-(4a^2+8abc-11b^2c^2)=5a^2+40abc+75b^2c^2 > 0$，即 $3a+8bc > \sqrt{b^2c^2+4(a+3bc)(a-bc)}$。

因为 $\dfrac{4a+11bc}{a+3bc}=1+\dfrac{3a+8bc}{a+3bc} > 1+\dfrac{\sqrt{b^2c^2+4(a+3bc)(a-bc)}}{a+3bc} > 1 > 2\sqrt{6}-4$，所以 $\sqrt{(2\sqrt{6}-4)bs} < \sqrt{bs\dfrac{(4a+11bc)-\sqrt{b^2c^2+4(a+3bc)(a-bc)}}{(a+3bc)}}$。

（3）当 $a > \dfrac{5}{3}bc$ 时，即 $(4a+11bc)-\sqrt{b^2c^2+4(a+3bc)(a-bc)} < 3(a+$

$3bc)$，所以 $\sqrt{bs\dfrac{(4a+11bc)-\sqrt{b^2c^2+4(a+3bc)(a-bc)}}{(a+3bc)}}<\sqrt{3bs}$。

推论 3.4 证毕。

由推论 3.3 的证可知，供应链批发价锁定时，强渠道控制促进了供应商股权融资，弱渠道控制抑制了供应商股权融资；当批发价不锁定时，弱渠道控制促进了供应商的股权融资，强渠道控制下供应商却无股权融资意愿；当市场成长性处于中等水平时，批发价不锁定下的弱渠道控制（策略 4）比批发价锁定的强渠道控制（策略 1）具有更强的股权融资意愿。

如推论 3.4 所示，当 $\sqrt{bs\dfrac{(4a+11bc)-\sqrt{b^2c^2+4(a+3bc)(a-bc)}}{(a+3bc)}}<$
$\beta<\sqrt{3bs}$ 且 $a>\dfrac{5}{3}bc$ 时，最优供应链渠道控制策略下存在"股权融资意愿背驰"现象，即最优的渠道控制策略与较强的股权融资意愿冲突。此时，供应商最优渠道控制策略是策略 1，而策略 4 比策略 1 的融资额更高（见表 3-4）。

表 3-4　　　　供应链渠道控制策略与股权融资意愿的一致性

市场成长因子	最优供应链渠道控制策略	最强烈的融资意愿	是否一致
$\sqrt{(2\sqrt{6}-4)bs}<\beta<\sqrt{bs\dfrac{(4a+11bc)-\sqrt{b^2c^2+4(a+3bc)(a-bc)}}{(a+3bc)}}$	策略 1	策略 1	一致
$\sqrt{bs\dfrac{(4a+11bc)-\sqrt{b^2c^2+4(a+3bc)(a-bc)}}{(a+3bc)}}<\beta<\sqrt{3bs}$	策略 1	策略 4	不一致
$\sqrt{3bs}-\beta-2\sqrt{bs}$	策略 4	策略 4	一致
$\beta>2\sqrt{bs}$	策略 1	策略 1	一致

已知供应商持股比例为：$C_s=\dfrac{\alpha(A+\eta)}{\alpha(A+\eta)+B(e)}$，所以 C_s 对估值水平 α 求导可得：$\dfrac{dC_s}{d\alpha}=\dfrac{B(e)}{[\alpha(A+\eta)+B(e)]^2}>0$。供应商持股比例 C_s 对资金利用率 θ 求

导可得：$\dfrac{dC_S}{d\theta} = \dfrac{dC_S}{dB(e)}\dfrac{dB(e)}{d\theta} = \dfrac{\alpha(A + \eta_1)}{[\alpha(A + \eta) + B(e)]^2}\dfrac{1}{\theta^2}\left(cq(e) + \dfrac{1}{2}se^2 - \eta\right) > 0$。

随着融资额 B(e) 快速上升，供应商、PE 利润也大幅提高，但同时加速供

应商对股权的丧失。因此，当 $\beta \notin \left(\sqrt{bs\dfrac{(4a + 11bc) - \dfrac{\sqrt{b^2c^2 + 4(a + 3bc)(a - bc)}}{(a + 3bc)}}{}}, \sqrt{3bs}\right)$,

供应商最优的供应链控制策略与较强的股权融资意愿一致时，供应商需制定
较高的估值水平 α 与资金利用率 θ 来降低融资额 B(e)，以延缓供应商对企
业控制权的丧失。实践中存在估值扭曲致使创始人控制权旁落的案例。

3.4　数值分析

上述模型分析了股权融资下供应商如何选择最优控制策略及供应链控制
对供应商股权融资影响，本章通过数值分析以期探明如下问题：（1）市场
成长性如何影响供应商股权融资下的控制策略选择；（2）批发价锁定与否
对供应链控制策略选择有何影响；（3）强弱供应链渠道控制对股权融资额
及契约设计有何异同。

参考王宇和于辉（2017）文献研究，选择基本参数：$a = 2\,000$，$b = 5$，
$c = 50$，$s = 1$，$A = 100\,000$，则 $p^* = 312.5$，$w^* = 225$，$q^* = 437.5$，$\eta = cq^* =$
$218\,75$，$\sqrt{2(\sqrt{2} - 1)bs} = 2.0352$，$\sqrt{(2\sqrt{6} - 4)bs} = 2.1201$，$\sqrt{3bs} = 3.873$，
$2\sqrt{bs} = 4.4721$。

3.4.1　市场成长性对供应链渠道控制策略影响

当供应商股权融资后，市场成长性将影响供应商努力水平、融资额与供
应链各参与主体的利润。因此，供应商对供应链渠道控制策略选择与市场成
长性紧密相关。当市场成长性较低与较高时，供应商不参与博弈且采用强渠
道控制，而市场成长处于中等水平时，供应商参与博弈且采用弱渠道控制。
根据图 3-4 与表 3-5 分析可知：

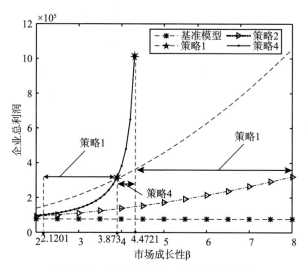

图 3 - 4　市场成长性与企业总利润关系

当 2.1201 < β < 3.873 时，供应链渠道控制策略优劣次序：策略 1 > 策略 4 > 策略 2，供应商最优选择是策略 1。此时供应商努力水平较低，对于市场开拓不足，供应商在保持批发价不变同时加强对零售价控制，以扩大市场份额。伴随着市场成长性不断提高（3.873 < β < 4.4721），供应链渠道控制优劣次序：策略 4 > 策略 1 > 策略 2，供应商最优选择是策略 4。即供应商有动机制定较高批发价且不再对零售价控制，尽管较高批发价对订货量造成冲击，但较高的市场成长与努力水平下，绝对订货量不断增加（对订货量冲击减弱），使得策略 4 中企业总利润增幅超过策略 1。当 β > 4.4721 时，供应链渠道控制优劣次序：策略 1 > 策略 2，供应商最优选择是策略 1。供应商股权融资初衷是开拓市场扩大需求，需避免零售商为追求自身利润不断提高零售价（弱渠道控制）。因此，当市场成长性足够高时，供应商会选择供应链批发价锁定下的强渠道控制（策略 1）。

3.4.2　批发价锁定结构对供应链渠道控制策略影响

当市场成长性一定时，供应商是否参与博弈会影响其对供应链渠道控制策略选择。供应商作为领导者制定批发价，但零售商将对其博弈行为作出反应。因此，供应商需通过对供应链渠道控制策略的选择实现企业利润最大化。

根据图 3 - 4 和表 3 - 5 分析可得，当市场成长性一定，供应链批发价锁定时会选择强渠道控制（策略 1 > 策略 2）。当 $2.1201 < \beta < 3.873$ 或 $\beta > 4.4721$ 时，供应商不参与批发价博弈时（策略 1 和策略 2），供应商通过采取强渠道控制来提升企业总利润。当市场成长性一定，供应商参与博弈时，应避免采用强渠道控制（策略 3），而选择弱渠道控制（策略 4）。当 $3.873 < \beta < 4.4721$，尽管供应商提高批发价会使得零售商订货量减少，但随着供应商制定较高的努力水平，最终使得订货量与企业总利润相对于股权融资前得到数百倍提升，抵消因批发价上升对订货量的冲击。

表 3 - 5   批发价锁定结构与市场成长性对渠道控制策略选择影响

项目	β	e^*	w^*	p^*	q^*	融资额	供应商和PE 总利润	供应商股权	PE股权
基准	—	—	225	312.5	4.38E + 2	—	—	1	0
策略 1	2.5	437.5	225	312.5	1.53E + 3	1.67E + 5	1.72E + 5	0.956	0.044
	3.3993	594.9	225	312.5	2.46E + 3	3.09E + 5	2.54E + 5	0.922	0.078
	3.5	612.5	225	312.5	2.58E + 3	3.28E + 5	2.64E + 5	0.918	0.082
	3.873	677.8	225	312.5	3.06E + 3	4.01E + 5	3.06E + 5	0.901	0.099
	4.4	770	225	312.5	3.83E + 3	5.18E + 5	3.73E + 5	0.876	0.124
	4.4721	782.6	225	312.5	3.94E + 3	5.35E + 5	3.83E + 5	0.872	0.128
	5	875	225	312.5	4.81E + 3	6.68E + 5	4.59E + 5	0.845	0.155
	10	1750	225	312.5	1.79E + 4	2.67E + 6	1.61E + 6	0.578	0.422
	20	3500	225	312.5	7.04E + 4	1.07E + 7	6.20E + 6	0.255	0.745
策略 2	2.5	218.8	225	367.2	7.11E + 2	4.18E + 4	1.00E + 5	0.989	0.011
	3.3993	297.4	225	413.6	9.43E + 2	7.72E + 4	1.21E + 5	0.979	0.021
	3.5	306.3	225	419.7	9.73E + 2	8.19E + 4	1.23E + 5	0.978	0.022
	3.873	338.9	225	443.8	1.09E + 3	1.00E + 5	1.34E + 5	0.973	0.027
	4.4	385	225	481.9	1.28E + 3	1.29E + 5	1.51E + 5	0.966	0.034
	4.4721	391.3	225	487.5	1.31E + 3	1.34E + 5	1.53E + 5	0.965	0.035

续表

	β	e*	w*	p*	q*	融资额	供应商和PE 总利润	供应商股权	PE股权
策略 2	5	437.5	225	531.3	1.53E+3	1.67E+5	1.72E+5	0.956	0.044
	10	875	225	1187.5	4.81E+3	6.68E+5	4.59E+5	0.845	0.155
	20	1750	225	3812.5	1.79E+4	2.67E+6	1.61E+6	0.578	0.422
策略 4	2.5	318.2	304.5	431.8	6.36E+2	6.73E+4	1.11E+5	0.982	0.018
	3.3993	704.4	464.5	671.7	1.04E+3	3.09E+5	1.81E+5	0.922	0.078
	3.5	790.3	501.6	727.4	1.13E+3	3.85E+5	1.98E+5	0.905	0.095
	3.873	1 355.5	750	1 100	1.75E+3	1.09E+6	3.06E+5	0.770	0.230
	4.4	12 031.3	5 518.8	8 253.1	1.37E+4	8.12E+7	2.39E+6	0.043	0.957

3.4.3　供应链渠道控制对供应商股权融资影响

供应商采取强弱供应链渠道控制策略会对股权融资额与契约设计产生影响。因为不同控制策略下所需资金以及供应链上下游协同配合程度不同，从而对股权融资的契约设计产生影响。

如图 3 − 5 所示，供应链批发价锁定时，强渠道控制促进了供应商股权融资，弱渠道控制抑制了供应商股权融资；当批发价不锁定时，弱渠道控制促进了供应商股权融资，强渠道控制下供应商却无股权融资意愿。

当市场成长性（2.1201 < β < 3.3993 或 β > 4.4721）一定时，供应商选择批发价锁定下强渠道控制（策略 1），此时企业总利润与融资额最高。当市场成长性（3.873 < β < 4.4721）一定时，供应商选择批发价不锁定下弱渠道控制（策略 4），企业总利润与融资额最高。当市场成长性（3.3993 < β < 3.873）一定时，供应商为追求利润最大化选择渠道批发价锁定下的强供应链控制（策略 1），但策略 1 的融资额并非最高。尽管较高融资额会大幅提高供应商利润，但会加速供应商持股比例下降，从而削弱企业控制权。

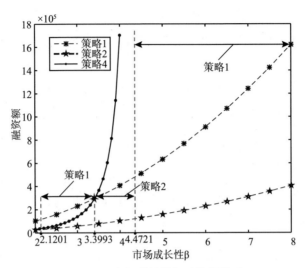

图 3 – 5　市场成长性与融资额关系

　　根据表 3 – 6 ~ 表 3 – 7 分析得出，随着估值水平提升，供应商持股比例不断增加，即高估值水平能提升供应商持股比例，加强对企业控制权。当资金利用率提高时，融资额呈现递减趋势。避免了因"过多融资额导致资金闲置"而稀释供应商的股权，缓和了股权投融资双方对企业控制权之争的矛盾冲突。

表 3 – 6　　　　　　　　　　估值水平对供应商股权融资影响

$\beta = 4$ $\theta = 0.9$	α	e^*	q^*	融资额	供应商和 PE 总利润	供应商 利润	PE 利润	供应商 股权	PE 股权
策略 1	5	700	3.24E+3	4.28E+5	3.22E+5	1.89E+5	1.33E+5	0.59	0.41
	10	700	3.24E+3	4.28E+5	3.22E+5	2.38E+5	8.35E+4	0.74	0.26
	20	700	3.24E+3	4.28E+5	3.22E+5	2.74E+5	4.80E+4	0.85	0.15
	30	700	3.24E+3	4.28E+5	3.22E+5	2.88E+5	3.37E+4	0.90	0.10
策略 2	5	350	1.14E+3	1.07E+5	1.38E+5	1.17E+5	2.06E+4	0.85	0.15
	10	350	1.14E+3	1.07E+5	1.38E+5	1.27E+5	1.11E+4	0.92	0.08
	20	350	1.14E+3	1.07E+5	1.38E+5	1.32E+5	5.79E+3	0.96	0.04
	30	350	1.14E+3	1.07E+5	1.38E+5	1.34E+5	3.92E+3	0.97	0.03

续表

β=4 θ=0.9	α	e*	q*	融资额	供应商和 PE 总利润	供应商 利润	PE 利润	供应商 股权	PE 股权
策略 4	5	1 750	2.19E+3	1.80E+6	3.83E+5	9.69E+4	2.86E+5	0.25	0.75
	10	1 750	2.19E+3	1.80E+6	3.83E+5	1.55E+5	2.28E+5	0.40	0.60
	20	1 750	2.19E+3	1.80E+6	3.83E+5	2.20E+5	1.63E+5	0.58	0.42
	30	1 750	2.19E+3	1.80E+6	3.83E+5	2.57E+5	1.26E+5	0.67	0.33

表 3-7　　　　资金利用率对供应商股权融资影响（α=30，β=4）

项目	θ	e*	q*	融资额	供应商和 PE 总利润	供应商 利润	PE 利润	供应商 股权	PE 股权
策略 1	0.2	700	3.24E+3	1.93E+6	3.22E+5	2.11E+5	1.11E+5	0.66	0.34
	0.4	700	3.24E+3	9.63E+5	3.22E+5	2.55E+5	6.70E+4	0.79	0.21
	0.6	700	3.24E+3	6.42E+5	3.22E+5	2.74E+5	4.80E+4	0.85	0.15
	0.8	700	3.24E+3	4.81E+5	3.22E+5	2.84E+5	3.74E+4	0.88	0.12
策略 2	0.2	350	1.14E+3	4.81E+5	1.38E+5	1.22E+5	1.60E+4	0.88	0.12
	0.4	350	1.14E+3	2.41E+5	1.38E+5	1.29E+5	8.51E+3	0.94	0.06
	0.6	350	1.14E+3	1.60E+5	1.38E+5	1.32E+5	5.79E+3	0.96	0.04
	0.8	350	1.14E+3	1.20E+5	1.38E+5	1.33E+5	4.39E+3	0.97	0.03
策略 4	0.2	1 750	2.19E+3	8.09E+6	3.83E+5	1.19E+5	2.64E+5	0.31	0.69
	0.4	1 750	2.19E+3	4.05E+6	3.83E+5	1.82E+5	2.01E+5	0.47	0.53
	0.6	1 750	2.19E+3	2.70E+6	3.83E+5	2.20E+5	1.63E+5	0.58	0.42
	0.8	1 750	2.19E+3	2.02E+6	3.83E+5	2.46E+5	1.36E+5	0.64	0.36

综上，当供应商最优的供应链控制策略与较强的股权融资意愿一致 [β∉(3.3993，3.873)] 时，供应商在股权融资契约设计时，需要慎重考虑估值水平与融资额利用率，这将直接影响供应商股权融资后对企业经营权的控制。

3.5　本章小结

当供应商面临良好的成长机遇，通过股权融资弥补运营资金不足。本章构建供应商股权融资模型，对比分析市场成长性与批发价锁定与否对供应链控制策略选择的影响，揭示强（弱）供应链渠道控制对股权融资影响，具体发现如下：

（1）市场成长性主导供应商对供应链渠道控制策略的选择。市场成长性较低时，供应商选择供应链批发价锁定下的强渠道控制策略；随着市场成长性不断增长，供应商选择批发价不锁定下弱渠道控制策略。当市场成长性足够大时，供应商将再次选择供应链批发价锁定下的强供应链渠道控制策略，以避免零售商制定过高的零售价，使得订货量减少趋势超过供应商开拓市场时的新增需求。

（2）供应商在供应链批发价锁定时采取强供应链渠道控制，在批发价不锁定时应避免采用强供应链控制。批发价锁定下供应商选择强渠道控制（策略1），而批发价不锁定时，供应商选择弱渠道控制（策略4），这避免强供应链控制下零售商为了维持不低于股权融资前利润而退出供应链运营。

（3）强（弱）供应链渠道控制影响了供应商的股权融资额，最优供应链控制策略下存在"股权融资意愿背驰"现象。当供应链批发价锁定时，强渠道控制促进了供应商股权融资（策略1），批发价不锁定时，弱渠道控制促进了供应商股权融资（策略4）。当市场成长性处于中等水平时，供应商最优控制策略是策略1，但策略1融资额并非最高，即"股权融资意愿背驰"现象。因此，当最优供应链渠道控制策略与较强的股权融资意愿一致时，供应商需尽可能制定较高估值水平与资金利用率降低融资额，以延缓供应商对企业控制权的丧失。

第 4 章

成长型企业股权融资的
供应链契约选择研究

4.1　引　言

2017 年 7 月全国金融工作会议提出"要把金融服务实体经济作为出发点和落脚点"改革总基调，所以探索创新型金融服务模式成为经济新常态背景下提升金融资源配置效率的关键。2018 年 7 月中共中央政治局召开经济工作会议时提出"稳就业、稳金融、稳外贸、稳外资、稳投资、稳预期"，其中"稳金融"则进一步强调"金融如何既有效防范风险又服务好实体经济"是深化改革开放激发经济活力的根本举措。2016 年 4 月，中国银监会、科技部、中国人民银行联合颁布《关于支持银行业金融机构加大创新力度开展科创企业投贷联动试点的指导意见》（以下简称《意见》），搭建"融资风险与收益相匹配"（参见《意见》中第四条第八款）的创新型金融服务模式，以提升金融资本匹配实体经济多样化融资需求的能力。截至2017 年 9 月末，北京地区投贷联动贷款发放 73.52 亿元（较 2017 年初增长321.97%），股权投资额达 7.06 亿元（较年初增长近 20 倍）。企业信用（资产、担保及抵押物）是"信贷资本"风险控制关键，而成长型中小微企业信用缺失（资产或抵押）导致"逆向选择"与"道德风险"问题产生，这与银行"审慎"经营原则冲突并加剧了"金融空转虚耗与资金脱实向虚"矛盾。由此可见，实践案例与政策法规逐渐重视多层次金融资本与实体经济有效对接，所以成长型企业股权融资还需考虑信贷资本或机构（银行）与股权投融资、企业运营相互影响。

与此同时，企业运营离不开上下游企业紧密配合，供应链契约决定了各参与方决策权力、收益分配模式、运营风险应对能力及整条供应链的绩效。

基于实践背景与研究意义，本章将银行（信贷资本）纳入成长型企业股权融资问题中，即投贷联动融资。特殊说明，投贷联动融资属于"混合型"股权融资范畴，投贷联动通常在股权投资机构对融资企业评估和股权投资基础上，商业银行再跟进贷款形成"股权＋债权"联动投资模式。股权投资机构（资本）是核心，具有全局主导性作用价值与意义，而与

股权资本金额大小或股债比例无关。《意见》要求推动金融机构有序开展投贷联动融资创新发展，由投资收益抵补信贷风险，实现股权资本撬动信贷资本并有效增加成长型企业金融供给总量。如表 4 – 1 所示，投贷联动模式整合了不同风险偏好和收益要求"股权 + 信贷"资本，形成以股权资本为信用纽带，化解借贷双方信息壁垒以推进金融资本与实体经济融合、渗透。

表 4 – 1　　　　　　混合型股权（投贷联动）融资金融机构特征

项目	股权投资机构（PE）	银行
企业经营信息甄别能力	强	弱
企业资金使用监督能力	强	弱
融资企业运营决策	参与或影响	不参与
资金来源（实力）	一般	丰富
产业链上客户资源	一般	丰富
风险偏好	风险偏好	风险厌恶

以往研究立足于：（1）考虑单一股权，未考虑"股 + 债"联动机制对融资决策影响；然而，投贷联动不仅拓宽资金来源，还促进不同风险与收益要求资本与供应链运营有效对接，形成多方合作新格局。（2）基于投融资双方非合作博弈探讨投融资决策。供应链运营是金融资本保值、增值及金融系统风险防范根本举措，所以股权融资需将供应链上下游运营层面配合纳入供应链的价值创造体系中。此外，供应链成员基于决策权力、市场潜力、竞争优势及上下游协同运营效率等因素，形成了影响链条上各节点企业收益分配格局与运营风险应对能力的供应链契约。实践中，资本更为青睐能打通全产业链以激活供应链协同价值创造能力或增强供应链风险应对能力的融资企业（核心企业）。

供应链契约旨在通过激励机制使得个体成员与整体决策目标不一致及偏好离散度使得供应链运作达到协调状态。现有文献主要从供应链契约协调、供应链契约中信息不对称问题进行探讨。第一，供应链契约起源与类型；帕斯提尔（Pasternack，1985）提出了供应链成员通过激励措施缔结合作协议，降低供应链运营总成本并改善供应链绩效。在此基础上，卡琼（Cachon，2003）基于供应链报童模型，对回购契约、批发价格契约、数量弹性契约和收益共享契约机制优化条款进行梳理与总结。第二，关于供应链契约协调；吉伯和卡瓦（Gilbert and Cvsa，2003）研究发现创新投入能降低制造商产品成本并优化批发价契约下供应链效率。詹诺卡罗和吉安诺卡（Giannoccaro and Pontrandolfo，2009）采用委托代理理论研究发现收益共享契约能协调需求中断供应链（Cao，2014），但有学者认为实践中收益共享契约过高管理成本致使其无法实现供应链协调（Cachon and Lariviere，2005）。第三，供应链契约中信息对称性问题；李等（Lee et al.，1997）认为供应链成员间通过 VMI 信息系统加强上下游信息共享，可减小信息传递过程中失真。还有学者从市场需求、成本结构、边际成本等角度探讨信息不对称下的供应链契约性质及运营（Li and Liu，2006；Guo and Zhang，2015；Ha，2015）。供应链融资是各节点企业的生产运营与资金流结合，能缓解企业资金约束问题。以往文献主要从应收账款融资、存货融资及预付款融资三个方面研究。首先，关于应收账款融资研究；史密斯和施穆克尔（Smith and Schnucker，1994）指出应收账款质押融资能缓解中小企业因缺乏固定资产抵押和有效的第三方担保不足问题，将融资企业整体信贷风险转化为抵押品价值，缓解借贷双方信息不对称，提升企业债务融资能力（Kallberg and Udell，2003；Comelli et al.，2008）。其次，基于存货融资探究；布扎科特和张（Buzacott and Zhang，2004）将银行风险管理和供应链库存管理结合，探讨利率和质押率决策。李毅学（2011）分别研究了委托监管和统一授信下，企业的再订货决策以及下侧风险规避的银行质押率决策。最后，关于预付账款探讨；桑加姆（Thangam，2012）探讨了预付款和交易信用下，供应链中易逝品的最优价格折扣和批量订货策略。斯平尼和耐特辛（Swinney and Netessine，2009）零售商通过预付融资降低供应商破产风险。

上述文献主要围绕以下两大脉络展开研究：第一，供应链上下游

"竞合"型契约对供应链运作的影响；以往文献较多从供应链运营中决策外部性、信息不对称、运营协同等角度研究上下游决策特征，探讨各成员收益共享或风险分担机制。但实践中随着资金约束对供应链企业运营的重要性凸显，亟须将金融机构纳入供应链价值创造体系中。第二，供应链合作下债权融资视角。现有供应链融资文献主要基于核心企业的支持和交易数据的分析下的"交易信用"，为债权类融资授信方式的创新提供了基础。随着股权资本对存在资金约束的成长型企业在资源整合、营销渠道、上下游运营协同等方面得到的价值提升作用及投贷联动这种多元化资本（股权与债权）与供应链契约结合研究价值逐渐凸显（见图4-1）。投贷联动机制下股权投资机构凭借较强风险甄别能力及对企业运营决策介入，不仅能缓解借贷双方信息不对称的问题，还能够撮合多层次资本与供应链融合，而供应链契约则决定了金融资源配置效率与系统风险能力。

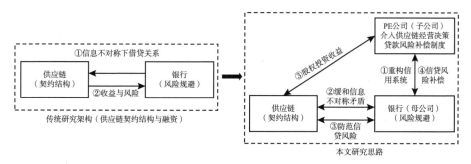

图4-1 传统文献研究与本章研究思路

据此，本章以探析供应链契约选择对投贷联动融资的影响，刻画了股权资本对融资企业信用重塑与信贷风险补偿制度特征，还进一步厘清投贷联动融资下探寻合理供应链契约有利于促进多层次金融资本与供应链运营深度融合，防范供应链运营风险并提高金融资源配置效率。本章首先构建了零售商投贷联动融资下批发价（收益共享）契约模型，然后刻画了股权资本缓解投融资双方信息不对称矛盾，最后通过模型推导、数值分析探讨零售商投贷联动融资的供应链契约选择机制。此外，还进一步探讨了不同契约对供应链绩效影响。

4.2　问题描述及假设

本章考虑由零售企业和供应商组成二级供应链系统，供应商单位成本为 c，批发价为 w，单位商品零售价为 p。供应链零售商面临随机市场需求 ξ，其累积分布函数 F(·) 满足连续且非负条件。由于外部市场环境不确定性致使零售商仅能观测到需求分布 F(·) 的部分信息（如均值 μ）。当单位销售价为 p 时，供应商作为领导者，与零售商（跟随者）进行 Stackelberg 博弈后先制定批发价 w，然后由零售企业制定订货量 q。为方便研究问题探讨，本章对其他假设界定如下：

（1）零售商市场开拓初衷是为提高市场占有率或竞争优势，所以假定零售商投贷联动融资后商品零售价 p 保持不变；

（2）暂不考虑零售商的产品残值与商誉损失；

（3）零售企业自有资金不影响融资金额大小，即自有资金仅用于日常经营活动（不用于订货与市场开拓），而与市场拓展相关经营性资金由投贷联动融资获得；

（4）零售商投贷联动融资后，所获得资金作为市场开拓及新增订货的专项资金，即融资（资金实际需求）为 $\frac{1}{2}se^2 + w(q + \beta e)$。但过多融资额会致使零售商财务风险（债权）上升，利润分配及企业经营控制权（股权）降低。因此，零售商凭借渠道优势通过赊销或延期支付等贸易信用方式弥补融资后存在的资金缺口 wq，投贷联动融资总额为 $B_{S\&L}(e) = \frac{1}{2}se^2 + w\beta e$；

（5）实践中，股权融资中股权转让比例不仅依赖于股权融资额大小与意愿、市场潜力，还取决于投融资双方权力分配、合作或博弈态势等因素综合影响。投贷联动业务中股权融资属于企业经营战略性举措，所以本章假定股权融资前 PE 与零售商通过要约与协商先确定股权转让（利润分配）比例，即 PE 持股比例$\bar{\theta}$外生且固定不变。

本章其他参数设置如表 4 – 2 所示。

表 4 – 2　　　　　　　　　　　　　参数定义

变量	定义
β	市场成长因子，β 越大表示企业成长性越好
φ	投贷联动中股权融资比例，债权融资比例为（1 – φ）
r_b	银行贷款利率
θ	零售商利润分配比例，$\bar{\theta}$表示 PE 获得零售商股权转让（利润分配）比例（$\theta + \bar{\theta} = 1$）
s	努力成本参数（s > 0）
Γ	满足一定条件的所有的非负分布集合

4.3　不同契约下零售商投贷联动融资模型

本章探讨零售商（核心企业）是处于初创期或成长期的企业，面临良好市场发展机遇，通过付出努力水平 e 进行市场开拓，但由于资金短缺而引入投贷联动融资以满足市场开拓后运营需求。参考泰勒（Taylor，2002）文献，市场开拓后的新需求表示：

$$D = \xi + \beta e$$

依据拉曼达（Rahmandad，2012）研究与现实中企业融资用途可知，零售商投贷联动进行市场开拓时，不仅能扩大市场份额，还能增强行业竞争力。故市场努力水平 e 主要包括以下方式：（1）提升销售努力与服务水平（如加强售后服务建设）；（2）加大广告投放力度；（3）新建或拓展电子商务渠道。参考泰勒（Taylor，2002）研究，设零售商市场开拓后所产生努力成本为$\frac{1}{2}se^2$，其中 s 为努力成本参数（s > 0）。

本章假定零售企业投贷联动融资后资金用途定向满足市场开拓（市场

努力成本与新增订货），过多融资额将会提升融资企业财务风险（债权）或削弱原股东股对企业控制权（股权）。因此，零售商根据市场实际开拓状况确定投贷联动融资总额，即：

$$B_{S\&L}(e) = \frac{1}{2}se^2 + w\beta e$$

融资后仍存在资金缺口 wq。零售商面对巨大市场增长潜力，可凭借愈发重要的渠道优势向上游供应商采取赊销或延期付款方式维持日常运营。由 4.2 节可知，投贷联动中股权融资额为：$B_S(e) = \varphi\left(\frac{1}{2}se^2 + w\beta e\right)$，债权融资额：

$$B_L(e) = (1-\varphi)\left(\frac{1}{2}se^2 + w\beta e\right)。$$

　　零售企业借助投贷联动融资弥补运营资金短缺问题，实践中，PE 先期在融资企业价值评估基础上进行股权投资，然后银行跟进信贷资本，持续为企业提供资金支持，从而形成"股 + 债"联动融资模式。投贷联动机制不仅实现资本层面融合，更是借助先期股权资本与企业对接以破解投融资双方信息不对称难题。所以投贷联动融资中信用来源由单个零售商（核心企业）延伸及扩展至以整个供应链条协同运营。区别以往单一股权或债权融资，投贷联动凸显如下特点：（1）提升融资企业举债能力；先期股权介入能降低资产负债率，增强融资企业杠杆偿付能力；（2）融资企业信用重塑；PE 通过参与企业经营决策，不仅增强对融资企业经营与风险甄别、监督能力，还能化解信贷融资中"逆向选择与道德风险"，推动产融结合。

　　实践中，股权投资机构在融资过程中凭借绝对主导权，通过董事会条款、对赌条款、防稀释条款、上市调整条款等维护自身利益。一方面，PE 凭借股权投资协议中"一票否决权"制度对融资企业重大经营决策产生影响；另一方面，估值调整条款（对赌协议）对经营指标（如净利润、主营业务收入、市场份额等）约定还能进一步迫使融资企业按照 PE 意愿制定经营决策。由此，本章假定投贷联动融资后，PE 通过制定努力水平参与零售商经营决策。

$\Pi_{R\&PE}(q, e)$ 表示企业（零售商与 PE）总利润，由 4.2 节中基本假设（5）可知，待零售商出售商品资金回笼后，按照股权投资协议约定持股比例进行分配。所以 PE 利润为：$\Pi_{PE}(q, e) = \theta\Pi_{R\&PE}(q, e)$，零售企业利润为：$\Pi_{R}(q, e) = \overline{\theta}\Pi_{R\&PE}(q, e)$，金融机构（银行与 PE）总利润为：$\Pi_{Fi}(q, e, r_b) = \overline{\theta}\Pi_{R\&PE}(q, e) + \Pi_{B}(r_b)$。

供应链运营是零售商投贷联动融资后各层次资本保值、增值及金融系统风险防范的根源所在，而供应链契约是供应链资源整合、协调运作及共同应对风险能力的关键。据此，本章根据供应链上下游协同合作考虑如下两类契约（见表 4 - 3）。

表 4 - 3　　　　　　　　　　　零售商投贷联动融资契约类型

策略类型	刻画供应链上下游关系	决策变量及次序
批发价契约	非协同合作	$r_{b1} \rightarrow w_1 \rightarrow e_1 \rightarrow q_1$
收益共享契约	协同合作	$r_{b2} \rightarrow w_2 \rightarrow e_2 \rightarrow q_2$

4.3.1　批发价契约下零售商投贷联动融资模型

投贷联动机制契合了不同风险偏好与收益要求的资本，积极推动金融资本与供应链有效对接，着力提升金融服务实体经济效率和水平。投贷联动机制是创新，关键是形成以股权资本为纽带，在本节考虑批发价契约下投贷联动融资模式中，首先，银行基于最大化期望利润考虑制定最优贷款利率 r_{b1}，然后供应商根据商业信贷融资成本与零售商进行 Stackelberg 博弈，确定使其利润最大的批发价 w_1，再由 PE 制定市场努力水平 e_1（如通过签订业绩估值调整协议对零售商施加影响），最后零售商综合各方面因素（融资成本、运营成本及市场开拓目标）制定订货量 q_1（未考虑努力水平影响）满足期望收益最大化，零售企业订货总量为：$q_{T1} = q_1 + \beta e_1$。决策变量及系统流程如图 4 - 2 所示。

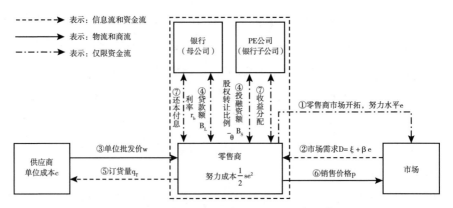

图 4 - 2   批发价契约下零售商投贷联动融资系统流程图

企业（零售商与 PE）期望利润为：

$$\Pi_{R\&PE}(q_1, e_1) = pE\min(q_1, D) - w_1q_1 + (p - w_1)\beta e_1 - \frac{1}{2}se_1^2$$

$$- (1 - \varphi)\left(w_1\beta e_1 + \frac{1}{2}se_1^2\right)r_{b1} \qquad (4.1)$$

零售商期望利润：

$$\Pi_R(q_1) = \theta\left\{pE\min(q_1, D) - w_1q_1 + (p - w_1)\beta e_1 - \frac{1}{2}se_1^2\right.$$

$$\left. - (1 - \varphi)\left(w_1\beta e_1 + \frac{1}{2}se_1^2\right)r_{b1}\right\} \qquad (4.2)$$

PE 期望利润函数：

$$\Pi_{PE}(e_1) = \bar{\theta}\left\{pE\min(q_1, D) - w_1q_1 + (p - w_1)\beta e_1 - \frac{1}{2}se_1^2\right.$$

$$\left. - (1 - \varphi)\left(w_1\beta e_1 + \frac{1}{2}se_1^2\right)r_{b1}\right\} \qquad (4.3)$$

供应商利润函数：

$$\Pi_S(w_1) = (w_1 - c)(q_1 + \beta e_1) \qquad (4.4)$$

银行期望利润函数：

$$\Pi_B(r_{b1}) = \min\left\{(1 - \varphi)\left(w\beta e_1 + \frac{1}{2}se_1^2\right)r_{b1}, \Pi_{R\&PE}(q_1, e_1)\right\} \qquad (4.5)$$

鲁棒行为（robust decision）是决策主体在信息不完全时采取审慎的策

略。学术界将该类决策行为统称为鲁棒优化方法，常见有极大极小准则（max-min criterion）和极小极大后悔准则（min-max regret criterion）。当市场需求信息不完全时，鲁棒优化方法被运用到供应链订货决策中，前者是指最差情况下的期望利润最大化决策，但其决策过于保守存在不订货决策。因此，本章采用极小极大后悔准则进行订货决策。

当外部市场需求 ξ 仅有均值 μ 已知时，零售商投贷联动融资后进行市场开拓并制定订货量决策 q_1。后悔定义为零售商完全市场需求信息下所得获取比部分信息更高利润，即 $\max\limits_{y \geqslant 0} E_F[\Pi_R(y)] - E_F[\Pi_R(q_1)]$。$\Pi_R(q_1)$ 表示零售商的利润，后悔可以看作由信息不完全所致的潜在损失。极大后悔定义为：

$$\rho(q_1) = \max_{F \in \Gamma} \{ \max_{y \geqslant 0} E_F[\Pi_R(y)] - E_F[\Pi_R(q_1)] \}$$

这可视为零售商为获取准确的需求分布所需要支付的最高代价。所以极小极大后悔准则就是考虑如下极小化极大后悔值的问题：

$$\rho^* = \min_{q_1 \geqslant 0} \rho(q_1) = \min_{q_1 \geqslant 0} \max_{F \in \Gamma} \{ \max_{y \geqslant 0} E_F[\Pi_R(y)] - E_F[\Pi_R(q_1)] \} \quad (4.6)$$

根据佩拉斯基和罗尔斯（Perakis and Roels, 2008）研究结论可知，问题的极大化可进行如下顺序变换：

$$\rho^* = \min_{q_1 \geqslant 0} \rho(q_1) = \min_{q_1 \geqslant 0} \max_{y \geqslant 0} \max_{F \in \Gamma} \{ E_F[\Pi_R(y)] - E_F[\Pi_R(q_1)] \}$$

$$= \min_{q_1 \geqslant 0} \max_{y \geqslant 0} \{ \theta p \max_{F \in \Gamma} [\int_0^{+\infty} \min(y,x) - \min(q_1,x)] dF(x) \} + \theta w_1(q_1 - y)$$

$$(4.7)$$

由于零售商仅获悉市场需求信息仅为均值 μ，即一阶矩信息，因此，问题内层关于分布函数的极大化问题重新定义如下：

$$\max_{F \in \Gamma} [\int_0^{+\infty} \min(y,x) - \min(q_1,x)] dF(x)$$

$$\text{s. t.} \begin{cases} \int_0^{+\infty} dF(x) = 1; \\ \int_0^{+\infty} x dF(x) = \mu; \\ dF(x) \geqslant 0 \end{cases} \quad (4.8)$$

　　式（4.8）可转化为一个有限个约束条件与无限个变量的线性规划问题，由于线性规划问题的强对偶始终成立，式（4.8）的最优值等价于以下对偶问题最优值：

$$\min_{\alpha_0,\alpha_1} \alpha_0 + \mu\alpha_1$$

$$\text{s. t. } \alpha_0 + \alpha_1 x \geqslant \min(y, \ x) - \min(q_1, \ x), \quad \forall x \geqslant 0 \tag{4.9}$$

　　由此可知，式（4.8）和式（4.9）之间弱对偶始终成立，即存在原问题任意可行解所对应函数值是对偶函数最优目标函数值的下界。令 $\gamma = (\gamma_0, \gamma_1) = (1, \ \mu)$，定义

$$\Upsilon = \{\gamma \mid \gamma_i = \int_{R^+} x^i dF(x), F \in \Gamma, i = 0,1\} \tag{4.10}$$

为了得到强对偶性，本章假设如下 Slater 约束品性成立。

　　命题 4.1　如果 γ 是可行矩集合的内点，即：$\gamma \in \text{int}（\Upsilon）$，则原问题与对偶问题的最优目标函数值相等。

　　借助 Slater 约束品性的假设（Popescu，2005；Zuluaga and Peña，2005），强对偶成立，即可实现将问题（4.8）转化为问题（4.9）进行求解。下面可借助强对偶的性质，假定 F^* 为使问题取得最大值的分布，根据强对偶可得如下互补松弛条件：

$$\int_0^{+\infty} \{\alpha_0 + \mu\alpha_1 - [\min(y,x) - \min(q_1,x)]\} dF^*(x) = 0$$

故问题有非零解（也即需求有非零分布）的充要条件是：

$$\alpha_0 + \mu\alpha_1 - [\min(y, \ x) - \min(q_1, \ x)] = 0 \tag{4.11}$$

记 $G(y, \ q_1) = \max\limits_{F \in \Gamma}\{E_F[\Pi_R(y)] - E_F[\Pi_R(q_1)]\}$，参考文献佩拉斯基和罗尔斯（Perakis and Roels，2008），可得如下命题。

　　命题 4.2　（a）$G(y, \ q_1)$ 分别在定义域 $y \in [0, \ q_1)$ 和 $y \in [q_1, \ +\infty)$ 范围内是凹函数，但不一定满足全局凹性。

　　（b）函数 $\rho(q_1)$ 是凹函数，零售商最优订货量 $q_1^* = \text{argmin}\rho(q_1)$ 满足如下等式：

$$\max_{y \in [0,q_1^*)} G(y; \ q_1) = \max_{y \in [q_1^*, \ +\infty)} G(y; \ q_1)$$

证明：（a）令 $g(x, y; q_1) = \min(y, x) - \min(q_1, x)$，如需验证 $g(x, y; q_1)$ 的凹凸性，则需要证明 $g(x, y; q_1)$ 在 $\{(x, y) \mid x \geqslant q_1, y \geqslant q_1\}$ 上是凹函数。据凹函数定义可知，$\forall (x_1, y_1)$，$(x_2, y_2) \in \{(x, y) \mid x \geqslant q_1, y \geqslant q_1\}$，存在 $\forall \lambda_1, \lambda_2 \in (0, 1)$ 且 $\lambda_1 + \lambda_2 = 1$，若不等式 $\lambda_1 g(x_1, y_1; q_1) + \lambda_2 g(x_2, y_2; q_1) \leqslant g(\lambda_1 x_1 + \lambda_2 x_2, \lambda_1 y_1 + \lambda_2 y_2; q_1)$ 成立，则存在 $g(x, y; q_1)$ 为凹函数。即存在：

$$\lambda_1 g(x_1, y_1; q_1) + \lambda_2 g(x_2, y_2; q_1)$$
$$= \min(\lambda_1 y_1, \lambda_1 x_1) + \min(\lambda_2 y_2, \lambda_2 x_2) - (\lambda_1 + \lambda_2) q_1$$
$$\leqslant \min(\lambda_1 y_1 + \lambda_2 y_2, \lambda_1 x_1 + \lambda_2 x_2) - \min(q_1, \lambda_1 x_1 + \lambda_2 x_2)$$
$$= g(\lambda_1 x_1 + \lambda_2 x_2, \lambda_1 y_1 + \lambda_2 y_2; q_1)$$

故 $g(x, y; q_1)$ 在 $\{(x, y) \mid x \geqslant q_1, y \geqslant q_1\}$ 上是凹函数，同时由于函数凹性在非负加权积分下仍保持，故存在 $\int_{x \geqslant q_1} g(x, y; q_1) dF(x)$ 关于 y 在区间 $y \geqslant q_1$ 上是凹函数。

又因为 $g(x, y; q_1)$ 在 $\{(x, y) \mid x < q_1, y \geqslant q_1\}$ 时，存在 $g(x, y; q_1) = 0$，所以 $\int_0^{+\infty} g(x, y; q_1) dF(x)$ 在区间 $y \geqslant q_1$ 上是凹函数，可得 $\theta[\int_0^{+\infty} g(x, y; q_1) dF(x) + w_1(q_1 - y)]$ 在区间 $y \in [q_1, +\infty)$ 上也是凹函数。由凸集上最大化可保持可凹性特征，所以 $G(y; q_1)$ 在区间 $y \in [q_1, +\infty)$ 是凹函数。同理可证 $G(y; q_1)$ 在区间 $y \in [0, q_1)$ 上是凹函数。

（b）先证明是关于 q_1 凹函数。

$$E_F[\Pi_R(q_1)] = \int_0^{+\infty} \theta\Big\{ p E\min(q_1, D) - w_1 q_1 + (p - w_1)\beta e_1 - \frac{1}{2} s e_1^2$$
$$- (1 - \varphi)\Big(w_1 \beta e_1 + \frac{1}{2} s e_1^2\Big) r_{b1} \Big\} dF(x)$$

由 $E_F[\Pi_R(q_1)]$ 关于 q_1 二阶导小于零可得，$E_F[\Pi_R(q_1)]$ 是关于 q_1 的凹函数，$E_F[\Pi_R(y)] - E_F[\Pi_R(q_1)]$ 是关于 q_1 凸函数。定义 $G^-(q_1) = \max\limits_{y \in [0, q_1)} G(y; q_1)$，$G^+(q_1) = \max\limits_{y \in [q_1, +\infty)} G(y; q_1)$，根据凸集最大化可保持凹性特征，存在 $G(q_1)$，$G^-(q_1)$，$G^+(q_1)$ 为凸函数。

所以 $\rho(q_1) = \max\limits_{y \geq 0} G(y; q_1) = \max\limits_{F \in \Gamma}\left\{ \max\limits_{y \in [0,q_1)} G(y; q_1), \max\limits_{y \in [q_1, +\infty)} G(y; q_1)\right\}$ 为两个凸函数取最大且同样为凸函数。根据定义，$G^-(q_1)$ 为非减凸函数，且 $\lim\limits_{q_1 \to 0} G^-(q_1) = 0$；$G^+(q_1)$ 为非增凸函数，且 $\lim\limits_{q_1 \to +\infty} G^+(q_1) = 0$，因此，$G^-(q_1)$ 与 $G^+(q_1)$ 必存在交点，且该交点为 $\rho(y; q_1)$ 的最小值点，故对 $q_1^* = \text{argmin}\rho(q_1)$ 有 $G^-(q_1^*) = G^+(q_1^*)$。

命题 4.2 证毕。命题 4.2 中（a）部分表示，问题求关于 y 极大后悔值时，需将 y 范围分为 $y \geq q_1$ 和 $y < q_1$ 两种情形讨论，不能在范围 $y \geq 0$ 中直接通过计算凹函数极值点得到极大后悔值。（b）部分是最优订货量满足订货过多或订货过少情形下后悔值相等。下述定理给出当其他决策给定（批发价、利率）时，零售商极小极大后悔订货量及后悔值。

定理 4.1　批发价契约下，当市场需求信息 ξ 非负且仅有均值 μ 已知时，极小极大后悔准则下零售商最优订货量为：

$$q_1 = \begin{cases} \dfrac{(p - w_1)\mu}{p}, & \dfrac{1}{2} \leq \dfrac{w_1}{p} \\[3mm] \dfrac{p\mu}{4w_1}, & \dfrac{w_1}{p} < \dfrac{1}{2} \end{cases} \tag{4.12}$$

极小极大后悔值为：

$$\rho^* = \begin{cases} \theta\,\dfrac{(p - w_1)\,w_1\mu}{p}, & \dfrac{1}{2} \leq \dfrac{w_1}{p} \\[3mm] \theta\,\dfrac{p\mu}{4}, & \dfrac{w_1}{p} < \dfrac{1}{2} \end{cases}$$

PE 制定最优努力水平为：

$$e_1 = \frac{\{p - [1 + (1 - \varphi)r_{b1}]w_1\}\beta}{s[1 + (1 - \varphi)r_{b1}]}$$

证明：注意完全信息与部分信息下的订货量 y_1，q_1 应该满足 y_1，$q_1 \in [0, +\infty)$，$h(x) = \min(y, x) - \min(q_1, x)$。

情形 1：$y \geq q_1$，此时有：

$$h(x) = \begin{cases} 0, & x < q_1 \\ x - q_1, & q_1 \leqslant x \leqslant y \\ y - q_1, & y < x \end{cases}$$

根据对偶问题的可行性约束以及式，使得原问题最大的分布的概率密度集中在 $\alpha_0 + \alpha_1 x$ 与 $h(x)$ 的公共点，如图 4－3 所示：

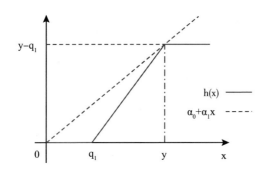

图 4－3　当 $y \geqslant q_1$ 时，函数 $\alpha_0 + \alpha_1 x$ 与 $h(x)$ 相交的可能

当 $\alpha_0 + \alpha_1 x$ 与 $h(x)$ 有且只有两个交点时，两个交点的坐标分别为（0，0），（y，$y - q_1$）。根据交点信息，可得出 $\alpha_0 = 0$，$\alpha_1 = \dfrac{y - q_1}{y}$。根据强对偶原理，此时原问题最差分布下的期望利润函数为 $\alpha_0 + \alpha_1 \mu = \dfrac{(y - q_1)}{y} \mu$。已知市场需求的均值为 μ，而情形 1 中原问题的概率分布是最大值为 y 的两点分布，故此存在不等式约束：$\mu < y$。

当 $\alpha_0 + \alpha_1 x$ 为水平射线。存在 $\alpha_1 = 0$ 且 $\alpha_0 = y - q_1$，由强对偶原理，原问题此时在最差分布下的期望利润函数为 $\alpha_0 = y - q_1$。同上，情形 2 中原问题的概率分布的最小值为 y，所以此时有限制条件 $\mu \geqslant y$。

综上可得，当 $y \geqslant q_1$ 时，零售商在最差分布下的后悔为：

$$G(y; q_1) = \begin{cases} (p - w_1)(y - q_1), & y \leqslant \mu \\ \left(\dfrac{p\mu}{y} - w_1 \right)(y - q_1), & \mu < y \end{cases} \tag{4.13}$$

函数 $G(y; q_1)$ 是连续函数。

证明 $\max\limits_{y \geq q_1} G(y; q_1)$ 在 $y \leq \mu$ 情形时，$G(y; q_1)$ 为单调递增的线性函数，最大值在 $y = \mu$ 处取得。当 $\mu < y$ 时，可证 $G(y; q_1)$ 为凹函数，令 $\dfrac{dG(y; q_1)}{dy} = 0$，即最大值在 $y^* = \sqrt{\dfrac{p\mu q_1}{w_1}}$ 处取得，但是 y^* 不一定在区间 $(\mu, +\infty)$。

若 $\sqrt{\dfrac{p\mu q_1}{w_1}} > \mu$，也即 $q_1 > \dfrac{w_1 \mu}{p}$，$y^* \in (\mu, +\infty)$，根据 $G(y; q_1)$ 的连续性，$G(y; q_1)$ 在 $y \geq q_1$ 的最大值在 $y^* = \sqrt{\dfrac{p\mu q_1}{w_1}}$ 处取得，为：$\max\limits_{y \geq q_1} G(y; q_1) = (\sqrt{p\mu} - \sqrt{w_1 q_1})^2$。

若 $\sqrt{\dfrac{p\mu q_1}{w_1}} \leq \mu$，即 $q_1 \leq \dfrac{w_1 \mu}{p}$，$y^* \notin (\mu, +\infty)$，极值点在凹函数左边，根据连续性可知 $y \leq \mu$ 时，$G(y; q_1)$ 最大值在 $y = \mu$ 取得，为：$\max\limits_{y \geq q_1} G(y; q_1) = (p - w_1)(\mu - q_1)$。

综上所述，当 $y \geq q_1$，也即订货量过少时，零售商的最大后悔为：

$$\rho(q_1) = \begin{cases} (\sqrt{p\mu} - \sqrt{w_1 q_1})^2, & q_1 > \dfrac{w_1 \mu}{p} \\[2mm] (p - w_1)(\mu - q_1), & q_1 \leq \dfrac{w_1 \mu}{p} \end{cases} \tag{4.14}$$

情形 2：$y < q_1$，此时有

$$h(x) = \begin{cases} 0, & x < y \\ y - x, & y \leq x < q_1 \\ y - q_1, & q_1 \leq x \end{cases}$$

根据对偶问题的可行性约束以及式，使得原问题最大的分布的概率密度集中在 $\alpha_0 + \alpha_1 x$ 与 $h(x)$ 的公共点，如图 4-4 所示：

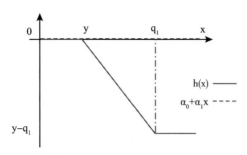

图 4 - 4　当 $y < q_1$ 时，函数 $\alpha_0 + \alpha_1 x$ 与 $h(x)$ 相交的可能

满足条件的函数 $\alpha_0 + \alpha_1 x$ 只有一种可能：$\alpha_0 = \alpha_1 = 0$。故当 $y < q_1$ 时，零售商在最差分布下的后悔为：$G(y; q_1) = w_1(q_1 - y)$。这是关于 y 的单调递减函数，故 $G(y; q_1)$ 的最大值在左端点 $y = 0$ 处取得。因此，当 $y < q_1$，也即订货量过多时，零售商的最大后悔为：

$$\rho(q_1) = \max_{y < q_1} G(y; q_1) = w_1 q_1 \tag{4.15}$$

根据命题 4.2，最优订货量 q_1^* 是平衡订货过少和订货过多情况下的机会成本的订货量。

当 $q_1 \leqslant \dfrac{w_1 \mu}{p}$ 时，$\rho^* = \min_{q_1 \geqslant 0} \max\{w_1 q_1, (p - w_1)(\mu - q_1)\}$。最优订货量满足 $w_1 q_1 = (p - w_1)(\mu - q_1)$，即 $q_1^* = \dfrac{(p - w_1)\mu}{p}$，对应的极小极大后悔值为 $\rho^* = \dfrac{(p - w_1)w_1 \mu}{p}$。条件 $q_1 \leqslant \dfrac{w_1 \mu}{p}$ 变为：$\dfrac{1}{2} \leqslant \dfrac{w_1}{p}$。

当 $q_1 > \dfrac{w_1 \mu}{p}$ 时，$\rho^* = \min_{q_1 \geqslant 0} \max\{w_1 q_1, (\sqrt{p\mu} - \sqrt{w_1 q_1})^2\}$。最优订货量满足 $w_1 q_1 = (\sqrt{p\mu} - \sqrt{w_1 q_1})^2$，$q_1^* = \dfrac{p\mu}{4w_1}$，极小极大后悔值为 $\rho^* = \dfrac{p\mu}{4}$。条件 $q_1 > \dfrac{w_1 \mu}{p}$ 变成 $\dfrac{w_1}{p} < \dfrac{1}{2}$。综上所述，零售商的最优订货决策为：

$$q_1 = \begin{cases} \dfrac{(p - w_1)\mu}{p}, & \dfrac{1}{2} \leqslant \dfrac{w_1}{p} \\[3mm] \dfrac{p\mu}{4w_1}, & \dfrac{w_1}{p} < \dfrac{1}{2} \end{cases} \tag{4.16}$$

极小极大后悔值为:

$$\rho^* = \begin{cases} \theta\,\dfrac{(p-w_1)w_1\mu}{p}, & \dfrac{1}{2}\leqslant\dfrac{w_1}{p} \\[3mm] \theta\,\dfrac{p\mu}{4}, & \dfrac{w_1}{p}<\dfrac{1}{2} \end{cases}$$

PE 期望利润函数为:

$$\Pi_{PE}(e_1) = \bar{\theta}\left\{ pE\min(q_1,\ D) - w_1 q_1 + (p-w_1)\beta e_1 - \frac{1}{2}se_1^2 - (1-\varphi)\left(w_1\beta e_1 + \frac{1}{2}se_1^2\right)r_{b1} \right\}$$, $\Pi_{PE}(e_1)$ 对 e_1 分别求一阶、二阶导: $\dfrac{d\Pi_{PE}(e_1)}{de_1} = p\beta - [1 + (1-\varphi)r_{b1}](w_1\beta + se_1)$, $\dfrac{d^2\Pi_{PE}(e_1)}{de_1^2} = -[1 + (1-\varphi)r_{b1}]s < 0$。令 $\dfrac{d\Pi_{PE}(e_1)}{de_1} = 0$,

即 $e_1 = \dfrac{\{p - [1+(1-\varphi)r_{b1}]w_1\}\beta}{s[1+(1-\varphi)r_{b1}]}$。

定理 4.1 证毕。

由定理 4.1 可知,零售商订货决策 q_1 随着市场需求均值 μ 增加而增大,伴随着批发价 w_1 增大而减小。良好市场成长性 β 会激励 PE 制定较高努力水平,而贷款利率 r_{b1} 则抑制市场开拓意愿。努力水平 e_1 对努力成本参数 s 求导: $\dfrac{de_1}{ds} = -\dfrac{\{p - [1+(1-\varphi)r_{b1}]w_1\}\beta}{s^2[1+(1-\varphi)r_{b1}]} < 0$。由此可见,当努力成本参数 s 较大时,会降低 PE 制定市场努力水平。

命题 4.3 批发价契约下投贷联动融资中,供应商的利润函数为:

$$\Pi_S(w_1) = \begin{cases} (w_1 - c)\left[\dfrac{(p-w_1)\mu}{p} + \beta e_1\right], & \dfrac{1}{2}\leqslant\dfrac{w_1}{p} \\[4mm] (w_1 - c)\left(\dfrac{p\mu}{4w_1} + \beta e_1\right), & \dfrac{w_1}{p}<\dfrac{1}{2} \end{cases} \tag{4.17}$$

且供应商利润函数 $\Pi_S(w_1)$ 关于 w_1 连续可微。

证明: $\Pi_S(w_1)$ 关于 w_1 连续可转化为证明 q_1 关于 w_1 连续。当 $\dfrac{w_1}{p} = \dfrac{1}{2}$ 时,

$\dfrac{(p-w_1)\mu}{p} = \dfrac{p\mu}{4w_1} = \dfrac{\mu}{2}$。证明 $\Pi_S(w_1)$ 在 w_1 可微。$\Pi_S(w_1)$ 对 w_1 求一阶导:

$$\frac{d\Pi_S(w_1)}{dw_1} = \begin{cases} \dfrac{p\mu - 2w_1\mu + c\mu}{p} + \beta e_1 - \dfrac{(w_1 - c)\beta^2}{s}, & \dfrac{1}{2} \leqslant \dfrac{w_1}{p} \\[3mm] \dfrac{pc\mu}{4w_1^2} + \beta e_1 - \dfrac{(w_1 - c)\beta^2}{s}, & \dfrac{w_1}{p} < \dfrac{1}{2} \end{cases}$$

当 $\dfrac{w_1}{p} = \dfrac{1}{2}$ 时，$\dfrac{p\mu - 2w_1\mu + c\mu}{p} = \dfrac{pc\mu}{4w_1^2} = \dfrac{c\mu}{p}$，即 $\dfrac{d\Pi_S(w_1)}{dw_1}$ 关于 w_1 连续。综上可得，$\Pi_S(w_1)$ 关于 w_1 连续且可微。

定理 4.2　批发价契约下零售商投贷联动融资中，当银行贷款利率给定时，供应商作为领导者参与下游企业（零售商与 PE）进行 Stackelberg 博弈，制定最优批发价为：

$$w_1 = \frac{s(p\mu + c\mu)[1 + (1-\varphi)r_{b1}] + \{p + c[1 + (1-\varphi)r_{b1}]\}p\beta^2}{2(s\mu + p\beta^2)[1 + (1-\varphi)r_{b1}]}$$

证明： 当 $\dfrac{w_1}{p} \geqslant \dfrac{1}{2}$ 时，$\dfrac{d\Pi_S(w_1)}{dw_1} = q_1 + (w_1 - c)\dfrac{dq_1}{dw_1} + \beta e_1 + (w_1 - c)\beta\dfrac{de_1}{dw_1}$，

$\dfrac{d^2\Pi_S(w_1)}{dw_1^2} = 2\dfrac{dq_1}{dw_1} + (w_1 - c)\dfrac{d^2q_1}{dw_1^2} + 2\beta\dfrac{de_1}{dw_1} + (w_1 - c)\beta\dfrac{d^2e_1}{dw_1^2}$。$\dfrac{dq_1}{dw_1} = -\dfrac{\mu}{p}$，

$\dfrac{de_1}{dw_1} = -\dfrac{\beta}{s}$，$\dfrac{d^2q_1}{dw_1^2} = 0$，$\dfrac{d^2e_1}{dw_1^2} = 0$。即 $\dfrac{d^2\Pi_S(w_1)}{dw_1^2} = 2\dfrac{dq_1}{dw_1} + 2\beta\dfrac{de_1}{dw_1} < 0$，令

$\dfrac{d\Pi_S(w_1)}{dw_1} = 0$，$w_1 = \dfrac{s(p\mu + c\mu)[1 + (1-\varphi)r_{b1}] + \{p + c[1 + (1-\varphi)r_{b1}]\}p\beta^2}{2(s\mu + p\beta^2)[1 + (1-\varphi)r_{b1}]}$。

当 $w_1 < \dfrac{1}{2}p$ 时，$\Pi_S(w_1)$ 是关于 w_1 凹函数，供应商利润在 $\dfrac{d\Pi_S(w_1)}{dw_1} = 0$

处取得最大值。由命题 4.3 可知，已知 $\Pi_S(w_1)$ 关于 $w_1 = \dfrac{1}{2}p$ 连续可微，所

以 $w_1 = \dfrac{s(p\mu + c\mu)[1 + (1-\varphi)r_{b1}] + \{p + c[1 + (1-\varphi)r_{b1}]\}p\beta^2}{2(s\mu + p\beta^2)[1 + (1-\varphi)r_{b1}]}$ 是 $\Pi_S(w_1)$

在区间上 $w_1 \in [0, +\infty)$ 取得最大值点。

定理 4.2 证毕。

由定理 4.2 可知，批发价契约下，供应商在供应链中占据主导地位，批发价随着生产成本 c 增加而提升。由 $\dfrac{dw_1}{ds} > 0$ 与 $\dfrac{de_1}{ds} < 0$（定理 4.1）可知，当

努力成本参数 s 减小能提升努力水平 e_1，且供应商有动机制定较低批发价激励零售企业市场开拓。此外，伴随市场潜力增强，供应商也会降低批发价以扩大下游零售商订货量。供应商批发价对 w_1 努力成本参数 s 求导：

$$\frac{dw_1}{ds} = \frac{2p\beta^2\left[1+(1-\varphi)r_{b1}\right]^2(p\mu+c\mu)-2\mu\left[1+(1-\varphi)r_{b1}\right]}{4(s\mu+p\beta^2)^2\left[1+(1-\varphi)r_{b1}\right]^2}$$

$$= \frac{p^2\mu\beta^2(1-\varphi)r_{b1}}{2(s\mu+p\beta^2)^2\left[1+(1-\varphi)r_{b1}\right]} > 0$$

供应商批发价 w_1 对市场成长性（将 β^2 视为一个整体）求导：

$$\frac{dw_1}{d(\beta^2)} = -\frac{p^2s\mu(1-\varphi)r_{b1}}{2(s\mu+p\beta^2)^2\left[1+(1-\varphi)r_{b1}\right]} < 0$$

批发价（收益共享）契约下投贷联动模式中，银行在借贷双方占据主导地位。因此，探讨银行期望收益最大化的贷款定价机制时还需考虑供应链的经营决策（订货量、努力水平、批发价）及各成员收益分配对利率的反应。制定利润 r_{b1} 时，还需考虑市场需求 D 对零售企业破产风险的影响。

（1）当 $D+\beta e_1 \geqslant q_1+\beta e_1$ 时，零售企业能如期还本付息。

（2）当 $D+\beta e_1 < q_1+\beta e_1$ 时，零售企业因市场需求不足而面临违约风险，银行可能无法收回贷款本息。

令 $\tau = \dfrac{w_1(q_1+\beta e_1)+\frac{1}{2}se_1^2+(1-\varphi)\left(w_1\beta e_1+\frac{1}{2}se_1^2\right)r_{b1}}{p}$，表示零售商破产临界需求点，且满足 $q_1+\beta e_1 \geqslant \tau$。

情形 1：当 $D+\beta e_1 \geqslant \tau$ 时，$\Pi_{R\&PE}(q_1,\ e_1)=pE\min(q_1,\ D)-w_1q_1+(p-w_1)\beta e_1-\frac{1}{2}se_1^2-(1-\varphi)\left(w_1\beta e_1+\frac{1}{2}se_1^2\right)r_{b1} > 0$

此时，企业（零售商与 PE）的收益能保证偿还银行本息，银行利润为：$\Pi_B(r_{b1})=(1-\varphi)\left(w\beta e_1+\frac{1}{2}se_1^2\right)r_{b1}$。

情形 2：当 $D+\beta e_1 < \tau$ 时，$\Pi_{R\&PE}(q_1,\ e_1)=pE\min(q_1,\ D)-w_1q_1+(p-$

$w_1)\beta e_1 - \dfrac{1}{2} se_1^2 - (1-\varphi)\left(w_1\beta e_1 + \dfrac{1}{2} se_1^2\right)r_{b1} < 0$ 零售企业因需求不足而存在破产风险，银行无法收回贷款本息。即银行利润为：

$$\Pi_B(r_{b1}) = pE\min(q_1,\ D) - w_1 q_1 + (p - w_1)\beta e_1 - \dfrac{1}{2} se_1^2$$

根据表 4 – 4 可知，良好市场成长性下，（1）零售商通过开拓市场来扩大市场需求；（2）金融机构为追求高额投资回报，提升股权投资比例，从而降低零售企业破产风险。投贷联动融资通过制度安排，使得投资功能子公司分担的不良贷款损失由投贷联动业务中的投资收益覆盖（第四条第八款）。此外，《意见》进一步要求提升银行风险容忍度（第四条第十款）等政策措施均能切实降低破产临界值，使得市场需求高于破产临界值（$D + \beta e_1 \geqslant \tau$）。本章所探讨融资企业（零售商）处于初创期或成长期的成长型企业，市场开拓后总需求高于破产临界情形，即情形 2 中零售商存在破产可能不予考虑。

表 4 – 4　　　　　　　　　投贷联动降低零售商破产风险

降低零售商破产类型	直接（间接）降低破产临界值 y	政策支持
市场成长性（β）良好	$\varphi \uparrow \Rightarrow (1-\varphi)B_{S\&L} \downarrow$	——
贷款风险补偿机制	$\tau \downarrow$	《意见》第四条第八款
银行风险容忍	$\tau \downarrow$	《意见》第四条第十款
企业破产程序	清算固定资产偿还银行本息和	《企业破产法》

定理 4.3　市场成长机遇良好，批发价契约下零售商投贷联动融资后，银行参与利率博弈并制定最优贷款利率：

$$r_{b1}^* = \dfrac{-z_2 - \left(\sqrt[3]{Y_1} + \sqrt[3]{Y_2}\right)}{3(1-\varphi)z_1} - \dfrac{1}{(1-\varphi)}$$

其中 $Y_{1,2} = A_1 z_2 + 3z_1\left(\dfrac{-B_1 \pm \sqrt{B_1^2 - 4A_1 C_1}}{2}\right)$, $M_1 = \dfrac{s(p\mu + c\mu) + p\beta^2 c}{2(s\mu + p\beta^2)}$,

$$N_1 = \frac{p^2\beta^2}{2(s\mu + p\beta^2)}, \quad J_1 = \frac{(2ps\mu + p^2\beta^2)\beta}{2s(s\mu + p\beta^2)}, \quad A_1 = z_2^2 - 3z_1z_3, \quad B_1 = z_2z_3 - 9z_1z_4,$$

$$C_1 = z_3^2 - 3z_2z_4, \quad z_1 = \left(\frac{sK_1^2}{2} - M_1K_1\beta\right), \quad z_2 = 2(J_1M_1\beta - sJ_1K_1 - N_1K_1\beta),$$

$$z_3 = -J_1N_1\beta - \frac{1}{2}sJ_1^2 + (J_1M_1\beta - J_1K_1s - N_1K_1\beta) \text{。}$$

证明： 银行期望利润：$\Pi_B(r_{b1}) = (1-\varphi)\left(w_1\beta e_1 + \frac{1}{2}se_1^2\right)r_{b1}$，由定理

4.2 ~ 定理 4.3 可知，

$$w_1 = \frac{s(p\mu + c\mu) + p\beta^2(c - \lambda p)}{2(s\mu + p\beta^2)} + \frac{p^2(1-\lambda)\beta^2}{2(s\mu + p\beta^2)[1 + (1-\varphi)r_{b1}]}$$

即 $\dfrac{dw_1}{dr_{b1}} = -\dfrac{p^2(1-\varphi)\beta^2}{2(s\mu + p\beta^2)[1 + (1-\varphi)r_{b1}]^2}$，$e_1 = \dfrac{(2ps\mu + p^2\beta^2)\beta}{2s(s\mu + p\beta^2)[1 + (1-\varphi)r_{b1}]} -$

$\dfrac{[s(p\mu + c\mu) + p\beta^2 c]\beta}{2s(s\mu + p\beta^2)}$，$\dfrac{de_1}{dr_{b1}} = -\dfrac{(1-\varphi)(2ps\mu + p^2\beta^2)\beta}{2s(s\mu + p\beta^2)[1 + (1-\varphi)r_{b1}]^2}$。银行期

望利润 $\Pi_B(r_{b1})$ 对 r_{b1} 分别求一阶、二阶导可得：$\dfrac{d\Pi_B(r_{b1})}{dr_{b1}} = (1-\varphi)$

$\left(w_1\beta e_1 + \dfrac{1}{2}se_1^2\right) + (1-\varphi)\left[(w_1\beta + se_1)\dfrac{de_1}{dr_{b1}} + \dfrac{dw_1}{dr_{b1}}\beta e_1\right]r_{b1}$，$\dfrac{d^2\Pi_B(r_{b1})}{dr_{b1}^2} = -(1-$

$\varphi)\dfrac{(1-\varphi)(2ps\mu + p^2\beta^2)\beta^2}{s(s\mu + p\beta^2)^2[1 + (1-\varphi)r_{b1}]^4}\left\{\dfrac{4(ps\mu + p^2\beta^2)[1 + (1-\varphi)r_{b1}]}{4} - \right.$

$\dfrac{6(1-\varphi)(ps\mu + p^2\beta^2)}{4}r_{b1} - \dfrac{(1-\varphi)p^2\beta^2}{4}r_{b1}\right\} - (1-\varphi)\dfrac{p^2(1-\varphi)\beta^2}{(s\mu + p\beta^2)[1 + (1-\varphi)r_{b1}]^3}\beta e_1 < 0$

令 $\dfrac{d\Pi_B(r_{b1})}{dr_{b1}} = 0$，即 $(1-\varphi)\left(w_1\beta e_1 + \dfrac{1}{2}se_1^2\right) + (1-\varphi)\left[(w_1\beta + se_1)\dfrac{de_1}{dr_{b1}} + \right.$

$\dfrac{dw_1}{dr_{b1}}\beta e_1\right]r_{b1} = 0$。存在 $\left(\dfrac{sK_1^2}{2} - M_1K_1\beta\right)T^3 + 2(J_1M_1\beta - sJ_1K_1 - N_1K_1\beta)T^2 +$

$J_1(2N_1\beta + sJ_1) + \left[-J_1N_1\beta - \dfrac{1}{2}sJ_1^2 + (J_1M_1\beta - J_1K_1s - N_1K_1\beta)\right]T = 0$ 其中

$T = 1 + (1-\varphi)r_{b1}$，$M_1 = \dfrac{s(p\mu + c\mu) + pc\beta^2}{2(s\mu + p\beta^2)}$，$N_1 = \dfrac{p^2\beta^2}{2(s\mu + p\beta^2)}$，$J_1 =$

$$\frac{(2ps\mu + p^2\beta^2)\beta}{2s(s\mu + p\beta^2)}, \quad K_1 = \frac{\left[s(p\mu + c\mu) + pc\beta^2\right]\beta}{2s(s\mu + p\beta^2)}。令 z_1 = \left(\frac{sK_1^2}{2} - M_1K_1\beta\right), \quad z_2 =$$

$$2(J_1M_1\beta - sJ_1K_1 - N_1K_1\beta), \quad z_3 = -J_1N_1\beta - \frac{1}{2}sJ_1^2 + (J_1M_1\beta - J_1K_1s - N_1K_1\beta),$$

$$z_4 = J_1(2N_1\beta + sJ_1), 上式可化解为: z_1T^3 + z_2T^2 + z_3T + z_4 = 0, \quad A_1 = z_2^2 -$$

$$3z_1z_3, \quad B_1 = z_2z_3 - 9z_1z_4, \quad C_1 = z_3^2 - 3z_2z_4。$$

当 $\Delta_1 = B_1^2 - 4A_1C_1 > 0$, $r_{b1}^* = \dfrac{-z_1 - (\sqrt[3]{Y_1} + \sqrt[3]{Y_2})}{3(1-\varphi)z_1} - \dfrac{1}{(1-\varphi)}$其中 $Y_{1,2} =$

$$A_1z_2 + 3z_1\left(\frac{-B_1 \pm \sqrt{B_1^2 - 4A_1C_1}}{2}\right)。$$

定理 4.3 证毕。

综上可知,供应商批发价决策为:

$$w_1^* = \frac{s(p\mu + c\mu)\left[1 + (1-\varphi)r_{b1}^*\right] + \{p + c[1 + (1-\varphi)r_{b1}^*]\}p\beta^2}{2(s\mu + p\beta^2)\left[1 + (1-\varphi)r_{b1}^*\right]}$$

PE 制定最优努力水平为: $e_1^* = \dfrac{\{p - [1 + (1-\varphi)r_{b1}^*]w_1^*\}\beta}{s[1 + (1-\varphi)r_{b1}^*]}$, 零售商订货决

策(不考虑努力水平)为: $q_1^* = \dfrac{(p - w_1^*)\mu}{p}$, 零售商订货总量(考虑努力水

平)为: $q_{T1}^* = q_1^* + \beta e_1^*$。

4.3.2　收益共享契约下投贷联动融资模型

本节考虑零售商投贷联动融资后进行市场开拓且市场新增需求为 βe_2, 供应商与零售商对于新增市场需求部分(βe_2)采用收益共享契约强化供应链上下游合作。首先,银行根据供应链结构特点及其收益考虑制定贷款利率 r_{b2}, 供应商基于上下收益共享因素制定批发价 w_2。然后 PE 依据银行利率与上游运营决策制定努力水平 e_2。最后,零售商根据供应链运营与投资机构决策制定最优订货量 q_2(未考虑努力水平影响), 待商品销售资金回笼后,将新增市场需求所带来收益($p\beta e_2$)按照收益共享因子 λ 向供应商进行转移支付。零售商订货总量为: $q_{T2} = q_2 + \beta e_2$, 决策变量及系统流程如图 4 - 5 所示。

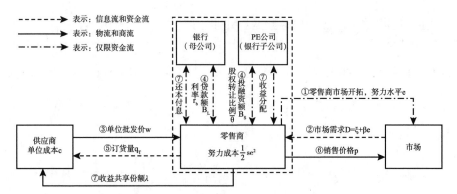

图 4 - 5　收益共享契约下零售商投贷联动融资系统流程图

所以企业（零售商与 PE）期望利润为：

$$\Pi_{R\&PE}(q_2,\ e_2) = pE\min(q_2,\ D) - w_2 q_2 + [p(1-\lambda) - w_2]\beta e_2 - \frac{1}{2}se_2^2$$

$$- (1-\varphi)\left(w_2\beta e_2 + \frac{1}{2}se_2^2\right)r_{b2}$$

$$\text{s. t. } p(1-\lambda)\beta \geqslant [1 + (1-\varphi)r_{b2}]\left(w_2\beta + \frac{1}{2}se_2\right) \qquad (4.18)$$

零售商期望利润函数：

$$\Pi_R(q_2) = \theta\left\{pE\min(q_2,\ D) - w_2 q_2 + [p(1-\lambda) - w_2]\beta e_2 - \frac{1}{2}se_2^2\right\}$$

$$- \theta(1-\varphi)\left(w_2\beta e_2 + \frac{1}{2}se_2^2\right)r_{b2}$$

$$\text{s. t. } p(1-\lambda)\beta \geqslant [1 + (1-\varphi)r_{b2}]\left(w_2\beta + \frac{1}{2}se_2\right) \qquad (4.19)$$

PE 期望利润函数：

$$\Pi_{PE}(e_2) = \overline{\theta}\left\{pE\min(q_2,\ D) - w_2 q_2 + [p(1-\lambda) - w_2]\beta e_2 - \frac{1}{2}se_2^2\right\}$$

$$- \overline{\theta}(1-\varphi)\left(w_2\beta e_2 + \frac{1}{2}se_2^2\right)r_{b2} \qquad (4.20)$$

供应商利润函数：

$$\Pi_S(w_2) = (w_2 - c)(q_2 + \beta e_2) + \lambda p\beta e_2 \qquad (4.21)$$

银行期望利润函数：

$$\Pi_B(r_{b2}) = \min\left\{(1-\varphi)\left(w_2\beta e_2 + \frac{1}{2}se_2^2\right)r_{b2},\ \Pi_{R\&PE}(q_2,\ e_2)\right\} \quad (4.22)$$

定理 4.4 收益共享契约下，市场需求信息 ξ 非负且仅有均值 μ 已知时，极小极大后悔准则下零售商最优订货量为：

$$q_2 = \begin{cases} \dfrac{(p-w_2)\mu}{p}, & \dfrac{1}{2} \leqslant \dfrac{w_2}{p} \\[3mm] \dfrac{p\mu}{4w_2}, & \dfrac{w_2}{p} < \dfrac{1}{2} \end{cases} \quad (4.23)$$

极小极大后悔值为：

$$\rho^* = \begin{cases} \theta\,\dfrac{(p-w_2)w_2\mu}{p}, & \dfrac{1}{2} \leqslant \dfrac{w_2}{p} \\[3mm] \theta\,\dfrac{p\mu}{4}, & \dfrac{w_2}{p} < \dfrac{1}{2} \end{cases}$$

PE 制定最优努力水平为：

$$e_2 = \frac{\{p(1-\lambda) - [1+(1-\varphi)r_{b2}]w_2\}\beta}{s[1+(1-\varphi)r_{b2}]}$$

证明过程同定理 4.2 类似。

从定理 4.4 可得，收益共享契约下，外部市场需求均值 μ 会促进零售商增加订货，而订货量 q_2 伴随着批发价 w_2 增大而减小。良好的成长潜力 β 将激发零售企业进行市场开拓动机，过高收益共享因子 λ 会降低 PE 对努力水平制定，抑制零售商市场开拓水平。

命题 4.4 收益共享契约下投贷联动融资中，供应商的利润函数为：

$$\Pi_S(w_2) = \begin{cases} (w_2-c)\left[\dfrac{(p-w_2)\mu}{p} + \beta e_2\right] + p\beta e_2, & \dfrac{1}{2} \leqslant \dfrac{w_2}{p} \\[3mm] (w_2-c)\left(\dfrac{p\mu}{4w_2} + \beta e_2\right) + p\beta e_2, & \dfrac{w_2}{p} < \dfrac{1}{2} \end{cases} \quad (4.24)$$

且供应商利润函数 $\Pi_S(w_2)$ 关于 w_2 连续可微。

定理 4.5 收益共享契约下零售商投贷联动融资中，当银行贷款利率给定时，供应商作为领导者参与下游企业（零售商与 PE）进行 Stackelberg 博弈，制定最优批发价：

$$w_2 = \frac{s(p\mu + c\mu)[1 + (1 - \varphi)r_{b2}] + \{p(1 - \lambda) + (c - \lambda p)[1 + (1 - \varphi)r_{b2}]\}p\beta^2}{2(s\mu + p\beta^2)[1 + (1 - \varphi)r_{b2}]}$$

证明过程同定理 4.2 类似。

批发价 w_2 对 λ 求导可得：

$$\frac{dw_2}{d\lambda} = -\frac{\{p(1 - \lambda) + (c - \lambda p)[1 + (1 - \varphi)r_{b2}]\}p^2\beta^2}{2(s\mu + p\beta^2)[1 + (1 - \varphi)r_{b2}]}[2 + (1 - \varphi)r_{b2}] < 0,$$ 供

应商和零售商采用收益共享契约加强供应链上下运营协同，随着零售商待产品出售向供应商的收益转移支付比例提升（λ 增加），批发价呈下降趋势。且较低批发价还会进一步激励零售企业扩大订货量 q_2。

定理 4.6　市场成长机遇良好，收益共享契约下零售商投贷联动融资后，银行参与利率博弈并制定最优贷款利率：

$$r_{b2}^* = \frac{-v_2 - (\sqrt[3]{Y_3} + \sqrt[3]{Y_4})}{3(1 - \varphi)v_1} - \frac{1}{(1 - \varphi)}$$

其中 $Y_{3,4} = A_2 v_2 + 3v_1\left(\frac{-B_2 \pm \sqrt{B_2^2 - 4A_2 C_2}}{2}\right)$, $M_2 = \frac{s(p\mu + c\mu) + p\beta^2(c - \lambda p)}{2(s\mu + p\beta^2)}$,

$N_2 = \frac{p^2(1 - \lambda)\beta^2}{2(s\mu + p\beta^2)}$, $J_2 = \frac{[2p(1 - \lambda)s\mu + (1 - \lambda)p^2\beta^2]\beta}{2s(s\mu + p\beta^2)}$, $v_1 = \left(\frac{sK_2^2}{2} - M_2 K_2\beta\right)$,

$v_2 = 2(J_2 M_2\beta - sJ_2 K_2 - N_2 K_2\beta)$, $v_3 = -J_2 N_2\beta - \frac{1}{2}sJ_2^2 + (J_2 M_2\beta - J_2 K_2 s - N_2 K_2\beta)$, $A_2 = v_2^2 - 3v_1 v_3$, $B_2 = v_2 v_3 - 9v_1 v_4$, $C_2 = v_3^2 - 3v_2 v_4$。

证明过程同定理 4.3 类似。

综上可知，供应商批发价决策为：

$$w_2^* = \frac{s(p\mu + c\mu)[1 + (1 - \varphi)r_{b2}^*] + \{p(1 - \lambda) + (c - \lambda p)[1 + (1 - \varphi)r_{b2}^*]\}p\beta^2}{2(s\mu + p\beta^2)[1 + (1 - \varphi)r_{b2}^*]},$$

PE 制定最优努力水平为：$e_2^* = \frac{\{p(1 - \lambda) - [1 + (1 - \varphi)r_{b2}^*]w_2^*\}\beta}{s[1 + (1 - \varphi)r_{b2}^*]}$，零售

商订货决策（不考虑努力水平）为：$q_2^* = \frac{(p - w_2^*)\mu}{p}$，零售商订货总量

（考虑努力水平）为：$q_{T2}^* = q_2^* + \beta e_2^*$。此外，收益共享因子满足 $\lambda \in$
$$\left\{ \lambda \,\middle|\, \left[p(1-\lambda)\beta \geq \left[1 + (1-\varphi) r_{b2}^* \right] \left(w_2^*\beta + \frac{1}{2} s e_2^* \right) \right] \cap \left[0 \leq \lambda \leq 1 \right] \right\}.$$

4.4　数值分析

上述模型分析了股权投资机构参与经营决策零售商投贷联动融资模型，对比分析批发价与收益共享契约对投贷联动的供应链运作影响，探讨了零售商投贷联动融资的供应链契约选择问题，并进一步揭示供应链契约对上下游运营效率改善与风险承受能力影响。本章通过数值分析，以期进一步探究如下问题：（1）市场成长性如何影响投贷联动融资下契约选择；（2）投贷联动下收益共享契约是否存在"帕累托"改进区间；（3）不同契约下努力成本"扰动"如何影响金融机构决策。不失一般性，本章采用安德森（Andersson，2013）的方法来生成随机市场需求所已知均值 μ。

第一步，从区间 $[0, 1000]$ 内随机生成 n 个点 d_1, d_2, $\cdots$, d_n 作为市场需求可能的 n 个取值。根据安德森（Andersson，2013）研究成果可知，当随机生成随机样本过多获得均匀分布，样本点过少产生特殊分布，而不具有代表性。因此，此时本章随机生成样本点 n 取 10。

第二步，从区间 $[0, 1]$ 内随机取出 10 个值 γ_1, γ_2, $\cdots$, γ_{10}，并通过 $\rho_i = \dfrac{\gamma_i}{\sum\limits_{i=1}^{10} \gamma_i}$ 进行归一化处理。

第三步，最后将取值为 d_1, d_2, $\cdots$, d_{10}，概率为 ρ_1, ρ_2, $\cdots$, ρ_{10} 的离散随机分布，令 $\mu = \sum\limits_{i=1}^{10} d_i \rho_i$，便得到市场需求的均值。

参考于辉和王亚文（2016）文献选择参数：$c = 20$，$p = 50$，$s = 6$，$\beta = 15$，$\underline{\theta} = 0.3$，$\overline{\theta} = 0.7$，$\lambda = 0.1$，$\varphi = 5\%$。

4.4.1　市场成长性对供应链契约选择影响

市场成长性不仅激活了成长型企业（零售商）捕获发展机会能力与维

持竞争优势，还推动投贷联动融资中不同层次金融资本与供应链对接以促进产融结合与渗透。此外，供应链契约中的决策权力、资源要素组织形式及运营效率将直接影响节点企业对市场成长机会的把控与全链条竞争优势的形成。因此，市场成长性则是供应链契约选择的决策依据。

供应链契约选择不仅需要供应链上下游运营协同，还取决于金融机构对不同契约下资源整合能力的配合程度。如表 4 – 5 所示，（1）随着市场成长性（15 < β < 20.4）增大，相对批发价契约而言，当零售商与供应商通过收益共享契约加强运营协作，提升供应链整体运营能力。一方面，投贷联动机制下股权资本凭借良好风险甄别能力且参与运营决策（努力水平），极大降低了融资企业运营风险。因此，银行采取"优惠"利率以激励企业（零售商与 PE）制定较高努力水平与订货量。另一方面，收益共享契约抑制供应商为攫取高额收益而制定"高批发价"动机，避免了供应链上下游非合作博弈（见图 4 – 6）。此时，收益共享链契约协同效应不仅提升了供应链效率，还增强了投贷联动融资后各参与方（零售商、金融机构、供应商）价值创造意愿。（2）当 20.4 < β < 35 时，收益共享契约下信贷融资成本快速攀升，削弱了零售企业市场拓展积极性（努力水平与订货量增幅低于批发价契约）。同时，供应商基于产品市场潜力考虑而制定"薄利多销"策略，以激励零售商扩大市场份额，但相对批发价契约而言，零售商向供应商所转移支付收益无法弥补供应商因批发价降低所致利润损失。

由此可见，当市场成长性良好时（15 < β < 20.4），收益共享契约加强供应链协同使得核心企业（零售商）对资源管理与利用边界则从企业内部延伸至整个供应链上下游，这将降低核心企业利用与协调外部资源所产生交易成本（即产生供应链组织协同效益）（Coase，1937；Williamson，1975）。如图 4 – 7 所示，当市场成长性过高时（20.4 < β < 35），供应链组织间协同成本不断增加甚至高于交易成本节省后所带来效益。如图 4 – 6 所示"批发价契约"占优区间，收益共享契约将抑制上下游（如供应商）协同意愿。投贷联动机制将"股 + 债"资本纳入供应链价值创造体系中并重新定义供应链组织模式，而供应链契约则是该新型组织模式下供应链各成员为追求经

济效益而提升上下游资源配置效率的关键。综上可知，投贷联动融资下供应链契约选择取决于交易成本降低（组织协同效益）与供应链组织协同成本的比较。本章研究结论与以往研究大致相同（Coase，1937；Williamson，1975），将交易成本理论纳入供应链契约研究中，单个企业或供应链成员间协同边界决定于资源整合所带来交易成本下降与组织协调成本间上升的权衡比较。

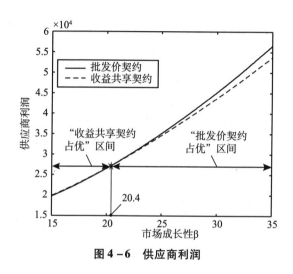

图4-6 供应商利润

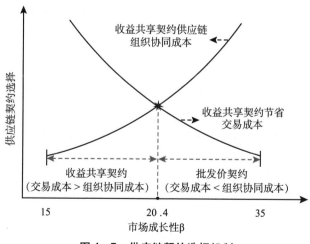

图4-7 供应链契约选择机制

表 4 - 5 　　　　　　　　　　市场成长性对零售商投贷联动融资影响

	β	贷款利率（%）	努力水平	批发价	订货量	零售商利润	供应商利润	金融机构利润	供应链利润
批发价契约	15	4.080	33.78	34.62	1.353E+3	4.970E+3	1.978E+4	1.241E+4	3.716E+4
	20	1.721	48.05	34.78	1.800E+3	5.944E+3	2.661E+4	1.453E+4	4.708E+4
	20.40	1.604	49.16	34.79	1.839E+3	6.023E+3	2.720E+4	1.470E+4	4.792E+4
	25	0.923	61.28	34.86	2.366E+3	7.199E+3	3.516E+4	1.736E+4	5.972E+4
	35	1.252	85.42	34.77	3.828E+3	1.047E+4	5.653E+4	2.593E+4	9.293E+4
收益共享契约	15	1.216	29.05	32.87	1.378E+3	5.611E+3	1.991E+4	1.329E+4	3.881E+4
	20	0.036	42.42	32.26	1.827E+3	6.826E+3	2.664E+4	1.594E+4	4.940E+4
	20.40	0.018	43.47	32.21	1.865E+3	6.920E+3	2.720E+4	1.615E+4	5.027E+4
	25	0.352	54.88	31.68	2.381E+3	8.264E+3	3.467E+4	1.946E+4	6.239E+4
	35	2.610	77.47	30.63	3.776E+3	1.172E+4	5.371E+4	2.986E+4	9.529E+4

4.4.2　收益共享契约下的"帕累托改进"空间

投贷联动融资是由不同风险与收益要求的金融机构围绕供应链"价值创造与供需匹配"这一核心目标，搭建起风险利益共同体以深化产融结合。收益共享契约则进一步强化了供应链协作并重塑了上下游权力结构，并形成以零售企业为纽带，衔接起供应链上下游、供应链与金融机构的新型竞合关系。因此，收益共享因子不仅凸显供应链上下游博弈与收益分配格局，还成为供应链与金融相互融合、渗透的关键。

如表 4 - 6 所示，（1）当 $0.004 < \lambda < 0.133$ 时，随着零售商收益转移支付比例提升，供应链上下游协同合作意愿加强，以削弱供应链上下游信息不对称所致"牛鞭效应"及决策外部性所产生"双重边际化"。更进一步，投贷联动融资中股权资本介入融资企业运营决策（努力水平），不仅缓和借贷双方信息不对称问题，还加强了金融机构对融资企业监督能力，从而规避零售商融资后资金运营中的"道德风险"。根据资本资产定价理论研究（Adrian et al.，2013；Joyce et al.，2010），风险溢价随着借贷双方信息不对称问题的缓解而降低。因此，银行持续降低贷款利率以激励零售商提高订货

量。与此同时，虽然低贷款利率削弱银行利润，而投贷联动融资通过制度安排，PE 股权投资收益抵补信贷风险使得收益共享契约下金融机构利润高于批发价契约下的利润。（2）随着收益共享因子增加（$0.133 < \lambda < 0.135$），零售商和供应商通过收益共享契约加强供应链上下游运营协作，提升供应链整体运营效率与市场竞争能力。这意味着供应链协同不仅能激活上下游协同捕获市场机会能力，还能增强供应链抵御市场波动风险的能力，降低融资企业（零售商）运营风险。收益共享契约下银行制定较低贷款利率且随着收益共享因子提升而呈递减趋势，零售商会制定较高订货量。此外，收益共享契约强化上下游运营配合，促使供应商降低批发价以增强零售商市场拓展意愿。但随着批发价持续下降，使得供应商利润低于批发价契约情形。

表 4 – 6　　　　　　　　　"帕累托改进" 区间存在性

	λ	贷款利率（%）	努力水平	批发价	订货量	零售商利润	供应商利润	银行利润	金融机构利润	供应链利润
批发价契约	—	4.082	33.78	34.62	1.353E+3	4.971E+3	1.978E+4	8.124E+2	1.241E+4	3.717E+4
收益共享契约	0.04	2.966	31.91	33.92	1.360E+3	5.194E+3	1.989E+4	5.431E+2	1.266E+4	3.775E+4
	0.08	1.822	30.00	33.22	1.373E+3	5.470E+3	1.995E+4	3.050E+2	1.307E+4	3.849E+4
	0.12	0.589	28.10	32.51	1.382E+3	5.753E+3	1.983E+4	8.957E+1	1.351E+4	3.910E+4
	0.133	0.180	27.47	32.29	1.387E+3	5.861E+3	1.978E+4	2.627E+1	1.370E+4	3.936E+4
	0.135	0.110	27.38	32.25	1.386E+3	5.870E+3	1.976E+4	1.590E+1	1.371E+4	3.934E+4

如表 4 – 7 所示，零售商投贷联动后，相对批发价契约而言，收益共享契约存在提升供应链效率、各节点企业（零售商、供应商）及金融机构利润的"帕累托"改进区间。综上可知，收益共享契约下投贷联动融资能协同供应链与金融机构实现"帕累托改进"。区别与以往研究有学者认为传统受益共享契约仅在引入成本分担、回扣和处罚等机制才能实现供应链协调（Cachon and Lariviere，2005；Kunter，2012）。本章基于零售商投贷联动融资视角探讨契约对供应链绩效的影响，并以此为契机将不同层次资本纳入供应链价值创造体系中，研究关注点不仅立足于契约协调能减小传统供应链上下游决策外部性，还着眼于投贷联动机制下股权资本对运营介入能缓和借贷双方信息不对称问题（降低贷款利率），从而促进产融结合与渗透。

表 4 - 7　　　　　　　　收益共享契约下投融资双方合作空间

	零售商 占优契约	供应商 占优契约	金融机构 占优契约	供应链效率 占优契约	是否实现 "帕累托" 改进
$0.04 < \lambda < 0.133$	收益共享	收益共享	收益共享	收益共享	是
$0.133 < \lambda < 0.135$	收益共享	批发价	收益共享	收益共享	否

4.4.3　努力成本参数对金融机构决策影响

供应链是由多个参与主体为追求自身利益最大化所构建竞合型集成系统，而契约则通过重构不同节点企业权力结构、竞争态势等因素影响供应链整体运营效率。投贷联动机制不仅实现"股 + 债"资本层面融合，还通过股权投资机构介入零售商运营决策（努力水平制定），重构融资企业信用。所以市场开拓中努力水平高低不仅体现了金融对供应链渗透与融合，还直接影响了收益共享契约供应链上下游运营协作。因此，市场努力成本参数是金融机构决策的重要参考。

如表 4 - 8、图 4 - 8 ~ 图 4 - 9 所示，随着努力成本参数增加（$1 < s < 8$），批发价（收益共享）契约下企业（零售商与 PE）制定努力水平与订货量逐渐递减。同时，贷款利率及银行利润均呈先减后增的趋势。（1）当 $1 < s < 1.76$ 时，随着努力成本参数增加，收益共享契约下贷款利率呈快速减少趋势，但高于批发价契约下贷款利率。（2）当 $1.76 < s < 7.2$ 时，随着市场努力成本系数增加，收益共享契约下银行贷款利率（银行利润）呈现先减后增 "U 型" 趋势，但低于批发价契约情形。由此说明，零售商与供应商通过收益共享机制加强供应链上下游运营合作（如供应商制定较低批发价），共同应对市场开拓成本上升所致运营风险。相对批发价契约而言，收益共享合作机制下金融机构采取如下措施予以供应链运营层面配合与协作：第一，PE 为避免高融资额增加融资企业财务成本，而制定较低努力水平；第二，投贷联动机制中，由于股权先期介入融资企业运营决策，使得 PE 相对银行而言具备更高风险甄别能力。这一定程度缓和借贷双方信息不对称问题，使得银行制定 "优惠" 贷款利率降低零售商信贷融资成本，避免了批

发价契约下因市场开拓成本上升所致零售商订货量加速下降。此外，相对批发价契约而言，收益共享机制通过供应链运营协同（如批发价下降）并凭借新型价值链结合方式增强抵御市场运营风险能力，获得金融机构价值认同（贷款利率降低），最终形成供应链上下游（供应商、零售商）及金融机构（银行与 PE）间多方共赢局面。（3）当努力水平系数过高时（$7.2 < s < 8$），收益共享契约下过低贷款利率使得银行利润较低，且 PE 利润也无法抵补银行机会成本，使得金融机构利润低于批发价契约情形。

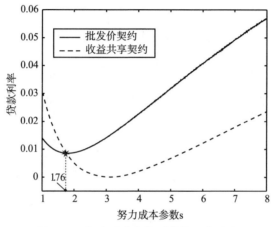

图 4-8　努力成本参数对贷款利率影响

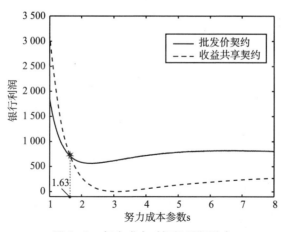

图 4-9　努力成本对银行利润影响

表 4 - 8

努力成本对金融机构决策影响

	s	贷款利率（%）	努力水平	批发价	订货量	零售商利润	供应商利润	PE 利润	银行利润	金融机构利润	供应链利润
批发价契约	1	1.406	219	34.73	4.12E + 3	1.11E + 4	6.08E + 4	2.60E + 4	1.85E + 3	2.78E + 4	9.97E + 4
	1.76	0.856	126	34.86	2.72E + 3	7.98E + 3	4.04E + 4	1.86E + 4	6.47E + 2	1.93E + 4	6.76E + 4
	3	1.416	72.6	34.81	1.93E + 3	6.22E + 3	2.85E + 4	1.45E + 4	6.17E + 2	1.51E + 4	4.99E + 4
	5	3.173	41.6	34.67	1.47E + 3	5.21E + 3	2.15E + 4	1.21E + 4	7.82E + 2	1.29E + 4	3.96E + 4
	7.20	5.086	27.3	34.58	1.26E + 3	4.77E + 3	1.83E + 4	1.11E + 4	8.14E + 2	1.19E + 4	3.51E + 4
	8	5.706	24.1	34.57	1.21E + 3	4.67E + 3	1.76E + 4	1.09E + 4	8.03E + 2	1.17E + 4	3.40E + 4
收益共享契约	1	3.058	199	30.47	4.06E + 3	1.24E + 4	5.74E + 4	2.89E + 4	3.21E + 3	3.21E + 4	1.02E + 5
	1.76	0.853	113	31.38	2.72E + 3	9.12E + 3	3.94E + 4	2.13E + 4	5.22E + 2	2.18E + 4	7.03E + 4
	3	0.011	64.4	32.11	1.95E + 3	7.15E + 3	2.85E + 4	1.67E + 4	3.85E + 0	1.67E + 4	5.23E + 4
	5	0.658	36.1	32.68	1.49E + 3	5.92E + 3	2.16E + 4	1.38E + 4	1.31E + 2	1.39E + 4	4.15E + 4
	7.20	1.902	23.2	33.04	1.28E + 3	5.34E + 3	1.85E + 4	1.25E + 4	2.43E + 2	1.27E + 4	3.65E + 4
	8	2.349	20.4	33.14	1.23E + 3	5.20E + 3	1.77E + 4	1.21E + 4	2.63E + 2	1.24E + 4	3.53E + 4

综上可得，投贷联动机制下收益共享契约存在贷款利率与努力成本扰动风险"倒挂"现象。投贷联动融资下收益共享契约能释放努力成本"扰动风险"，存在放宽银行风险容忍度。努力成本上升抑制零售企业市场开拓意愿，相对批发价而言，收益共享契约能强化供应链上下游运营协作，有效防范努力成本扰动所致运营风险。投贷联动机制通过以股权资本介入运营决策极大缓解借贷双方信息不对称，提升银行风险容忍度。因此，银行更愿在收益共享机制下制定"优惠"贷款利率降低信贷融资成本。不同以往研究（Huang et al.，2013；Qi et al.，2006；Cao et al.，2013），上述研究结论不仅探讨供应链契约对上下游节点新型合作价值链重构过程，还以此为契机，将供应链契约对努力成本"扰动风险"管控能力纳入金融机构决策范畴，为激活供应链协同捕获市场机会能力与防范供应链系统风险提供了参考。

4.5　本章小结

投贷联动融资是探索"提升金融服务实体经济的能力和意愿"的重要命题，亟待探寻合理的供应链契约激活供应链协同价值创造能力与纾解运营风险。本章构建了零售商投贷联动融资下批发价（收益共享）契约模型，刻画了融资企业运营决策权转移的新型价值链特征，研究发现了投贷联动融资中供应链契约选择机制，探明了协调供应链与金融机构"帕累托改进"的契约，此外，还揭示了供应链契约对运营风险缓冲作用。具体发现如下：

（1）投贷联动融资下供应链契约选择取决于交易成本降低（组织协同效益）与供应链组织协同成本的比较。收益共享契约加强供应链协同使得核心企业（零售商）对资源管理与利用边界则从企业内部延伸至整个供应链上下游，这将降低核心企业利用与协调外部资源所产生交易成本（即产生供应链组织协同效益）。本章研究结论与以往研究大致相同（Coase，1937；Williamson，1975），将交易成本理论纳入供应链契约研究中，单个企业或供应链成员间协同边界决定于资源整合所带来交易成本下降与组织协调成本间上升的权衡比较。

（2）零售商投贷联动融资存在能实现"帕累托改进"收益共享契约。收益共享契约则进一步强化了供应链协作并重塑了上下游权力结构，并形成以零售企业为纽带，衔接起供应链上下游、供应链与金融机构的新型竞合关系。区别于以往研究（Cachon and Lariviere，2005；Kunter，2012）认为传统收益共享契约仅在引入成本分担、回扣和处罚等机制才能实现供应链协调。相对批发价契约而言，投贷联动融资下收益共享契约存在提升供应链效率、各节点企业（零售商、供应商）及金融机构利润的"帕累托改进"区间。

（3）投贷联动融资的收益共享契约中存在贷款利率与努力成本扰动风险"倒挂"现象。相对批发价契约而言，零售商与供应商通过收益共享机制加强供应链上下游运营合作（如供应商制定较低批发价），共同应对市场开拓成本上升所致运营风险。不同以往研究（Huang et al.，2013；Qi et al.，2006；Cao et al.，2013），本章将供应链契约对努力成本"扰动风险"管控能力纳入金融机构决策范畴，研究发现投贷联动融资下收益共享契约能释放努力成本"扰动风险"，存在放宽银行风险容忍度的可能。

第 5 章

成长型企业股权融资的
最优投资结构研究

5.1　引　言

　　2017 年 7 月全国金融工作会议明确指出"金融是实体经济的血脉，为实体经济服务是金融的天职与宗旨"，从而奠定了中国经济新常态下金融改革与创新总基调。党的十九大进一步强调"深化金融体制改革，增强金融服务实体经济能力"，引导金融服从服务于经济社会发展已成为深化金融改革出发点与落脚点。2016 年 4 月，中国银监会、科技部、中国人民银行联合颁布《关于支持银行业金融机构加大创新力度开展科创企业投贷联动试点的指导意见》（以下简称《意见》），公布首批试点地区和银行名单，标志着兼顾"股权 + 信贷"融合特征的金融服务模式正式纳入金融"供给侧改革"的战略举措。本章将银行（信贷资本）纳入成长型企业股权融资问题中，即投贷联动融资。一方面，银行借助"股权"投资金融更大程度地深入渗透到实体经济之中，实现金融与实体经济的紧密融合。另一方面，股权投资还进一步优化企业财务结构，增强企业债权融资能力，有效缓解中小企业融资困境（向华和杨招军，2017）。由此可见，探索企业运营下投贷联动最优投资结构显得尤为重要。以往相关研究立足于：（1）从"融资视角"探讨资本结构与企业价值内在关系；（2）金融与融资企业进行非合作博弈视角探讨投融资决策。而本章则既考虑了融资企业上下游运营层面配合，还从"投资视角"刻画投融双方博弈新特征。

　　现有文献主要基于企业融资决策视角，从 MM 定理、权衡理论、信号传递理论三个方面探讨资本结构与企业价值增长关系（见图 5 - 1 中公司财务理论范畴）。第一，MM 定理；莫迪（Modigliani）和米勒（Miller）认为完美资本市场中（不考虑所得税与破产成本），企业市场价值与资本结构无关莫迪和米勒（Modigliani and Miller，1958），在考虑所得税情况下（修正的MM 定理），负债会因利息的抵税作用而增加企业价值（Modigliani and Miller，1963）。第二，权衡理论；在修正的 MM 定理基础上，权衡理论进一步认为企业最优资本结构是负债的税收利益和破产成本之间权衡的结果

（Smith，1977；Mikkelson and Partch，1986）。第三，信号传递理论；迈尔斯和米卢夫（Myers and Majluf，1984）认为信息不对称导致权益融资会传递企业经营的负面信息，而外部融资产生额外支付成本，据此提出"优序融资理论"，即企业融资遵循内源、债务、权益融资的先后顺序。伦德曼（Rendleman，1980）认为融资方式与估值有关，即高估企业选择股权融资，而并非完全遵循"优序融资理论"。此外，还有学者从产品竞争优势、控制权私利、风险规避程度探讨企业资本结构（吴育辉等，2017；夏鑫和杨金强，2017；金伟和骆建文，2018）。关于供应链运营与融资关系探讨主要从资金约束下运营决策、运营视角下企业财务管理两个方面展开研究。一方面，关于资金约束下运营管理研究；张（Zhang，2010）探讨了数量价格折扣契约下，零售商在面临运营资金限制与延迟支付下的最优订货量（Proto-pappa – Siekeabc，2010；王宇和于辉，2017）。布扎科特和张（Buzacott and Zhang，2004）研究了基于资产的融资行为对零售商生产运营与库存决策影响。另一方面，基于运营视角下企业财务管理探索；赵等（Zhao et al.，2015）分析双渠道供应链中影响各成员现金流偏好的风险因素，研究发现长预测周期会增加现金流风险，而高库存水平可降低现金流风险。丁等（Ding et al.，2007）探究了市场需求与汇率不确定情形下，发现金融衍生产品（外汇期权）套期保值策略与公司的运营策略密切相关。

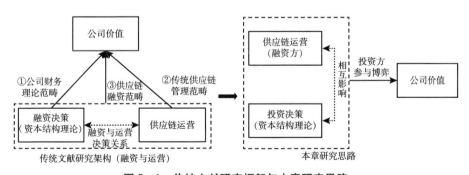

图 5 – 1　传统文献研究框架与本章研究思路

上述文献研究主要从规范与实证方法，以融资企业内部治理角度研究资本结构、企业价值与供应链运营之间相互关系（见图 5 – 1）。供应链运营是投融资双方合作根本保障（公司财务理论范畴），所以需将投资方参与供应链运营作为新兴视角纳入资本结构研究范畴（供应链融资范畴）。此外，单一股或债权融资或将加剧成长企业"控制权丧失与破产风险"。因此，投贷联动融资作为探索金融改革的重要方向，既实现了不同风险类型资本创造性融合，又克服了单一股或债权融资方式缺陷。在实践融资活动中，金融机构凭借决策权力、谈判地位等博弈优势，获得对投资额度、资金使用成本的较大话语权。与此同时，由于信息不对称（陈金龙和占永志，2018），金融机构通过制定较高资本价格（低估值与高利率）以补偿融资企业运营中的不确定性（如逆向选择与道德风险），这或将加剧融资企业财务成本与运营风险。综上可知，零售商运营视角下投贷联动的投资结构，不仅关系投资者资本收益与安全匹配，还会成为激活供应链上下游价值创造与供需匹配的关键（见图 5 - 1）。

本章在梳理过程中克服了股权投资决策与企业资本结构相割裂缺陷，厘清了供应链运营决策与资本结构的联系。首先构建零售商鲁棒风险管理下投贷联动融资模型，然后刻画投资机构参与博弈的新特征，最后通过数理推导、数值分析探讨投贷联动中提升"金融资源配置效率"的"最优投资结构"及其对供应链运营决策的影响。

5.2　问题描述及假设

本章考虑由供应商和零售商组成的二级供应链，供应商成本为 c，批发价格为 w，产品零售价为 p。假设市场需求 ξ 为随机变量，零售商仅知道其均值为 μ，方差为 σ^2，而分布函数 F 未知。零售商作为扩张期成长型企业，面临良好市场机遇且资金短缺，其通过付出努力水平 e 进行市场开拓，则新市场需求为：

$$D = \xi + \beta e$$

实践中企业融资进行市场开拓，根据泰勒（Taylor，2002）的文献，市场开拓的努力成本设为 $\frac{1}{2}se^2$。零售商采取投贷联动融资弥补运营资金不足，

PE 与银行投资（零售商融资）总额为 B。实践中投贷联动通常在 PE 公司对融资企业评估和股权投资基础上，商业银行再跟进贷款形成"股权 + 债权"联动投资模式。相对单一股权或信贷投资模式而言，先期股权投资能优化企业财务结构（如降低资产负债率），提升企业偿债能力并增强金融机构协同、服务供应链价值创造的能力。投贷联动中股权投资额为 φB，双方采用市净率法对企业估值，其中固定资产为 A，估值水平为 α，则零售持股比例为：$C_R = \dfrac{\alpha(A + \eta)}{\alpha(A + \eta) + \varphi B}$，PE 持股比例为：$C_{PE} = \dfrac{\varphi B}{\alpha(A + \eta) + \varphi B}$。信贷投资额为 $(1 - \varphi)B$，银行贷款到期后，偿还本息和为 $(1 - \varphi)B(1 + r_b)$。为方便研究问题探讨，本章对其他假设界定如下：

（1）不失一般性，参考相关学者文献（Dada and Hu，2008），投贷联动时零售商的自有资金 η 满足不等式约束：$\eta < wq + \dfrac{1}{2}se^2$；

（2）零售商进行市场开拓后，产品的批发价格 w 和销售价格 p 保持不变；

（3）金融机构在零售商投贷联动中占据主导地位，所以投资金额及投资结构由金融机构确定。零售商将资金用于运营需求与市场开拓，且根据投资额与资金需求大小关系，或将面临如下两类情形：（a）当融资额高于零售企业实际需求时，多余资金计入企业资本公积；（b）当运营资金需求提升导致融资额不足时，虽存在资金缺口 $\left(wq + \dfrac{1}{2}se^2 - \eta\right) - B$，零售商可凭借销售渠道优势地位，通过赊销或延期付款方式维持运营活动。

本章其他参数设置如表 5 – 1 所示：

表 5 – 1　　　　　　　　　　　　　　**参数定义**

变量	定义
β	市场成长因子，β 越大表示企业成长性越好
φ	投贷联动中股权融资比例，债权融资比例为（$1 - \varphi$）
r_b	银行贷款利率
t	政府征收的企业所得税税率

续表

变量	定义
v	单位产品的残值（v≤w）
Γ	满足一定条件的所有的非负分布集合

5.3　零售商投贷联动融资下最优投资结构模型

投贷联动不仅促进金融资本积极渗透、服务于供应链价值创造，实现金融与供应链紧密融合，还激活了供应链上下游协同捕获成长机会的能力。同时，投贷联动融资重塑了供应链间权力结构。例如，随着买方力量不断增强，批发价决策权因商品销售渠道重要性而凸显，供应商甚至不惜让渡传统的定价决策权以扩大市场规模。例如，有些强势零售商凭借其渠道优势，将制造商产品的批发价格压到极低，致使上游供应商失去对产品批发价的话语权。因此，本章假设零售商市场拓展后的批发价 w 保持不变。此外，零售商根据市场渗透、竞争格局及上下游关联企业利益考虑，通常会保持产品零售价 p 不变以扩大市场占有率，捕获市场成长机遇。

投贷联动中投资方首先制定股权投资比例 φ 来追求期望净投资回报最大，然后零售商在仅知道市场需求部分信息时，以保守净资产最大化进行鲁棒决策。即在满足均值为 μ、方差为 σ^2 的所有分布中，寻找使得零售商期望净资产最小化分布（最差分布），再制定最优努力水平 e 和订货量 q 满足期望最大化。投融资双方进行以投资方（银行与 PE）为主导的 Stackelberg 博弈，模型决策变量与次序如表 5-2 所示，系统流程如图 5-2 所示。

表 5-2　　　　　　　　　　　　模型决策变量与次序

参与主体	决策变量	决策次序
零售商	e, q（p 不变）	
金融机构（银行与 PE）	φ	$\varphi \rightarrow e \rightarrow q$
供应商	w 不变	

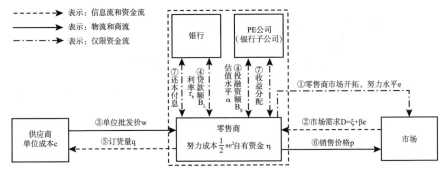

图 5 - 2　投贷联动系统流程图

5.3.1　零售商运营决策

零售商净资产函数：

$$\Pi_R(q,\ e) = C_R\left\{A + \eta + \varphi B + \left[p\min(q,\ D) - wq + v(q-D)^+\right.\right.$$

$$\left.\left. - \frac{1}{2}se^2 - (1-\varphi)Br_b\right](1-t)\right\}^+ \tag{5.1}$$

投融双方进行以投资方（银行与 PE）为主导的 Stackelberg 博弈，金融机构（银行与 PE）在制定股权投资比例 φ 时，还需考虑市场需求 D 对零售企业破产风险的影响。

（1）当 D≥q 时，零售商能够还本付息。

（2）当 D＜q 时，零售商存在破产可能，银行面临无法收回本息风险。如若零售商破产，根据《企业破产法》（第一百一十三条）规定与实践破产清算原则，零售商需将企业资产（A）与股权（φB）质押用于偿还银行本息。

$$令\ y = \frac{\left[(w-v)q + \frac{1}{2}se^2 + (1-\varphi)Br_b\right](1-t) - A - \eta - \varphi B}{(p-v)(1-t)}，表示零售商$$

破产的需求临界点且满足 D≥y。

情形 1：当 D≥q 时，零售商无破产风险。

$$\Pi_R(q,\ e) = C_R \left\{ A + \eta + \varphi B + \left[p\min(q,\ D) - wq + v(q - D)^+ \right. \right.$$
$$\left. \left. - \frac{1}{2}se^2 - (1 - \varphi)Br_b \right] (1 - t) \right\} \geq 0$$

此时零售商能偿还银行本息和，故投资方净投资回报函数为：

$$\Pi_{B\&PE}(\varphi) = C_{PE} \left\{ A + \eta + \varphi B + \left[p\min(q,\ D) - wq + v(q - D)^+ \right. \right.$$
$$\left. \left. - \frac{1}{2}se^2 - (1 - \varphi)Br_b \right] (1 - t) \right\} - \varphi B + (1 - \varphi)Br_b$$

情形2： 当 D < q 时，零售商存在破产风险。

$$\Pi_R(q,\ e) = C_R \left\{ A + \eta + \varphi B + \left[p\min(q,\ D) - wq + v(q - D)^+ \right. \right.$$
$$\left. \left. - \frac{1}{2}se^2 - (1 - \varphi)Br_b \right] (1 - t) \right\} < 0$$

此时，银行不能按期偿还银行本息。投资方净投资回报将存在如下调整：（a）零售企业不再缴纳企业所得税；（b）由于零售商经营所得全部用于偿还银行，PE 公司不再参与利润分配，即 PE 投资收益为零。所以零售商破产后，投资方净投资回报函数化简为：

$$\Pi_{B\&PE}(\varphi) = A + \eta + p\min(q,\ D) - wq + v(q - D)^+ - \frac{1}{2}se^2$$

根据表 5-3 可知，市场成长机遇良好（降低债权融资比例）、《意见》中贷款风险补偿制度（第四条第八款）、《意见》要求提升银行风险容忍度（第四条第十款）等政策措施均能切实降低破产临界值（D≥y）。所以本章假定情形 2 中零售商存在破产风险不予考虑。由此，式（5.1）可化解为式（5.2）。

零售商净资产函数：

表 5-3   **投贷联动降低零售商破产风险**

降低零售商破产类型	直接（间接）降低破产临界值 y	政策支持
市场成长性（β）良好	$\varphi\uparrow \Rightarrow (1 - \varphi)Br_b\downarrow$	—
贷款风险补偿机制	$y\downarrow$	《意见》第四条第八款

降低零售商破产类型	直接（间接）降低破产临界值 y	政策支持
银行风险容忍	y↓	《意见》第四条第十款
企业破产程序	清算固定资产偿还银行本息和	《企业破产法》

$$\Pi_R(q,\ e) = C_R\left\{ A + \eta + \varphi B + \left[p\min(q,\ D) - wq + v(q-D)^+ \right.\right.$$

$$\left.\left. -\frac{1}{2}se^2 - (1-\varphi)Br_b \right](1-t) \right\} \tag{5.2}$$

零售商制定努力水平 e 与订货量 q 追求期望净资产最大的目标，即

$$\max_{q,e} E\{\Pi_R(q,\ e)\} \tag{5.3}$$

其中，E(·) 表示随机期望，但由于投贷联动融资后需求信息缺失，零售商仅获知需求函数的均值与方差，不能直接计算期望利润值。为解决因分布信息缺失现象所产生的决策问题，防范信息缺失导致的风险，斯卡夫（Scarf，1958）提出了分布自由报童问题（distribution-free newsboy problem），将报童问题中已知市场需求的概率分布函数这一条件弱化为仅知市场需求的部分信息，即需求的期望和方差，故本章通过极大极小法（maximin）计算，目标函数变为以下情形：

$$\max_{q,e}\ \min_{F \in \Gamma_+(\mu,\sigma^2)} E\{\Pi_R(q,\ e,\ \xi)\} \tag{5.4}$$

其中，$\Gamma_+(\mu,\ \sigma^2)$ 表示满足均值为 μ 和方差为 σ^2 的所有非负随机变量的分布函数的集合，本章假定为凸集。故上述问题可描述为：

$$\Pi_R(q,\ e,\ \xi) = \begin{cases} C_R\left[(p-v)(\xi+\beta e) - (w-v)q - \frac{1}{2}se^2 - (1-\varphi)Br_b \right](1-t) \\ \quad + C_R(A+\eta+\varphi B), \qquad \text{if } D = \xi + \beta e < q \\ C_R\left[(p-v)q - (w-v)q - \frac{1}{2}se^2 - (1-\varphi)Br_b \right](1-t) \\ \quad + C_R(A+\eta+\varphi B), \qquad \text{if } D = \xi + \beta e \geq q \end{cases}$$

$$\tag{5.5}$$

引理 5.1　对于零售商净资产最大鲁棒优化，最差分布为：

（1）若 $q-\beta e \geq \dfrac{\mu^2+\sigma^2}{2\mu}$ 时，两点分布形式为：

$$\begin{cases} x_1=(q-\beta e)-\sqrt{(q-\beta e-\mu)^2+\sigma^2}, & Pr_1=\dfrac{\sqrt{(q-\beta e-\mu)^2+\sigma^2}+(q-\beta e-\mu)}{2\sqrt{(q-\beta e-\mu)^2+\sigma^2}} \\[4mm] x_2=(q-\beta e)+\sqrt{(q-\beta e-\mu)^2+\sigma^2}, & Pr_2=\dfrac{\sqrt{(q-\beta e-\mu)^2+\sigma^2}-(q-\beta e-\mu)}{2\sqrt{(q-\beta e-\mu)^2+\sigma^2}} \end{cases}$$

（2）若 $q-\beta e < \dfrac{\mu^2+\sigma^2}{2\mu}$ 时，两点分布形式为：

$$\begin{cases} x_1=0, & Pr_1=\dfrac{\sigma^2}{\mu^2+\sigma^2} \\[4mm] x_2=\mu+\dfrac{\sigma^2}{\mu}, & Pr_2=\dfrac{\mu^2}{\mu^2+\sigma^2} \end{cases}$$

其中 Pr_1 和 Pr_2 分别是两点分布 x_1 和 x_2 所对应概率。

证明： 首先分析模型内部的极小化问题 $\min\limits_{\xi\sim(\mu,\sigma^2)} E\{\Pi_R(q,\ e,\ \xi)\}$。对于给定的 q 和 e，设 $\underline{\Pi}_R(q,\ e)=\min\limits_{\xi\sim(\mu,\sigma^2)}\Pi_R(q,\ e,\ \xi)$，它是最差分布下的期望利润，即满足均值和方差条件的所有可能分布下的期望利润的紧下界。该极小化问题可看成等价于下面这个线性规划问题的原问题：

$$(P)\quad \min_F (p-v)\int_0^{+\infty}\min(q,\ x+\beta e)dF(x)$$

$$\text{s. t.}\begin{cases} \displaystyle\int_0^{+\infty}dF(x)=1 \\[3mm] \displaystyle\int_0^{+\infty}xdF(x)=\mu \\[3mm] \displaystyle\int_0^{+\infty}x^2dF(x)=\mu^2+\sigma^2 \\[3mm] dF(x)\geq 0 \end{cases} \tag{5.6}$$

其中 $F(x)$ 为 x 的累计分布函数。

该问题的对偶问题为：

$$(D)\quad \max_{y_1,y_2,y_3} y_1+\mu y_2+(\mu^2+\sigma^2)y_3$$

$$\text{s. t. } y_1+y_2 x+y_3 x^2 \leq (p-v)\min(q,\ x+\beta e),\quad \forall\, x\geq 0 \tag{5.7}$$

其中（y_1，y_2，y_3）是对偶变量。

设原问题最优解为 $F^*(\xi)$，对偶问题的最优解为（y_1^*，y_2^*，y_3^*），则它们满足互补松弛条件：

$$dF^*(x)[y_1^* + y_2^* x + y_3^* x^2 - \Pi_R(q, e, x)] = 0$$

根据互补松弛条件，可以看出对 $\forall x \geq 0$，原最优解 $dF^*(x)$ 拥有非零概率当且仅当对偶最优解（y_1^*，y_2^*，y_3^*）满足 $y_1^* + y_2^* x + y_3^* x^2 = \Pi_R(q, e, x)$，即原最优解应在抛物线 $g(x)$：$= y_1^* + y_2^* x + y_3^* x^2$ 和 $SV(x)$：$= (p-v)\min(q, x+\beta e)$，则 $SV(x)$ 可表示如下形式：

$$SV(x) = \begin{cases} (p-v)(x+\beta e), & x \leq q - \beta e \\ (p-v)q, & x > q - \beta e \end{cases} \tag{5.8}$$

假设 $F^*(x)$ 与 y_1^*，y_2^*，y_3^* 分别为原问题与对偶问题的最优解，根据线性规划问题的互补松弛定理，存在如下等式：

$$\int_0^{+\infty} (y_1 + y_2 x + y_3 x^2 - SV(x))dF^*(x) = 0 \tag{5.9}$$

因此，当且仅当 $g(x) = SV(x)$ 时原问题有非零分布。于是我们可以分以下两种情况进行讨论：

由此可知，满足均值为 μ，方差为 σ^2 的最差分布是两点分布，记为（x_1，Pr_1），（x_2，Pr_2）。并计算两种情形各自的最差分布。

情形 1：两个切点

如图 5 – 3 中情形 1 所示，假定 $g(x)$ 与 $SV(x)$ 分别相切于 $x = x_1$ 与 $x = x_2$，且满足 $0 \leq x_1 \leq q - \beta e_1 \leq x_2$，由相切的性质，它们一定满足下列等式：

$$\begin{cases} g(x_1) = SV(x_1), & g'(x_1) = SV'(x_1) \\ g(x_2) = SV(x_2), & g'(x_2) = SV'(x_2) \end{cases} \tag{5.10}$$

假设两点分布中 x_1 的概率为 Pr_1，x_2 的概率为 Pr_2，根据原问题的约束条件和式可知：

$$\begin{cases} x_1, & Pr_1 = \dfrac{\sigma^2}{(\mu - x_1)^2 + \sigma^2} \\[3mm] x_2 = \mu + \dfrac{\sigma^2}{(\mu - x_1)}, & Pr_2 = \dfrac{(\mu - x_1)^2}{(\mu - x_1)^2 + \sigma^2} \end{cases}$$

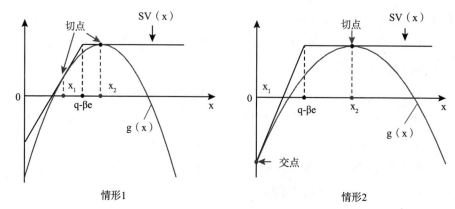

图 5-3   函数 g(x) 与 SV(x) 的两种可能的关系

将 $x_1 + x_2 = 2(q - \beta e)$ 代入上式可得：

$$
\begin{cases}
x_1 = (q - \beta e) - \sqrt{(q - \beta e - \mu)^2 + \sigma^2}, & Pr_1 = \dfrac{\sqrt{(q - \beta e - \mu)^2 + \sigma^2} + (q - \beta e - \mu)}{2\sqrt{(q - \beta e_1 - \mu)^2 + \sigma^2}} \\[4mm]
x_2 = (q - \beta e) + \sqrt{(q - \beta e - \mu)^2 + \sigma^2}, & Pr_2 = \dfrac{\sqrt{(q - \beta e - \mu)^2 + \sigma^2} - (q - \beta e - \mu)}{2\sqrt{(q - \beta e_1 - \mu)^2 + \sigma^2}}
\end{cases}
$$

此外，情形 1 的两点应满足关系：$x_1 \geqslant 0$，$x_2 \geqslant q - \beta e$，即 $q - \beta e \geqslant \dfrac{\mu^2 + \sigma^2}{2\mu}$。

情形 2：一个交点，一个切点

由于交点的横坐标为 $x_1 = 0$，可得两点分布：

$$
\begin{cases}
x_1 = 0, & Pr_1 = \dfrac{\sigma^2}{\mu^2 + \sigma^2} \\[4mm]
x_2 = \mu + \dfrac{\sigma^2}{\mu}, & Pr_2 = \dfrac{\mu^2}{\mu^2 + \sigma^2}
\end{cases}
$$

情形 2 的两点分布满足关系：$q - \beta e < \dfrac{\mu^2 + \sigma^2}{2\mu}$。引理 5.1 得证。

引理 5.2   最差分布下零售商期望净资产函数连续可微：

$$
\underline{\Pi}_R(q,\ e) = \begin{cases} C_R\Big\{A+\eta+\varphi B+\Big[\,(p-v)\beta e+\dfrac{\mu^2(p-v)(q-\beta e)}{\mu^2+\sigma^2}-(w-v)q \\[3mm] \qquad -\dfrac{1}{2}se^2-(1-\varphi)Br_b\Big](1-t)\Big\},\ \text{if } q-\beta e<\dfrac{\mu^2+\sigma^2}{2\mu} \\[6mm] C_R\Big\{A+\eta+\varphi B+(p-v)q-\dfrac{(p-v)}{2}\big[\,\sqrt{(q-\beta e-\mu)^2+\sigma^2}+(q-\beta e-\mu)\,\big] \\[3mm] \qquad -(w-v)q-\dfrac{1}{2}se^2-(1-\varphi)Br_b\Big](1-t)\Big\},\ \text{if } q-\beta e\geqslant\dfrac{\mu^2+\sigma^2}{2\mu} \end{cases}
$$

证明：（1）当 $q-\beta e\geqslant\dfrac{\mu^2+\sigma^2}{2\mu}$ 时，根据最差分布可知对偶问题目标函数值为：

$$
(p-v)q-\frac{(p-v)}{2}\big[\,\sqrt{(q-\beta e-\mu)^2+\sigma^2}+(q-\beta e-\mu)\,\big]
$$

因此原问题的目标函数值，即最差分布下零售商期望净资产为：

$$
\underline{\Pi}_{R1}(q,\ e)=C_R\Big\{A+\eta+\varphi B+\Big[\,(p-v)q-(p-v)
$$

$$
\frac{\sqrt{(q-\beta e-\mu)^2+\sigma^2}+(q-\beta e-\mu)}{2}-(w-v)q-\frac{1}{2}se^2
$$

$$
-(1-\varphi)Br_b\,\Big](1-t)\Big\}
$$

（2）当 $q-\beta e<\dfrac{\mu^2+\sigma^2}{2\mu}$ 时，根据最差分布可知对偶问题目标函数值为：

$(p-v)\beta e+\dfrac{\mu^2(p-v)(q-\beta e)}{\mu^2+\sigma^2}$，因此原问题的目标函数值，即最差分布下

零售商期望净资产为：

$$
\underline{\Pi}_{R2}(q,\ e)=C_R\Big\{A+\eta+\varphi B+\Big[\,(p-v)\beta e+\frac{\mu^2(p-v)(q-\beta e)}{\mu^2+\sigma^2}
$$

$$
-(w-v)q-\frac{1}{2}se^2-(1-\varphi)Br_b\,\Big](1-t)\Big\}
$$

关于 $\underline{\Pi}_R(q,\ e)$ 的连续可微性，只需证明 $\underline{\Pi}_R(q,\ e)$ 在连接点处的函数值和一阶导数值相等。

当 $q-\beta e=\dfrac{\mu^2+\sigma^2}{2\mu}$ 时，

$$\frac{\partial \underline{\Pi}_{R1}(q,\ e)}{\partial q} = \frac{\partial \underline{\Pi}_{R2}(q,\ e)}{\partial q} = C_R\left[\frac{(p-w)\mu^2 - \sigma^2(w-v)}{\mu^2 + \sigma^2}\right](1-t),\ \underline{\Pi}_{R1}$$

$(q,\ e) = \underline{\Pi}_{R2}(q,\ e),\ \dfrac{\partial \underline{\Pi}_{R1}(q,\ e)}{\partial e} = \dfrac{\partial \underline{\Pi}_{R2}(q,\ e)}{\partial e} = C_R\Big[(p-v)\beta - $

$\dfrac{\mu^2(p-v)\beta}{\mu^2 + \sigma^2} - se\Big](1-t)$。因此，$\underline{\Pi}_R(q,\ e)$ 连续可微。引理 5.2 得证。

定理 5.1　零售商投贷联动融资后，采取鲁棒决策最优订货量与努力水平为：

$$
\begin{cases}
\text{当} \left(\dfrac{\mu}{\sigma}\right)^2 < \dfrac{w-v}{p-w}\text{时,} & \begin{cases} q^* = \dfrac{\beta^2(p-w)}{s} \\[2mm] e^* = \dfrac{\beta(p-w)}{s} \end{cases} \\[8mm]
\text{当} \left(\dfrac{\mu}{\sigma}\right)^2 \geqslant \dfrac{w-v}{p-w}\text{时,} & \begin{cases} q^* = \dfrac{\beta^2(p-w)}{s} + \mu + \dfrac{\sigma}{2}\left(\sqrt{\dfrac{p-w}{w-v}} - \sqrt{\dfrac{w-v}{p-w}}\right) \\[2mm] e^* = \dfrac{\beta(p-w)}{s} \end{cases}
\end{cases}
$$

证明：引理 5.2 已经证明 $\underline{\Pi}_R(q,\ e)$ 连续可微性，为求其最大值点，需进一步证明二阶偏导性质。

（1）零售商期望资产函数 $\underline{\Pi}_R(q,\ e)$ 对订货量 q 求一、二阶偏导：

$$\frac{\partial \underline{\Pi}_R(q,\ e)}{\partial q} =$$

$$
\begin{cases}
C_R\left[\dfrac{\mu^2(p-v)}{\mu^2 + \sigma^2} - (w-v)\right](1-t), & \text{if } q - \beta e < \dfrac{\mu^2 + \sigma^2}{2\mu} \\[4mm]
C_R\left\{(p-w) - \dfrac{(p-v)}{2}\left[\dfrac{(q-\beta e - \mu)}{\sqrt{(q-\beta e - \mu)^2 + \sigma^2}} + 1\right]\right\}(1-t), & \text{if } q - \beta e \geqslant \dfrac{\mu^2 + \sigma^2}{2\mu}
\end{cases}
$$

$$
\frac{\partial^2 \underline{\Pi}_R(q,\ e)}{\partial q^2} =
\begin{cases}
0, & \text{if } q - \beta e < \dfrac{\mu^2 + \sigma^2}{2\mu} \\[4mm]
- C_R\dfrac{(p-v)\sigma^2}{2\left[(q-\beta e - \mu)^2 + \sigma^2\right]^{\frac{3}{2}}}(1-t), & \text{if } q - \beta e \geqslant \dfrac{\mu^2 + \sigma^2}{2\mu}
\end{cases}
$$

（2）零售商期望资产函数 $\underline{\Pi}_R(q,\ e)$ 对努力水平 e 求一、二阶偏导：

$$\frac{\partial \underline{\Pi}_R(q, e)}{\partial e} =$$

$$\begin{cases} C_R\Big[\dfrac{\sigma^2(p-v)\beta}{\mu^2+\sigma^2}-se\Big](1-t), & \text{if } q-\beta e < \dfrac{\mu^2+\sigma^2}{2\mu} \\[4mm] C_R\Big\{\dfrac{(p-v)\beta}{2}\Big[\dfrac{(q-\beta e-\mu)}{\sqrt{(q-\beta e-\mu)^2+\sigma^2}}+1\Big]-se\Big\}(1-t), & \text{if } q-\beta e \geqslant \dfrac{\mu^2+\sigma^2}{2\mu} \end{cases}$$

$$\frac{\partial^2 \underline{\Pi}_R(q, e)}{\partial e^2} = \begin{cases} -C_R s(1-t), & \text{if } q-\beta e < \dfrac{\mu^2+\sigma^2}{2\mu} \\[4mm] -C_R\Big\{\dfrac{(p-v)\beta^2\sigma^2}{2\big[(q-\beta e-\mu)^2+\sigma^2\big]^{\frac{3}{2}}}+s\Big\}(1-t), & \text{if } q-\beta e \geqslant \dfrac{\mu^2+\sigma^2}{2\mu} \end{cases}$$

（3）$\dfrac{\partial \underline{\Pi}_R(q, e)}{\partial q}$ 对努力水平 e 求一阶偏导：

$$\frac{\partial^2 \underline{\Pi}_R(q, e)}{\partial q \partial e} = \begin{cases} 0, & \text{if } q-\beta e < \dfrac{\mu^2+\sigma^2}{2\mu} \\[4mm] C_R\dfrac{(p-v)\beta\sigma^2}{2\big[(q-\beta e-\mu)^2+\sigma^2\big]^{\frac{3}{2}}}(1-t), & \text{if } q-\beta e \geqslant \dfrac{\mu^2+\sigma^2}{2\mu} \end{cases}$$

$\underline{\Pi}_R(q, e)$ 的 Hessian 矩阵为：

$$H = \begin{bmatrix} \dfrac{\partial^2 \underline{\Pi}_R(q, e)}{\partial q^2} & \dfrac{\partial^2 \underline{\Pi}_R(q, e)}{\partial q \partial e} \\[5mm] \dfrac{\partial^2 \underline{\Pi}_R(q, e)}{\partial q \partial e} & \dfrac{\partial^2 \underline{\Pi}_R(q, e)}{\partial e^2} \end{bmatrix}$$

当 $q-\beta e < \dfrac{\mu^2+\sigma^2}{2\mu}$ 时，Hessian 矩阵的行列式 $|H|=0$，且 $\dfrac{\partial^2 \underline{\Pi}_R(q, e)}{\partial e^2}<0$。

当 $q-\beta e \geqslant \dfrac{\mu^2+\sigma^2}{2\mu}$ 时，Hessian 矩阵的行列式 $|H| =$

$C_R^2\dfrac{(p-v)\sigma^2 s(1-t)^2}{2\big[(q-\beta e-\mu)^2+\sigma^2\big]^{\frac{3}{2}}}>0$，且 $\dfrac{\partial^2 \underline{\Pi}_R(q, e)}{\partial e^2}<0$。

根据多元函数凹凸性的判定定理：当 Hessian 矩阵的行列式 $|H|\geqslant 0$ 且不恒为 0；同时 $\dfrac{\partial^2 \underline{\Pi}_R(q, e)}{\partial e^2}<0$ 或者 $\dfrac{\partial^2 \underline{\Pi}_R(q, e)}{\partial q^2}<0$，则称 $\underline{\Pi}_R(q, e)$ 为其

定义域内凹函数。因此，$\underline{\Pi}_R(q, e)$ 关于 q、e 最大值在其极值点或边界点取得（因为极值点可能不在定义域内）。

当 $q - \beta e < \dfrac{\mu^2 + \sigma^2}{2\mu}$ 时，$\dfrac{\partial \underline{\Pi}_R(q, e)}{\partial q} = C_R\left[\dfrac{\mu^2(p - v)}{\mu^2 + \sigma^2} - (w - v)\right](1 - t)$，

在 $\left(\dfrac{\mu}{\sigma}\right)^2 \geqslant \dfrac{w - v}{p - w}$ 条件下，$\dfrac{\partial \underline{\Pi}_R(q, e)}{\partial q} > 0$。即是关于 $\underline{\Pi}_R(q, e)$ 的单调递增函

数。$\dfrac{\partial \underline{\Pi}_R(q, e)}{\partial q}\bigg|_{q \to +\infty} = -C_R(w - v)(1 - t) < 0$。根据 $\underline{\Pi}_R(q, e)$ 连续可微

性，此时极值点存在，且在区域 $q - \beta e \geqslant \dfrac{\mu^2 + \sigma^2}{2\mu}$ 内取得，所以

$$\begin{cases} q^* = \dfrac{\beta^2(p - w)}{s} + \mu + \dfrac{\sigma}{2}\left(\sqrt{\dfrac{p - w}{w - v}} - \sqrt{\dfrac{w - v}{p - w}}\right) \\[2mm] e^* = \dfrac{\beta(p - w)}{s} \end{cases}$$

当 $\left(\dfrac{\mu}{\sigma}\right)^2 < \dfrac{w - v}{p - w}$ 时，$\underline{\Pi}_R(q, e)$ 在范围 $q - \beta e < \dfrac{\mu^2 + \sigma^2}{2\mu}$ 内，$\dfrac{\partial \Pi_R(q, e)}{\partial q} =$

$C_R\left[\dfrac{\mu^2(p - v)}{\mu^2 + \sigma^2} - (w - v)\right](1 - t) < 0$。所以 $\underline{\Pi}_R(q, e)$ 是关于 q 单调递减函

数，在定义域 $q - \beta e \geqslant \dfrac{\mu^2 + \sigma^2}{2\mu}$ 时，$\dfrac{\partial \Pi_R(q, e_1)}{\partial q} < 0$。即 $\underline{\Pi}_R(q, e)$ 仍为关于 q

单调递减函数（二阶偏导小于零，且知道取值范围，能判定最大一阶偏导小于零）。

故极大值点在边界取得，即存在 $q = \beta e$，此时 $q - \beta e = 0 < \dfrac{\mu^2 + \sigma^2}{2\mu}$。将 $q = \beta e$ 代入 $\underline{\Pi}_{R1}(q, e)$ 可得：

$$\underline{\Pi}_{R1}(q, e) = C_R\left\{A + \eta + \varphi B + \left[(p - w)\beta e - \dfrac{1}{2}se^2 - (1 - \varphi)Br_b\right](1 - t)\right\}$$

这是关于 e 凹函数，最大值在一阶导等于零的点取得，为 $e^* = \dfrac{(p - w)\beta}{s}$。所以当 $\left(\dfrac{\mu}{\sigma}\right)^2 < \dfrac{w - v}{p - w}$ 时，零售企业决策行为：

$$\begin{cases} q^* = \dfrac{\beta^2(p-w)}{s} \\[3mm] e^* = \dfrac{\beta(p-w)}{s} \end{cases}$$

定理 5.1 得证。

推论 5.1　市场成长性促进零售商投贷联动后的最优努力水平与订货量，并形成围绕以需求均值为中心，需求波动风险与产品边际利润共同作用的最优订货决策机制。

零售商面临市场需求不确定，通过投贷联动融资进行市场拓展，以捕获市场成长机遇并激活金融机构与供应链上下游价值创造。无论市场需求风险高低，市场成长性都促进最优努力水平与最优订货量。更进一步，当需求风险较低，即 $\left(\dfrac{\mu}{\sigma}\right)^2 \geq \dfrac{w-v}{p-w}$ 时，需求波动风险与产品边际利润共同决定零售商鲁棒订货决策。

如图 5-4 所示，根据产品边际利润与市场需求波动形成最优订货决策矩阵，并将 $\left(\sqrt{\dfrac{p-w}{w-v}} - \sqrt{\dfrac{w-v}{p-w}}\right)$ 解释为产品边际利润。

（1）需求波动较大，即 $\left(\dfrac{\mu}{\sigma}\right)^2 \geq \dfrac{w-v}{p-w}$

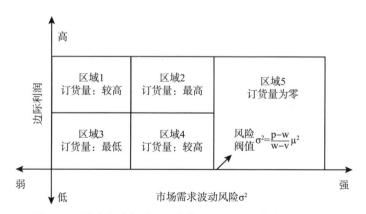

图 5-4　需求风险与边际利润作用机制（不考虑市场拓展）

伴随着需求风险 σ^2 或产品边际利润 $\left(\sqrt{\dfrac{p-w}{w-v}}-\sqrt{\dfrac{w-v}{p-w}}\right)$ 均提升零售商最优订货量。当需求风险与产品边际利润同时最弱（低）或最强（高），形成最低订货量（区域3）与最高订货量（区域2），其他情形订货量介于二者之间。

（2）需求波动较小，即 $\left(\dfrac{\mu}{\sigma}\right)^2 < \dfrac{w-v}{p-w}$。

根据产品边际递减规律可知，边际利润会随着订货量（需求波动风险 σ^2）增加而递减为零，甚至为负。此时较高需求风险波动加剧零售商利润损失。所以高需求风险下产品边际利润与市场需求波动对最优订货量无关。

证明： 证明市场成长性对最优努力水平与最优订货量影响：

由推论5.1可知：$\dfrac{\partial e^*}{\partial \beta} = \dfrac{(p-w)}{s} > 0$，$\dfrac{\partial q^*}{\partial \beta} = \dfrac{2\beta(p-w)}{s} > 0$。

证明需求波动较小时，需求风险与产品边际利润对最优订货量共用作用：

当 $\left(\dfrac{\mu}{\sigma}\right)^2 \geqslant \dfrac{w-v}{p-w}$ 时，最优订货量为 $q^* = \dfrac{\beta^2(p-w)}{s} + \mu + \dfrac{\sigma}{2}\left(\sqrt{\dfrac{p-w}{w-v}} - \sqrt{\dfrac{w-v}{p-w}}\right)$。令 $G(T) = \dfrac{\sigma}{2}\left(T - \dfrac{1}{T}\right)$，其中 $T = \sqrt{\dfrac{p-w}{w-v}}$。$\dfrac{\partial G(T)}{\partial T} = \dfrac{\sigma}{2}\left(1 + \dfrac{1}{T^2}\right) > 0$。

因此，求 $\left(\sqrt{\dfrac{p-w}{w-v}} - \sqrt{\dfrac{w-v}{p-w}}\right)$ 最大问题可转化为：

$$\max\left(\sqrt{\dfrac{p-w}{w-v}} - \sqrt{\dfrac{w-v}{p-w}}\right) \Leftrightarrow \max T \Leftrightarrow \max\left[(p-w) - (w-v)\right] \quad (5.11)$$

所以在需求波动较小时，边际利润 $[(p-w) - (w-v)]$ 与需求风险 σ^2 共同影响最优订货量。

5.3.2　投贷联动融资最优投资结构

投资方（银行与PE）净投资回报函数：

$$\Pi_{B\&PE}(\varphi) = C_{PE}\left\{A + \eta + \varphi B + \left[p\min(q, D) - wq + v(q-D)^+ - \dfrac{1}{2}se^2\right.\right.$$

$$\left.\left. - (1-\varphi)Br_b\right](1-t)\right\}^+ - \varphi B + (1-\varphi)Br_b$$

$$\text{s. t. } \eta < wq + \frac{1}{2}se^2 \tag{5.12}$$

所以本章假定成长型企业投贷联动融资中无破产风险，上式变形为：

$$\Pi_{B\&PE}(\varphi) = C_{PE}\left\{A + \eta + \varphi B + \left[pmin(q, D) - wq + v(q - D)^+ - \frac{1}{2}se^2\right.\right.$$
$$\left.\left. - (1 - \varphi)Br_b\right](1 - t)\right\} - \varphi B + (1 - \varphi)Br_b$$

$$\text{s. t. } \eta < wq + \frac{1}{2}se^2 \tag{5.13}$$

引理 5.3　最差分布下投资方（银行与 PE）期望净投资回报函数：
$$\Pi_{B\&PE}(\varphi) =$$

$$\begin{cases} C_{PE}\left\{A + \eta + \varphi B + \left[\dfrac{\beta^2(p-w)^2}{2s} - (1-\varphi)Br_b\right](1-t)\right\} \\ -\varphi B + (1-\varphi)Br_b, \qquad \text{if}\left(\dfrac{\mu}{\sigma}\right)^2 < \dfrac{w-v}{p-w} \\ C_{PE}\left\{A + \eta + \varphi B + \left[\dfrac{\beta^2(p-w)^2}{2s} + \dfrac{\mu^2(p-w) - \sigma^2(w-v)}{2\mu} - (1-\varphi)Br_b\right](1-t)\right\} \\ -\varphi B + (1-\varphi)Br_b, \qquad \text{if}\left(\dfrac{\mu}{\sigma}\right)^2 \geqslant \dfrac{w-v}{p-w} \end{cases}$$

已知 $\Pi_{B\&PE}(\varphi)$ 关于股权融资比例 φ 是连续可微的，故进一步化解为：

$$\Pi_{B\&PE}(\varphi) = C_{PE}\left\{A + \eta + \varphi B + \left[\frac{(p-w)^2\beta^2}{2s} - (1-\varphi)Br_b\right](1-t)\right\}$$
$$- \varphi B + (1-\varphi)Br_b \tag{5.14}$$

证明：已知银行与 PE 净投资回报函数为：
$$\Pi_{B\&PE}(\varphi) =$$

$$\begin{cases} C_{PE}\left[(p-v)\beta e + \dfrac{\mu^2(p-v)(q-\beta e)}{\mu^2+\sigma^2} - (w-v)q - \dfrac{1}{2}se^2 - (1-\varphi)Br_b\right](1-t) \\ + C_{PE}(A+\eta+\varphi B) - \varphi B + (1-\varphi)Br_b, \qquad\qquad \text{if } q - \beta e < \dfrac{\mu^2+\sigma^2}{2\mu} \\ C_{PE}\left\{\left[(p-v)q - \dfrac{(p-v)}{2}(\sqrt{(q-\beta e-\mu)^2+\sigma^2} + (q-\beta e-\mu)) - (w-v)q - \dfrac{1}{2}se^2\right.\right. \\ \left.\left. - (1-\varphi)Br_b\right](1-t) + A + \eta + \varphi B\right\} - \varphi B + (1-\varphi)Br_b, \quad \text{if } q - \beta e \geqslant \dfrac{\mu^2+\sigma^2}{2\mu} \end{cases}$$

$$
\mathrm{pmin(q,\ D)} = \begin{cases}
(p-v)\beta e + \dfrac{\mu^2(p-v)(q-\beta e)}{\mu^2+\sigma^2} - (w-v)q, & \text{if}\left(\dfrac{\mu}{\sigma}\right)^2 < \dfrac{w-v}{p-w} \\[3mm]
(p-v)q - \dfrac{(p-v)}{2}\left[\sqrt{(q-\beta e-\mu)^2+\sigma^2} + (q-\beta e-\mu)\right] \\[3mm]
\quad -(w-v)q, & \text{if}\left(\dfrac{\mu}{\sigma}\right)^2 \geqslant \dfrac{w-v}{p-w}
\end{cases}
$$

在 $\left(\dfrac{\mu}{\sigma}\right)^2 = \dfrac{w-v}{p-w}$ 处连续。可进一步化解为:

$$
\Pi_{\mathrm{B\&PE}}(\varphi) = \frac{\varphi B}{V+\varphi B}\left\{ A+\eta + \left[(p-v)\beta e - (w-v)q - \frac{1}{2}se^2 - Br_b\right]\right.
$$

$$
\left. (1-t) + \varphi B[1+r_b(1-t)]\right\} + Br_b - \varphi B(1+r_b)
$$

引理 5.3 得证。

定理 5.2　当零售商投贷联动融资后,银行与 PE 作为投资整体参与博弈后,制定的最优股权投资比例为:

$$
\varphi^* = \begin{cases}
0, & 0 < \beta \leqslant \beta_1 \\[3mm]
\dfrac{\sqrt{Vr_b t\{M-[1+r_b(1-t)]V\}} - Vr_b t}{Br_b t}, & \beta_1 < \beta < \beta_2 \\[3mm]
1, & \beta \geqslant \beta_2
\end{cases}
$$

其中 $M = A+\eta + \left[\dfrac{\beta^2(p-w)^2}{2s} - Br_b\right](1-t)$,

$$
\beta_1 = \frac{\sqrt{2s[(1+r_b)V + Br_b(1-t) - (A+\eta)]}}{(p-w)\sqrt{1-t}},
$$

$$
\beta_2 = \frac{\sqrt{2s\left[\dfrac{(V+B)^2 r_b t}{V} + Br_b(1-t) + [1+r_b(1-t)]V - (A+\eta)\right]}}{(p-w)\sqrt{1-t}}, \quad V = \alpha(A+\eta)\text{。}
$$

推论 5.2　当投资方(商业银行与 PE)参与零售商投贷联动融资博弈时,存在协调投资方利益最大化的"投贷联动区间"与最优投资结构。

证明:当 $\Pi_{\mathrm{B\&PE}}(\varphi)$ 对 φ 求一、二阶导:

$$
\frac{d\Pi_{\mathrm{B\&PE}}(\varphi)}{d\varphi} = \frac{B}{(V+\varphi B)^2}\left\{-\varphi^2 B^2 r_b t - 2\varphi VBr_b t + V\left[A+\eta\right.\right.
$$

$$+ \left(\frac{\beta^2(p-w)^2}{2s} - Br_b \right)(1-t) - (1+r_b)V \right] \right\}$$

$$\frac{d^2\Pi_{B\&PE}(\varphi)}{d\varphi^2} = -\frac{2VB^2}{(V+\varphi B)^3}\left\{ A + \eta + \left[\frac{\beta^2(p-w)^2}{2s} - Br_b \right](1-t) \right.$$

$$\left. - V[1 + r_b(1-t)] \right\}$$

令 $H(\varphi) = -\varphi^2 B^2 r_b t - 2\varphi V B r_b t + V\left\{ A + \eta + \left[\frac{\beta^2(p-w)^2}{2s} - Br_b \right](1-t) - \right.$

$(1+r_b)V \left. \right\}$, $\Delta = 4B^2 r_b t V\left\{ A + \eta + \left[\frac{\beta^2(p-w)^2}{2s} - Br_b \right](1-t) - [1+r_b(1-t)]V \right\}$。

（1）当 $\frac{d^2\Pi_{B\&PE}(\varphi)}{d\varphi^2} < 0$ 时，$\Delta > 0$，即：

$$\varphi^* = \frac{\sqrt{Vr_b t\left\{ A + \eta + \left[\frac{\beta^2(p-w)^2}{2s} - Br_b \right](1-t) - [1+r_b(1-t)]V \right\}} - Vr_b t}{Br_b t}。$$

（2）当 $\frac{d^2\Pi_{B\&PE}(\varphi)}{d\varphi^2} \geq 0$，$\Delta \leq 0$，$\frac{d\Pi_{B\&PE}(\varphi)}{d\varphi} \leq 0$，即 $\varphi^* = 0$。

综上可得：

$$\varphi^* = \begin{cases} 0, & 0 < \beta \leq \beta_1 \\ \dfrac{\sqrt{Vr_b t\left\{ A + \eta + \left[\frac{\beta^2(p-w)^2}{2s} - Br_b \right](1-t) - [1+r_b(1-t)]V \right\}} - Vr_b t}{Br_b t}, & \beta_1 < \beta < \beta_2 \\ 1, & \beta \geq \beta_2 \end{cases}$$

其中 $\beta_1 = \dfrac{\sqrt{2s[(1+r_b)V + Br_b(1-t) - (A+\eta)]}}{(p-w)\sqrt{1-t}}$,

$$\beta_2 = \frac{\sqrt{2s\left[\frac{(V+B)^2 r_b t}{V} + Br(1-t) + [1+r_b(1-t)]V - (A+\eta) \right]}}{(p-w)\sqrt{1-t}}。$$

定理 5.2 和推论 5.2 得证。

投贷联动中 PE 公司作为股权投资主体，在实践中通常定位于财务投资者，不参与企业经营控制。但商业银行与 PE 作为利益共同体制定合理投资结构来实现整体利益最大，如图 5－5 所示，相对金融机构采取传统而单一股权或债权融资方式，存在最优投资结构使得投资者方（银行与 PE）净投资回报最大。投贷联动区间中 $\forall \varphi \in [0, 1]$，存在最优股权投资比例 φ^* 影响零售企业财务结构，即零售商权衡"股"与"债"的优劣后制定最优经营决策。当 $\varphi \in [0, \varphi^*)$ 时，随着 PE 持股比例不断上升，银行与 PE 净投资回报不断上升。此时，PE 凭借持股比例上升获得零售企业较高股权价值，且弥补银行贷款利息收入。当 $\varphi \in (\varphi^*, 1]$ 时，由于"控制权"溢价效应致使 PE 持股比例增幅减缓，即其获取零售商股权价值呈现边际递减趋势，从而投资方净投资回报递减。

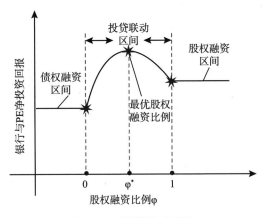

图 5－5　投贷联动区间

推论 5.3　市场成长性高低主导了投贷联动中最优投资结构的大小，即直接影响投资方（银行与 PE）最优股权投资比例的高低。

如表 5－4 所示，当 $0 < \beta \leqslant \beta_1$ 时，市场成长性较低时，投资方（商业银行与 PE）通过银行贷款获取稳定投资回报，而无股权投资意愿。当 $\beta_1 < \beta < \beta_2$ 时，随着市场成长性上升，投资方采取"股＋债"投资方式。市场成长性促进了"产融结合"，激活了金融机构（银行与 PE）与供应链上下游协同捕获成长机会的能力。一方面，信贷投资为投资方带来固定利息收入。与此同时，股权投资进一步渗透、融入供应链价值创造体系中并获取资

本投资回报。当 $\beta \geq \beta_2$ 时，市场成长机遇足够良好，投资方采取股权投资形式追求成长性带来的高额投资回报。

表 5 - 4 投贷联动投资结构

条件（市场成长性）	最优股权投资比例	金融机构投资决策
$0 < \beta \leq \beta_1$	$\varphi^* = 0$	债权
$\beta_1 < \beta < \beta_2$	$\varphi^* = \dfrac{\sqrt{Vr_b t\{M - [1 + r_b(1-t)]V\}} - Vr_b t}{Br_b t}$	投贷联动
$\beta \geq \beta_2$	$\varphi^* = 1$	股权

　　本章基于零售商运营视角下投贷联动最优"投资结构"探索，进一步解释以往文献中企业对"股债"融资行为的选择，低市场成长性下投资者采取"信贷投资"。此时，低市场成长性下债权融资成本更低（投资者所占净资产比例更低），符合融资者债权融资偏好与优序融资理论，迈尔斯和米卢夫（Myers and Majluf，1984）、伦德曼（Rendleman，1980）研究发现。高市场成长性极大促进了零售企业快速成长，投资者通过股权投资追求高成长所带来的投资回报。同时，融资企业也愿付出高额股权融资成本来捕获成长机会。优序融资理论、伦德曼研究是以不对称信息理论为基础，虽考虑交易成本但未考虑市场成长机会所得出的结论，所以其研究与本章高市场成长下的投资决策不一致。

　　推论 5.4　投贷联动中，企业所得税率下降会抑制投资方（银行与 PE）信贷投资，企业税盾效应减弱促成了"先股后债"投资次序，即存在"反啄食顺序"的投资偏好。

　　虽然金融机构与供应链存在竞合关系，但投贷联动不仅是融资方式的"联动"，更是市场成长机遇下金融机构与供应链上下游围绕价值创造这一共同目标的"联动"。因此，当企业所得税下降，融资企业负债税盾效应（谢家平等，2018）减弱会加强企业股权融资偏好。此时，作为利益共同体的投资方除考虑自身投资回报最大化外，还需激活融资企业的价值创造与实现。如图 5 - 6 所示，当企业所得税率下降时，投资方偏好表现为"先股权后信贷"的投资决策，即融资企业税盾效应减弱产生了"反啄食顺序"的投资偏好。

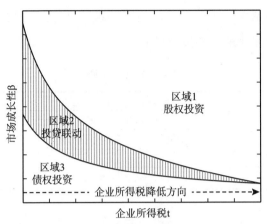

图 5 – 6　负债税盾效应

证明：（1）先证明图 5 – 6 中阴影区域单调递减趋势：

已知 $\beta_1 = \dfrac{\sqrt{2s\left[\,(1+r_b)V + Br_b(1-t) - (A+\eta)\,\right]}}{(p-w)\sqrt{1-t}}$，令

$$J_1 = \sqrt{2s\left[\,(1+r_b)V + Br_b(1-t) - (A+\eta)\,\right]}$$

由 $\dfrac{\partial J_1}{\partial t} = -\dfrac{sBr_b}{J_1}$，可得 $\dfrac{\partial \beta_1}{\partial t} = \dfrac{1}{(p^*-w^*)(1-t)J_1}\dfrac{s}{\sqrt{1-t}}\left[(1+r_b)V - (A+\right.$

$\left.\eta)\right] > 0$。

已知 $\beta_2 = \dfrac{\sqrt{2s\left\{\dfrac{(V+B)^2 r_b t}{V} + Br_b(1-t) + \left[1+r_b(1-t)\right]V - (A+\eta)\right\}}}{(p-w)\sqrt{1-t}}$，

令 $J_2 = \sqrt{2s\left\{\dfrac{(B+V)^2 r_b t}{V} + \left[1+r_b(1-t)\right]V - (A+\eta) + Br_b(1-t)\right\}}$，

$\dfrac{\partial J_2}{\partial t} = \dfrac{s\left[\dfrac{(B+V)^2 r_b}{V} - Vr_b - Br_b\right]}{J_2}$，可得

$$\dfrac{\partial \beta_2}{\partial t} = \dfrac{1}{(p-w)(1-t)}\dfrac{s}{\sqrt{1-t}}\left[\dfrac{(B+V)^2 r_b}{V} + V - (A+\eta)\right] > 0$$

（2）当 $\forall \beta \in \left[\beta_1, \beta_2\right]$ 时，最优股权融资比例 φ^* 对企业所得税 t 求一阶导：

根据定理 5.2 可知 $\varphi^* = \dfrac{\sqrt{Vr_b t\{M - [1 + r_b(1 - t)]V\}} - Vr_b t}{Br_b t}$，$\varphi^*$ 对企业所得税 t 求一阶导：

$\dfrac{d\varphi^*}{dt} = \dfrac{VF_{cm}}{2Bt \sqrt{Vr_b t\{M - [1 + r_b(1 - t)]V\}}}$，其中 $F_{cm} = t \dfrac{dM}{dt} - M + (1 + r_b)V$。

$\dfrac{d\varphi^*}{dt}$ 的正负性可由 F_{cm} 判断，$\dfrac{dM}{dt} = -\left[\dfrac{(p - w)^2 \beta^2}{2s} - Br_b\right] < 0$，由 $M \geqslant (1 + r_b)V$ 可得 $F_{cm} = t \dfrac{dM}{dt} - M + (1 + r_b)V < 0$，所以 $\dfrac{d\varphi^*}{dt} < 0$。

推论 5.4 证毕。

5.4　数值分析

上述模型分析了供应链运营与投资方参与博弈视角下投贷联动模型，研究了协调投资方收益最大的"投贷联动区间"与最优投资结构，本章以期通过数值分析研究如下问题：（1）市场成长性对零售企业运营决策与投资结构的作用机制；（2）估值水平高低如何影响投资方决策与零售企业控制权；（3）企业所得税对投资偏好有何影响。不失一般性，本章采用安德森等（Andersson et al.，2013）的方法来生成随机市场需求的均值与方差。

首先从区间 [0，1 000] 内随机生成 20 个点 d_1，d_2，…，d_{20} 作为市场需求可能的 20 个取值，然后从区间 [0，1] 内随机取出 20 个值 s_1，s_2，…，s_{20}，并通过 $\rho_i = \dfrac{s_i}{\sum\limits_{i=1}^{20} s_i}$ 进行归一化处理，最后将取值为 d_1，d_2，…，d_{20}，概率为 ρ_1，ρ_2，…，ρ_{20} 的离散随机分布，令 $\mu = \sum\limits_{i=1}^{20} d_i \rho_i$，$\sigma^2 = \sum\limits_{i=1}^{20} (d_i - \mu)^2 \rho_i$，便得到市场需求的均值与方差。

参考于辉和王亚文（2016）文献参数选择：w = 125，c = 50，p = 162.5，s = 1，η = 93 750，v = 15，t = 25%，r_b = 15%，β = 50，α = 5，A = 1.0E + 5，B = 2.0E + 6。

5.4.1   市场成长性对最优投资结构影响

投贷联动融资是企业发展的基础、重要而长远的战略性问题，市场成长性是投资方（银行与 PE）与零售企业合作的基础。成长型零售企业如何保证良好市场机遇下消费端的供需匹配问题，从而激活投融双方协同创造价值能力。因此，成长性将成为投资决策与运营决策重要参考。

如图 5 - 7 所示，（1）当 $38 < \beta < 39.224$ 时，最优股权投资比例 $\varphi^* = 0$。较低市场成长性尚未完全激活零售企业及上下游价值创造，投资方（商业银行与 PE）无股权投资意愿，通过银行贷款获取稳定投资回报。（2）伴随着市场成长性不断提升（$39.224 < \beta < 47.79$），最优股权投资比例 $0 < \varphi^* < 1$。零售商制定较高努力水平与订货量，并促进零售企业与上下游快速发展。此时，股权投资为投资者带来净投资回报不断增加，甚至超过信贷投资收益（$40.997 < \beta < 47.79$），即高成长促进股权投资意愿。如图 5 - 8 与表 5 - 5 所示，相对债权融资而言，股权融资虽增强零售企业捕获市场成长性的能力，实现净资产最大化，但零售商股权快速被稀释至 23.6%，投贷联动"信贷"投资能缓和投资双方因企业控制权之争所产生矛盾冲突。因此，投

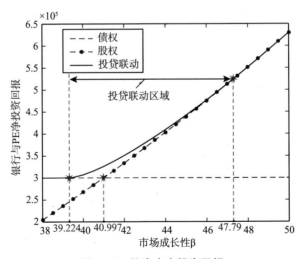

图 5 - 7   投资方净投资回报

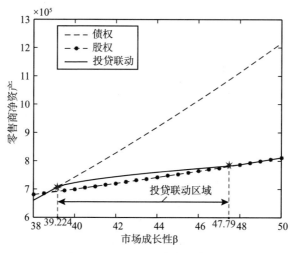

图 5 - 8　零售商净资产

表 5 - 5　　　　　　市场成长性对投贷联动投（融）资决策影响

	β	e^*	q^*	φ^*	零售商净资产	银行与 PE 净投资回报	零售商持股比例	PE 持股比例
债权	38	1.43E+3	5.46E+4	0	6.67E+5	3.00E+5	1	0
	39.224	1.47E+3	5.82E+4	0	7.17E+5	3.00E+5	1	0
投贷联动	40	1.50E+3	6.05E+4	0.17	7.27E+5	3.10E+5	0.645	0.355
	40.997	1.54E+3	6.35E+4	0.33	7.38E+5	3.30E+5	0.486	0.514
	45	1.69E+3	7.64E+4	0.76	7.69E+5	4.47E+5	0.288	0.712
股权	47.7895	1.79E+3	8.61E+4	1	7.86E+5	5.49E+5	0.236	0.764
	50	1.88E+3	9.42E+4	1	8.13E+5	6.36E+5	0.236	0.764

贷联动能实现金融（资本配置、价值评估）与供应链（价值创造）紧密融合。（3）当 $\beta > 47.79$ 时，最优股权投资比例 $\varphi^* = 1$。市场成长性激励零售商提高努力水平、订货量来提升零售企业净资产，即从 7.86E+5 上升至 8.13E+5。投资方作为投贷联动主导者将选择股权投资方式捕获高成长性（净投资增幅达 15.85%），其得益于高成长性下零售企业快速成长与持股比例上升获取了更高的净投资回报。

5.4.2　估值水平对投资决策影响

投贷联动融资是股权投资和银行信贷相结合，前期股权投资是企业价值评估与交易的过程，而扭曲的估值或将致使投融双方陷入企业控制权之争，或将阻碍后期银行信贷资本跟进。因此，企业估值作为股权投资关键环节，直接影响投贷联动中投资结构。

如表 5-6 所示，（1）当 $\alpha = 1$，最优股权投资比例为 $\varphi^* = 0.88$，零售企业平价估值时，投资方采取"股+债"追求投资回报最大。（2）当 $1.4 \leqslant \alpha \leqslant 6.615$ 时，低估值下，投资方采取股权投资，PE 持股比例从 92% 降低为 72.6%，股权降低了 20.65%。适当提升估值水平，能加强零售企业对企业控制权的控制，激发零售商价值创造的积极性，提升零售企业净资产。与此同时，PE 持股比例不断降低虽导致投资方净投资回报降低（从 1.179E+6 降低为 5.073E+5），但高于信贷投资下净投资回报（3.0E+5）。所以本章认为低估企业投资者具有股权投资意愿，与以往研究中维斯瓦纳（Viswanath，1993）提出低估企业应选择股权融资方式结论匹配。但伦德曼（Rendleman，1980）提出的理论和优序融资理论迈尔斯和米卢夫（Myers and Majluf，1984）则认为被低估的企业应选择债权融资。研究结论分歧在于以往文献仅考虑股权融资成本（低估导致企业原股东所占净资产的比例更低），忽略高成长下投融双方通过股权融资战略合作来捕获市场机遇，实现双方"共赢"。

表 5-6　　　　估值水平对投资决策及企业控制权作用机制

项目	α	φ^*	零售商持股比例	PE 持股比例	零售商净资产	银行与 PE 净投资回报	银行与 PE 净投资回报（纯债权）
投贷联动	1	0.88	0.065	0.935	2.088E+5	1.254E+6	3.0E+5
股权	1.4	1	0.080	0.920	2.746E+5	1.179E+6	3.0E+5
	4	1	0.198	0.802	6.838E+5	7.698E+5	3.0E+5
	6.115	1	0.274	0.726	9.463E+5	5.073E+5	3.0E+5

续表

项目	α	φ^*	零售商持股比例	PE 持股比例	零售商净资产	银行与 PE 净投资回报	银行与 PE 净投资回报（纯债权）
投贷联动	7	0.78	0.356	0.644	1.056E+6	4.135E+5	3.0E+5
	8	0.39	0.560	0.440	1.171E+6	3.281E+5	3.0E+5
债权	8.572	0	1	0	1.229E+6	3.000E+5	3.0E+5
	10	0	1	0	1.229E+6	3.000E+5	3.0E+5

（3）当 $6.615 < \alpha < 8.572$ 时，投资方采取投贷联动融资方式。伴随着估值水平不断提升，PE 持股比例加速下降。当估值水平从 7 上升至 8 时，PE 持股比例下降了 31.68%。同时，股权投资比例 φ^* 从 0.78 降低为 0.39，投资方采用"信贷"替代"股权"投资方式削弱持股比例下降所带来的收益冲击。与以往研究结论中单一"股权或债权"融资方式不同，本章认为估值水平处于中等水平时，存在"股 + 债"融合投资行为决策。

（4）当 $8.572 \leqslant \alpha \leqslant 10$ 时，最优股权投资比例 $\varphi^* = 0$，即高估值致使投资方无法通过股权投资分享高市场成长性下供应链价值创造所获取投资收益。因此，投资方无股权投资意愿（$C_{PE} = 0$），而倾向采取信贷投资获取固定回报（3.0E+5）。在不考虑企业融资方式所传递的信息对企业的影响下，该结论与优序融资理论（1984）、伦德曼（Rendleman，1980）和维斯瓦纳（Viswanath，1993）中企业融资偏好行为一致。

5.4.3　企业所得税率对投资偏好影响

投贷联动中最优投资结构不仅受供应链运营决策影响，还需考虑企业所得税税率对金融资源配置作用机制与投资行为决策。根据"MM 定理"，负债融资在考虑税收时通过税盾为企业带来节税效应。如图 5-9 所示，权衡理论认为随着企业负债比例上升，税盾效应（债务比例与税收综合作用）大于边际破产成本时（$B < B^*$），能为企业带来价值提升。当 $B = B^*$ 时，实现负债企业实际价值最大。

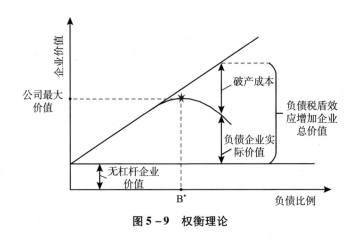

图 5 - 9　权衡理论

如表 5 - 7 所示，当 0.598 < t < 0.7 时，最优股权投资比例为 $\varphi^* = 0$，高企业所得税税率产生较大税盾效应，投融双方倾向于信贷投（融）资提升企业价值。当 0.288 < t < 0.598 时，随着企业所得税率不断下降（如从 50% 降低为 30% 时），边际税盾效应逐渐减弱，投资方采取"股 + 债"投资结构追求最大投资回报，最优股权投资比例为从 0.31 上升至 0.95。当 0.2 < t < 0.288 时，企业所得税税率较低时，税盾效应小于边际破产成本时，最优股权投资比例 $\varphi^* = 1$，投资方采取股权投资以降低破产成本带来的负面效应。

表 5 - 7　　　　　　　　"反啄食顺序"的投资偏好

	t	e^*	q^*	φ^*	零售商 净资产	银行与 PE 净投资回报	零售商 持股比例	PE 持股 比例
债权	0.7	1.9E + 3	9.4E + 4	0	5.62E + 5	3.00E + 5	1	0
	0.598	1.9E + 3	9.4E + 4	0	7.12E + 5	3.00E + 5	1	0
投贷 联动	0.5	1.9E + 3	9.4E + 4	0.31	7.58E + 5	3.49E + 5	0.50	0.50
	0.4	1.9E + 3	9.4E + 4	0.61	7.83E + 5	4.45E + 5	0.34	0.66
	0.3	1.9E + 3	9.4E + 4	0.95	7.96E + 5	5.66E + 5	0.25	0.75
股权	0.288	1.9E + 3	9.4E + 4	1	7.97E + 5	5.82E + 5	0.24	0.76
	0.2	1.9E + 3	9.4E + 4	1	8.33E + 5	7.00E + 5	0.24	0.76

如图 5 - 10 所示，统计 77 家上市公司（零售类）资产负债率（负债/总资产）发现，从 2008 年企业所得税从 33% 降低为 25%，零售类上市公司负债比率显著降低，即平均资产负债率由 2008 年 41.64% 降为 2009 年 37.01%，降幅为 11.12%。这亦从实证角度解释负债税盾效应的减弱促进了"反啄食顺序"的投资偏好。

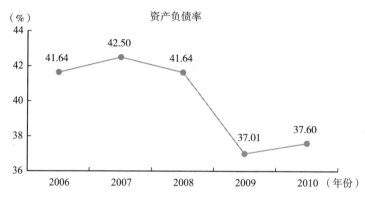

图 5 - 10　2008 年企业所得税改革影响（33% 降低为 25%）

5.5　本章小结

投贷联动"银行境内投资子公司"模式作为增强金融服务实体经济能力，深化金融体制改革的重要突破方向，亟待探寻最优投资结构化解金融"脱实向虚"所导致实体经济存在"融资难、融资贵、资金短缺"问题。本章构建零售商鲁棒风险模型，刻画了投贷联动下投融双方博弈本质特征，研究发现了协调投资方利益最大化的"投贷联动区间"与最优投资结构，探讨了市场成长性对最优投资作用机制。此外，揭示了企业所得税税率对投资偏好影响，具体发现如下：

（1）当投资方（商业银行与 PE）参与零售商投贷联动融资博弈，存在协调投资方利益最大的"投贷联动区间"与最优投资结构。当零售商进行投贷联动融资捕获市场快速成长机遇，投资方作为主导者参与博弈时，存在缓解金融"脱实向虚"矛盾冲突的"投贷联动区间"与最优投资结构。合理的投资结构不仅促进金融与供应链（实体经济）紧密地融合，还能够进一步提升金融资本配置效率，激活零售商及上下游积极参与供应链价值创造与供需匹配。

（2）市场成长性高低主导了投贷联动中最优投资结构大小。市场成长性不仅促进零售商投贷联动后的最优努力水平与订货量水平，激发供应链上下游价值创造活力，还关系到投融资双方合作的基础。市场成长性对运营决策影响将延伸至供应链上下游价值创造，并直接影响不同风险与收益要求金融机构（银行与 PE）服务实体经济的动机。因此，市场成长性既关系零售企业及上下游捕获发展机会的能力，又涉及创新型金融服务模式探索。

（3）投贷联动中，企业所得税率下降促成了"反啄食顺序"的投资偏好。当估值水平过高时，投资方采用"信贷"替代"股权"投资的方式削弱持股比例下降所带来的收益冲击。同时，随着企业负债比例上升，税盾效应（债务比例与税收综合作用）大于边际破产成本时能为企业带来价值提升。因此，当企业所得税税率下降时，投资方偏好表现为"先股权后信贷"的投资行为决策，即融资企业税盾效应减弱产生了"反啄食顺序"的投资偏好。

第6章

成长型企业股权融资的风险
信息共享价值研究

6.1　引言

党的十九大提出了经济新常态下"增强金融服务实体经济能力，守住不发生系统性金融风险的底线"的金融改革与监管基调。2018 年 7 月中共中央政治局经济工作部署会议提出"稳就业、稳金融、稳外贸、稳外资、稳投资、稳预期"的工作目标要求，其中"稳金融"是深化"供给侧结构性改革"与保持经济平稳健康发展的前提。这表明"金融如何既有效防范风险又服务好实体经济"成为当前经济发展的重要课题。2016 年 4 月，中国银监会、科技部、中国人民银行联合颁布《关于支持银行业金融机构加大创新力度开展科创企业投贷联动试点的指导意见》（以下简称《意见》），探索创新型金融服务模式，搭建起不同风险偏好与收益要求相匹配的"利益共同体"，促进多层次资本与实体经济融合及渗透。实践中，天津、北京、武汉等多地都根据《意见》的指导思想并结合当地现实情形积极推进投贷联动政策落地。由于投融资双方信息不对称致使金融与实体采取非合作博弈决策，并产生"逆向选择"与"道德风险"问题。为避免融资企业违约风险，金融机构会索要额外风险补偿，即风险溢价，这进一步加剧"逆向选择"程度，提升融资企业运营风险甚至演变成为信用风险。由此可见，投融资双方信息不对称引发"产融割裂"的问题将加剧金融资源错配矛盾，从而呈现出资金"脱实向虚""资本空转"等乱象。2018 年 11 月国务院颁布了《关于聚焦企业关切进一步推动优化营商环境政策落实的通知》，明确要求银行业金融机构落实对民营企业不盲目停贷、压贷、抽贷、断贷等政策措施。所以探寻风险态度协同机制是纾解投融双方信息不对称与增强金融服务实体经济能力的重要探索方向。以往文献研究基于非合作博弈视角与风险溢价（补偿）的资本定价理论探讨投融资决策，然而，供应链价值创造与运营风险是投资收益与安全性的根本保障。此外，股权融资还受企业（零售商）与金融机构（银行与 PE）风险态度影响。因此，探讨投贷联动下零售商风险态度的合作机制则成为缓和投融双方信息不对称矛盾与激活供应链

与金融机构协同捕获成长机会的关键。

研究投贷联动融资下零售商风险信息合作价值，现有文献主要从企业融资信息不对称与供应链信息非对称方面展开探讨。关于企业融资中信息不对称研究可分为两个层面。第一，信息不对称对企业融资的影响；斯蒂格利茨和韦斯（Stiglitz and Weiss，1981）认为由于信息不对称导致"逆向选择"与"道德风险"效应，银行为提升收益水平而实施信贷配给制。伯杰和尤德尔（Berger and Udell，1998）认为中小企业财务状况不透明抑制银行向企业提供贷款意愿。据此，迈尔斯和米卢夫（Myers and Majluf，1984）还提出"啄食顺序理论"。第二，融资企业如何缓解信息不对称文献研究；博托斯（Botosan，1997）研究发现融资企业提升信息披露水平，能减少信息不对称并降低权益融资成本。凯恩等（Cain et al.，2011）认为对赌契约能减少股权融资中估值风险与信息不对称。乌西（Uzzi，1997）指出信息共享有助于投融双方实现信息交流与传递，降低投资方事前信息搜集成本与事后监督成本。供应链信息非对称类型可分为成本信息、需求信息及其他信息（如质量、库存）非对称三个维度。首先，关于供应链成本信息非对称研究；许等（Xu et al.，2010）认为成本信息不对称将阻碍制造商对供应商管理。张（Zhang，2010）研究发现供应商通过契约设计多阶段批发价契约能协调零售商披露真实私有成本信息，提高供应链收益。其次，基于供应链需求信息非对称探究；劳布（Lauab，2001）研究了需求信息不确定下供应链库存决策。冯等（Feng et al.，2014）探讨了需求信息不确定下供应商和零售商的动态讨价还价博弈，并通过转移支付契约实现了供应链协调。还有学者认为惩罚契约、菜单式契约、回购契约在需求信息不对称时也能实现供应链协调（Cachon and Lariviere，1999；Gan，2010；Babichabbc，2012）。最后，其他信息非对称的探讨；尹（Yin，2013）研究了零部件质量信息不对称下协调单个制造商与多个供应商的供应链博弈模型。斯里瓦桑和卡马特（Srivathsan and Kamath，2017）研究发现库存共享信息越多越能提高订单满足率，缩短补货时间。

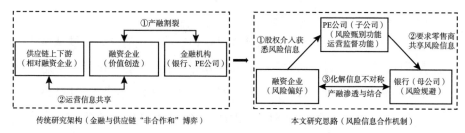

图6-1   传统文献研究与本章研究思路

上述文献研究主要围绕以下两大脉络展开研究：（1）金融机构与融资企业非合作博弈；由于投融双方信息不对称和基于风险规避或利益驱使，金融机构凭借金融资源垄断力量制定资产价格（如高利率、低估值），较高资金使用成本提升了企业风险偏好态度，即进一步加剧了"逆向选择"与"道德风险"冲突。（2）供应链层面信息共享机制；上述文献主要探讨供应链节点企业运营信息（需求、成本、存货等）非对称研究，本章在此基础上考虑了金融机构与企业渗透对运营决策的影响机制，不仅将金融机构视为资金供给方，还将其纳入供应链价值创造的多方合作体系中。因此，投贷联动中股权凭借较强风险甄别能力与先期战略合作而获悉企业运营风险态度，并影响融资企业将风险态度与银行进行信息共享以缓和借贷双方信息不对称矛盾，形成金融与供应链多方共赢的合作机制。投贷联动模式则是通过制度创新撮合不同风险态度与收益要求金融机构（PE与银行）增强服务成长型企业的协同合作能力。

本章选择CVaR的风险度量准则是金融领域发展起来的风险度量方法（Rockafellar and Uryasev，2002；Rockfellar，2010），其作为下半偏差风险度量方法，CVaR代表了风险损失超过最大值（VaR）的数学期望。相对VaR而言，CVaR具有齐次可加性和凸性等良好性质，便于量化和分析，常用于供应链运营决策与管理中。陈等（Chen et al.，2009）认为具有风险厌恶特性的CVaR度量准则运用于供应链的订货决策研究。谢和卢（Hsieh and Lu，2010）研究了供应链的零售商风险厌恶对制造商退货策略的影响。代建生等（2015）引入成本分摊机制的回购契约就能协调风险规避供应链。贾梅内格和

基施卡（Jammernegg and Kischka，2007）考虑了供应链报童模型中决策者的风险厌恶和风险偏好态度，在目标函数中对低于和高于分位数的平均收益分别赋予不同的风险权重，通过权重因子来描述决策主体风险偏好特征。与 CVaR 模型相同，均值 – CVaR 具有一致测度的均值误差决策准则，而避免 CVaR 过于保守的决策态度。高等（Gao et al.，2011）运用均值 – CVaR 模型探讨产品库存风险对冲问题，并提高期望利润和下行风险利润。

　　基于风险信息不对称导致供应链价值创造与金融机构割裂，本章探析投贷联动融资下缓和投贷双方风险态度信息不对称的多方合作可能，同时还刻画了投融双方风险态度，并进一步厘清融资企业风险信息共享下多方合作机制的存在性。首先构建零售商投贷联动融资模型，然后刻画了零售企业风险喜好与银行风险厌恶决策特征，最后通过模型推导、数值分析、案例佐证来探讨存在缓和零售商风险信息不对称矛盾的协同机制及其对股权投融资各方决策的影响。

6.2　问题描述及假设

　　本章考虑由供应商和零售企业组成的二级供应链，供应商单位成本为 c，单位批发价为 w，产品零售价为 p。假设市场需求 ξ 为服从某一分布的随机变量，概率密度函数和累积分布函数分别为 f(·) 和 F(·)。本章探讨零售商（融资企业）是处于初创期或成长期的成长型企业，面临良好市场成长机会，通过付出努力水平 e 进行市场开拓，但由于资金约束而进行投贷联动融资。参考泰勒（Taylor，2002）研究，将新的市场需求表示为：

$$D = \xi + \beta e$$

　　据拉曼达（Rahmandad，2012）研究与实践中企业融资用途可知，市场开拓可提升企业经营能力与市场竞争优势，参考拉方丹和蒂罗尔（Laffont and Tirole，1993）文献，市场开拓的努力成本设为 $\frac{1}{2}se^2$，s 为努力成本参数（s >0）。

零售商市场开拓时面临总资金缺口为 $\frac{1}{2}se^2 + w(q + \beta e)$，投贷联动融资获取资金主要定向用于市场开拓。过多融资额或将致使原股东股权被稀释与利润分配比例降低（股权融资）、企业财务成本增加，从而提高破产风险。所以零售商根据市场开拓（努力水平）确定运营资金需求，即

$$B_{S\&L}(e) = \frac{1}{2}se^2 + w\beta e$$

其中剩余资金缺口 wq 则由零售商凭借其供应链的渠道优势，通过向供应商赊销或延期付款方式解决。投贷联动中股权融资属于企业经营战略目标，而债权融资则落脚于经营层面（战术）。因此，根据实践中，企业募集资金专项使用原则，如表 6 – 1 所示，本章假设具有战略性举措市场开拓所需资金由股权融资募集，而市场开拓后新增需求所需资金则通过债权融资筹集。故股权融资金融为 $B_S(e) = \frac{1}{2}se^2$，债权融资额为：$B_L(e) = w\beta e$。

表 6 – 1　　　　　　　　　　资金来源及专项使用

资金来源	金融大小	资金用途（运营战略定位）
供应链赊销或延期支付	wq	订货（战术层面）
债权融资额	wβe	市场开拓的新增订货（战术层面）
股权融资额	$\frac{1}{2}se^2$	市场开拓（战略层面）

　　当面临良好市场成长机遇时，风险偏好型零售企业为捕获跨越式发展机会，其有动机制定"激进型"运营决策且运营风险也随之上升，这或将抑制风险厌恶银行信贷资本投放意愿，即表现为提高零售商信贷融资准入门槛或信贷融资成本。

　　投贷联动业务中，一方面，PE（风险偏好）通过股权投资先期股权资本介入并参与零售商经营决策，所以 PE 能甄别企业风险偏好信息；另一方面，投贷联动融资制度安排与 PE 作为银行投资子公司双重角色定位使其与

银行存在竞合关系，有动机要求零售商向银行共享或隐藏风险态度，各决策主体风险态度如表 6 – 2 所示：

表 6 – 2　　　　　　　　　投贷联动各主体风险偏好信息概述

参与主体	风险态度	是否获悉零售商风险偏好
零售商	风险偏好型	是
PE（子公司）	风险偏好型	是
银行（母公司）	风险厌恶型	否

股权融资后，零售商是按照 PE 风险态度与收益决定是否向银行藏匿风险态度信息，一方面，PE 有动机要求零售商向银行隐藏风险信息；投贷联动是通过"股 + 债"相结合的方式，以股权收益弥补信贷资金风险损失，实现融资企业信贷风险和收益的匹配。因此，零售商（PE）为避免银行审慎风险管理原则降低对零售商信贷投放意愿而制约零售企业跨越式发展，从而降低 PE 投资回报。另一方面，PE 有动机要求零售商向银行共享风险信息；投贷联动中的股权投资机构 PE 作为银行境内设立股权投资子公司，通过股权投资介入企业经营决策权，以降低因信息缺失使得银行难以监管融资方的道德风险。因此，PE 有动机要求零售商告知银行风险偏好信息，从根源上遏制"运营风险引发信贷风险"的可能。

此外，$\Pi_{R\&PE}(q, e)$ 表示企业（零售商与 PE）总利润，按基本假设依据持股比例进行利润分配，则 PE 利润为：$\Pi_{PE}(q, e) = \bar{\theta}\Pi_{R\&PE}(q, e)$，零售商利润为：$\Pi_R(q, e) = \theta\Pi_{R\&PE}(q, e)$，金融机构总利润为：$\Pi_{Fi}(q, e) = \bar{\theta}\Pi_{R\&PE}(q, e) + \Pi_B(r_b)$。

综上分析，本章描述了零售企业与金融机构（银行与 PE）风险偏好，并依据零售商风险态度是否对称而构建协同（非协同）机制。据此，PE 以自身投资收益最大化为出发点，确定是否要求零售商告知银行风险信息。具体参考如下两类策略（见表 6 – 3）：

表6－3 风险信息不对称下投贷联动模型刻画与比较

策略类型	零售商将风险偏好信息与银行共享状况	银行可获悉零售商偏好（信息可靠性）	决策变量及次序
风险信息非协同机制	零售商风险信息隐藏	风险中性（不可信）	$r_{b1} \Rightarrow \begin{cases} q_1 \\ e_1 \end{cases}$
风险信息协同机制	零售商风险信息共享	风险偏好（可信）	$r_{b2} \Rightarrow \begin{cases} q_2 \\ e_2 \end{cases}$

通过对比研究信息不对称下投贷联动融资中的风险态度协同（非协同）机制，探讨能缓和投融资各方信息不对称矛盾的协同价值及风险态度协同（非协同）策略对股权融资与企业运营决策影响机理。

为方便研究问题探讨，本章对其他假设界定如下：

（1）零售商投贷联动融资进行市场开拓后，假定批发价 w 与零售价 p 保持不变。

（2）零售企业自有资金仅用于日常经营活动，而与市场拓展相关经营（市场开拓及其订货）性资金通过投贷联动融资获得。

（3）零售商投贷联动融资后，所获得资金作为市场开拓的专项资金，即融资需求（资金缺口）为 $\frac{1}{2}se^2 + w(q + \beta e)$。但过多融资额会致使零售商财务风险（债权）上升或利润分配及企业经营控制权（股权）降低。因此，零售商凭借渠道优势，通过赊销或延期支付等贸易信用方式弥补资金缺口 wq。

（4）零售商（PE 公司）属于风险偏好型企业，其风险态度会影响供应链运营决策，而银行属于风险规避型金融机构。

（5）实践中，股权融资中股权转让比例不仅依赖于股权融资额、融资意愿，还受投融资双方在决策权力分配、企业估值水平、双方竞争与博弈态势等因素综合影响。投贷联动业务中股权融资属于企业经营战略举措，所以本章假定股权融资前投融资双方通过要约与协商事先确定股权转让（利润分配）比例，PE 持股比例 $\bar{\theta}$ 固定不变。

本章其他参数设置如表 6 - 4 所示：

表 6 - 4　　　　　　　　　　　　　　　　参数定义

变量	定义
β	市场成长因子，β 越大表示企业成长性越好
φ	零售商风险权重因子（悲观系数），φ 越小表示零售商倾向获取高额利润（风险偏好上升）
r_b	银行贷款利率
κ_b	VaR 风险度量下银行的置信水平
κ_r	VaR 风险度量下零售商的置信水平 $\left(\dfrac{p-w}{p} < 1 - \kappa_r \right)$
θ	零售商利润分配比例，$\bar{\theta}$ 表示 PE 获得零售商股权转让（利润分配）比例（$\theta + \bar{\theta} = 1$）
Γ	满足一定条件的所有的非负分布集合

6.3　风险态度非协同机制下零售商投贷联动融资模型

投贷联动融资不仅促进多层次资本与供应链深度融合，还重塑供应链权力结构，随着渠道商重要性愈发凸显，供应商不惜让渡批发价决策权以扩大销量。因此，本章假定零售企业投贷联动融资中批发价 w 保持不变。此外，零售企业融资初衷为拓展市场捕获成长机遇，所以零售商基于市场渗透、渠道竞争格局及链条各参与主体利益考虑，保持零售价 p 不变。

投贷联动模式中，银行（主导者）与零售商（跟随者）进行 Stackel-berg 博弈。首先，PE 可以要求零售商采取不协同模式（零售商向银行共享或隐藏风险态度）。然后，银行基于 CVaR 风险管理准则，并根据零售商风险态度与运营决策制定贷款利率决策；最后，风险偏好型零售商根据信贷资本成本制定最优努力水平与最优订货量。系统流程如图 6 - 2 所示。

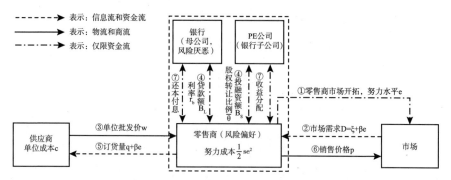

图 6 - 2　零售商投贷联动融资系统流程图

相对银行而言，当 PE 先期股权介入零售企业并参与日常经营决策，使得 PE 具备较强甄别和监督企业的能力并获悉零售商风险态度。实践中，非协同机制下零售商投贷联动融资中，PE 基于如下因素权衡而要求零售商向银行藏匿风险偏好：（1）股权投资机构 PE 有动机追逐股权溢价，捕获股权资本增值机会，故 PE 与零售商具有相同风险偏好态度；（2）投贷联动中"投资收益抵补信贷风险"制度安排加剧了 PE 与银行对融资企业风险管理理念冲突；（3）银行谨慎的风险态度会抑制对风险偏好零售商信贷投放意愿，信贷融资成本提高将抑制零售企业市场拓展。

综上可知，投贷联动融资中，PE 基于高投资收益趋势有动机要求零售商向银行隐藏零售商风险态度。银行作为主导者参与 Stackelberg 博弈时，由于借贷双方信息不对称，银行基于 CVaR 管理原则与零售商风险中性假设（PE 银行风险态度）制定贷款利率 r_{b1}，零售企业则根据信贷资金成本与自身风险态度制定使得期望收益最大化的努力水平 e_1 与订货量 q_1。

6.3.1　风险态度非协同机制下零售商运营决策

考虑银行贷款利率给定时，风险中性零售商以企业（零售商与 PE）总期望最大化作为决策目标制定订货量与努力水平，下标"N"表示风险中性的相关变量。

风险中性下企业（零售商与 PE）期望利润：

$$\Pi_{R\&PE}(q_1, e_1) = pEmin(q_1, D) - wq_1 + p\beta e_1$$

$$-w\beta(1 + r_{b1})e_1 - \frac{1}{2}se_1^2 \tag{6.1}$$

定理 6.1　银行贷款利率与努力水平给定下，风险中性零售企业投贷联动融资后期望收益最大化努力水平与订货决策为：

$$\begin{cases} q_{N1}^* = F^{-1}\left(\dfrac{p - w}{p}\right) \\ e_{N1} = \dfrac{\beta[p - w(1 + r_{b1})]}{s} \end{cases}$$

其中订货总量满足 $q_{Nt1}^* = F^{-1}\left(\dfrac{p - w}{p}\right) + \dfrac{\beta^2[p - w(1 + r_{b1})]}{s}$。

由定理 6.1 可知，当贷款利率给定时，良好市场成长性将激励零售企业制定较高努力与订货水平。努力水平与其成本参数负相关，说明零售商市场开拓是根据市场潜力与摩擦成本综合影响决定。此外，订货量伴随着批发价上升而下降，说明零售商市场开拓还需供应链上下游紧密配合。

本章采用条件风险值（CVaR）度量参与主体风险规避程度对决策行为影响，即零售商订货决策体现对收益与风险综合考量。

首先令 $\psi(q_1, v_1) = Pr[\Pi_{R\&PE}(q_1, e_1) \geqslant v_1]$，即 $\psi(r_{b1}, v_1) = \int_{\Pi_{R\&PE}(q_1, e_1) \geqslant v_1}$ $f(x)dx$，v_1 表示任意的收益阈值，则对某一置信水平 κ_r，VaR 的定义为： $VaR_{\kappa_r}(q_1, e_1) = \max_{v_1}\{v_1 \in R: \psi(q_1, v_1) \geqslant \kappa_r\}$，其中 κ_r 被称为风险规避因子。CVaR 是指在给定条件和置信水平下，利润低于某个给定 VaR 水平的平均值表示为：

$$CVaR_{\kappa_r}(q_1, e_1) = (1 - \kappa_r)^{-1} \int_{\Pi_{R\&PE}(q_1, e_1) < VaR_{\kappa_r}(q_1)} \Pi_{R\&PE}(q_1, e_1)f(x)dx$$

$$\tag{6.2}$$

根据 Rockafellar 和 Uryasevd（2002）的研究可得：

$$F(q_1, v_1) = v_1 - (1 - \kappa_r)^{-1} \int_{x \in R^m} [v_1 - \Pi_{R\&PE}(q_1, e_1)]^+ f(x)dx$$

$$\tag{6.3}$$

已经证明对于给定置信水平 κ_r 及任意给定的 q_1，$F(q_1, v_1)$ 是关于 v_1 的凹函数且连续可微，且 CVaR 可由下述最优问题确定：

$$\mathrm{CVaR}_{\kappa_r}(q_1) = \max_{v_1 \in \mathrm{R}} F(q_1, v_1) \tag{6.4}$$

将式（6.1）代入式（6.3）可得：

$$F(q_1, v_1) = v_1 - \frac{1}{(1-\kappa_r)} \int_0^\infty \left[v_1 - \Pi_{R\&PE}(q_1, e_1) \right]^+ f(x)\mathrm{d}x \tag{6.5}$$

条件风险值（CVaR）在研究中常用于反映保守型参与主体决策对风险规避程度，在给定条件和置信水平下（κ_r），度量了利润低于某个给定 VaR 水平的平均值，但却忽视了利润高于给定 VaR 水平的平均值部分，而无法刻画参与主体决策行为对风险偏好。因此，参考贾梅内格和基施卡（Jammernegg and Kischka，2007）文献研究，构造能反映决策主体不同风险态度的决策模型。

$$\mathbb{Z} = \varphi E\left[\Pi_{R\&PE}(q_1, e_1) \mid \Pi_{R\&PE}(q_1, e_1) \leqslant \mathrm{VaR}_{\kappa_r}(q_1) \right]$$
$$+ (1-\varphi) E\left[\Pi_{R\&PE}(q_1, e_1) \mid \Pi_{R\&PE}(q_1, e_1) > \mathrm{VaR}_{\kappa_r}(q_1) \right] \tag{6.6}$$

式（6.6）表示在一定置信水平 κ_r 下，其中 $\mathrm{CVaR}_{\kappa_r}(q_1, e_1) = E[\Pi_{R\&PE}(q_1, e_1) \mid \Pi_{R\&PE}(q_1, e_1) \leqslant \mathrm{VaR}_{\kappa_r}(q_1)]$ 刻画了风险规避情形下期望利润；$E[\Pi_{R\&PE}(q_1, e_1) \mid \Pi_{R\&PE}(q_1, e_1) > \mathrm{VaR}_{\kappa_r}(q_1)]$ 描述了风险偏好情形下零售商对高利润追逐时期望利润。其中根据 Hurwicz 准则，φ 为风险权重因子（悲观系数），描述决策主体对于风险规避下期望利润（低于分位数部分的收益）重视程度，即 φ 越小表示决策主体倾向获取较高期望利润（风险偏好）。需要指出的是，当 $\varphi > 1 - \kappa_r$，$\varphi = 1 - \kappa_r$，$\varphi < 1 - \kappa_r$ 时，上式分别表示零售商风险厌恶、风险中性与风险偏好态度时期望收益函数。为更好刻画高市场成长条件下零售商风险偏好态度，本章假设 $\varphi < \dfrac{p-w}{p}$，由 $\dfrac{p-w}{p} < 1 - \kappa_r$ 可知 φ 满足上述条件 $\varphi < 1 - \kappa_r$。此外，根据条件风险值（CVaR）定义可知：

$$E[\Pi_{R\&PE}(q_1, e_1)] = (1-\kappa_r)E[\Pi_{R\&PE}(q_1, e_1) \mid \Pi_{R\&PE}(q_1, e_1) \leqslant \mathrm{VaR}_{\kappa_r}(q_1)]$$
$$+ \kappa_r E[\Pi_{R\&PE}(q_1, e_1) \mid \Pi_{R\&PE}(q_1, e_1) > \mathrm{VaR}_{\kappa_r}(q_1)]$$
$$\tag{6.7}$$

式（6.7）化解为：

$$E[\Pi_{R\&PE}(q_1, e_1) \mid \Pi_{R\&PE}(q_1, e_1) > VaR_{\kappa_r}(q_1)] =$$

$$\frac{E[\Pi_{R\&PE}(q_1, e_1)] - (1 - \kappa_r)E[\Pi_{R\&PE}(q_1, e_1) \mid \Pi_{R\&PE}(q_1, e_1) \leq VaR_{\kappa_r}(q_1)]}{\kappa_r}$$

$$(6.8)$$

式（6.8）代入式（6.6）可得：

$$\mathbb{Z} = \frac{1 - \varphi}{\kappa_r}E[\Pi_{R\&PE}(q_1, e_1)] + \frac{\varphi - (1 - \kappa_r)}{\kappa_r}CVaR_{\kappa_r}[\Pi_{R\&PE}(q_1, e_1)]$$

$$(6.9)$$

计算式（6.9）中零售商风险偏好时订货决策，需先行计算零售商在置信水平为 κ_r 下条件风险值 $CVaR_{\kappa_r}(q_1, e_1) = E[\Pi_{R\&PE}(q_1, e_1) \mid \Pi_{R\&PE}(q_1, e_1) \leq VaR_{\kappa_r}(q_1)]$。

命题 6.1 对于任意给定订货量 q_1 与给定置信水平 κ_r，使其 $CVaR_{\kappa_r}(q_1) = \max\limits_{v_1 \in R}F(q_1, v_1)$ 的最优 v_1^* 满足：

$$v_1^* = \begin{cases} (pq_1 + p\beta e_1) - \left[wq_1 + w\beta(1 + r_{b1})e_1 + \frac{1}{2}se_1^2\right], & \varphi > \frac{p - w}{p} \\ pF^{-1}(1 - \kappa_r) + \left[p\beta e_1 - wq_1 - w\beta(1 + r_{b1})e_1 - \frac{1}{2}se_1^2\right], & \varphi \leq \frac{p - w}{p} \end{cases}$$

根据式（6.1）与命题 6.1 可得，当 $0 < \varphi \leq \frac{p - w}{p}$ 时，零售商风险偏好下期望利润函数为：

$$\mathbb{Z} = \frac{1 - \varphi}{\kappa_r}\left[pE\min(q_1, D) - wq_1 + p\beta e_1 - w\beta(1 + r_{b1})e_1 - \frac{1}{2}se_1^2\right]$$

$$+ \frac{\varphi - (1 - \kappa_r)}{\kappa_r} \times \left[p\beta e_1 - wq_1 - w\beta(1 + r_{b1})e_1 - \frac{1}{2}se_1^2\right.$$

$$\left. + pF^{-1}(1 - \kappa_r) - \frac{p}{(1 - \kappa_r)}\int_0^{F^{-1}(1-\kappa_r)}F(x)dx\right]$$

证明： 已知企业（零售商与 PE）期望利润为：

$$\Pi_{R\&PE}(q_1, e_1) = pE\min(q_1, D) - wq_1 + p\beta e_1 - w\beta(1 + r_{b1})e_1 - \frac{1}{2}se_1^2。$$

由式（6.9）可得：

147

$$F(q_1, v_1) = v_1 - \frac{1}{(1-\kappa_r)}\int_0^{q_1}\left\{v_1 - (px + p\beta e_1) + \left[wq_1 + w\beta(1+r_{b1})e_1\right.\right.$$

$$\left.\left. + \frac{1}{2}se_1^2\right]\right\}^+ f(x)\,dx - \frac{1}{(1-\kappa_r)}\int_{q_1}^{\infty}\left\{v_1 - (pq_1 + p\beta e_1)\right.$$

$$\left. + \left[wq_1 + w\beta(1+r_{b1})e_1 + \frac{1}{2}se_1^2\right]\right\}^+ f(x)\,dx$$

①$F(q_1, v_1)$ 求最优 v_1^*

情形1： 当 $v_1 + \left[wq_1 + w\beta(1+r_{b1})e_1 + \frac{1}{2}se_1^2\right] < 0$ 时，$F(q_1, v_1) = v_1$，

则 $\dfrac{\partial F(q_1, v_1)}{\partial v_1} = 1$。

情形2： 当 $-\left[wq_1 + w\beta(1+r_{b1})e_1 + \frac{1}{2}se_1^2\right] < v_1 < (pq_1 + p\beta e_1) - \left[wq_1 + \right.$

$\left. w\beta(1+r_{b1})e_1 + \frac{1}{2}se_1^2\right]$ 时，令 $\vartheta_1 = \dfrac{v_1 - \left[p\beta e_1 - wq_1 - w\beta(1+r_{b1})e_1 - \frac{1}{2}se_1^2\right]}{p}$，

即 $\dfrac{\partial F(q_1, v_1)}{\partial v_1} = 1 - \dfrac{1}{(1-\kappa_r)}F(\vartheta_1)$。

（a）当 $v_1 = -\left[wq_1 + w\beta(1+r_{b1})e_1 + \frac{1}{2}se_1^2\right]$ 时，

$$\left.\dfrac{\partial F(q_1, v_1)}{\partial v_1}\right|_{v_1 = -\left[wq_1 + w\beta(1+r_{b1})e_1 + \frac{1}{2}se_1^2\right]} = 1。$$

（b）当 $v_1 = (pq_1 + p\beta e_1) - \left[wq_1 + w\beta(1+r_{b1})e_1 + \frac{1}{2}se_1^2\right]$，

$$\left.\dfrac{\partial F(q_1, v_1)}{\partial v_1}\right|_{v_1 = (pq_1 + p\beta e_1) - \left[wq_1 + w\beta(1+r_{b1})e_1 + \frac{1}{2}se_1^2\right]} = 1 - \dfrac{1}{(1-\kappa_r)}F(q_1)。$$

情形3： 当 $v_1 > (pq_1 + p\beta e_1) - \left[wq_1 + w\beta(1+r_{b1})e_1 + \frac{1}{2}se_1^2\right]$ 时，

$$\dfrac{\partial F(q_1, v_1)}{\partial v_1} = 1 - \dfrac{1}{(1-\kappa_r)}。$$

综上所述，可知存在最优 v^* 所在区间为：

$$\left[-\left(wq_1+w\beta(1+r_{b1})e_1+\frac{1}{2}se_1^2\right),\ (pq_1+p\beta e_1)\right.$$

$$\left.-\left(wq_1+w\beta(1+r_{b1})e_1+\frac{1}{2}se_1^2\right)\right]$$

（a）若 $1-\dfrac{1}{(1-\kappa_r)}F(q_1)>0$，即 $F(q_1)<1-\kappa_r$，则 $v_1^*=(pq_1+p\beta e_1)-$

$\left[wq_1+w\beta(1+r_{b1})e_1+\dfrac{1}{2}se_1^2\right]$。

（b）若 $1-\dfrac{1}{(1-\kappa_r)}F(q_1)\leqslant0$，$F(q_1)\geqslant1-\kappa_r$，则 v_1^* 满足 $1-\dfrac{1}{(1-\kappa_r)}$

$F(\vartheta_1)=0$。

可得 $v_1^*=pF^{-1}(1-\kappa_r)+\left[p\beta e_1-wq_1-w\beta(1+r_{b1})e_1-\dfrac{1}{2}se_1^2\right]$。

综上可得，$v_1^*=\begin{cases}(pq_1+p\beta e_1)-\left[wq_1+w\beta(1+r_{b1})e_1+\frac{1}{2}se_1^2\right],\ \varphi>\frac{p-w}{p}\\[2mm]pF^{-1}(1-\kappa_r)+\left[p\beta e_1-wq_1-w\beta(1+r_{b1})e_1-\frac{1}{2}se_1^2\right],\ \varphi\leqslant\frac{p-w}{p}\end{cases}$

由均值 – CVaR 模型定义与特征可知，φ 满足条件 $\varphi<\dfrac{p-w}{p}<1-\kappa_r$，所

以 $\varphi>\dfrac{p-w}{p}$ 情形舍去。

当 $\varphi\leqslant\dfrac{p-w}{p}$ 时，即 $F(q_1)\geqslant1-\kappa_r$。

当 $v_1^*=pF^{-1}(1-\kappa_r)+\left[p\beta e_1-wq_1-w\beta(1+r_{b1})e_1-\dfrac{1}{2}se_1^2\right]$ 时，$\vartheta_1=$

$F^{-1}(1-\kappa_r)$。$F(q_1,v_1^*)=p\beta e_1-\left[wq_1+w\beta(1+r_{b1})e_1+\dfrac{1}{2}se_1^2\right]+pF^{-1}(1-$

$\kappa_r)-\dfrac{p}{(1-\kappa_r)}\displaystyle\int_0^{F^{-1}(1-\kappa_r)}F(x)\,dx$。

综上可得，当 $0<\varphi\leqslant\dfrac{p-w}{p}$ 时，

$$\mathbb{Z}=\frac{1-\varphi}{\kappa_r}\left[p\mathrm{Emin}(q_1,D)-wq_1+p\beta e_1-w\beta(1+r_{b1})e_1-\frac{1}{2}se_1^2\right]$$

$$+ \frac{\varphi - (1 - \kappa_r)}{\kappa_r} \times \left[p\beta e_1 - wq_1 - w\beta(1 + r_{bl})e_1 - \frac{1}{2}se_1^2 \right.$$

$$\left. + pF^{-1}(1 - \kappa_r) - \frac{p}{(1 - \kappa_r)} \int_0^{F^{-1}(1-\kappa_r)} F(x)\,dx \right]$$

命题 6.1 证毕。

定理 6.2 投贷联动融资中银行贷款利率与市场开拓努力水平给定时，风险偏好型零售企业最优订货量与努力水平满足：

$$\begin{cases} q_1^* = F^{-1}\left[\dfrac{(1 - \varphi)p - \kappa_r w}{(1 - \varphi)p} \right] \\ e_1 = \dfrac{\beta[p - w(1 + r_{bl})]}{s} \end{cases}$$

其中零售商订货总量 $q_{t1} = q_1^* + \beta e_1$，零售商风险权重因子 $\varphi \in \left[\dfrac{p - w}{p}, 1 - \kappa_r \right]$。

由定理 6.2 可得，由 $\varphi \leq \dfrac{p - w}{p} < 1 - \kappa_r$ 可知 $\dfrac{(1 - \kappa_r)}{\varphi} > 1$，即 $q_1^* > q_{N1}^*$。当贷款利率给定时，风险偏好型零售企业制定订货量高于风险中性的情况。零售商订货决策随着风险规避系数 κ_r（零售商置信水平）上升而降低，而伴随着零售商风险喜好程度（悲观系数 φ 降低）上升而增加。同时，高市场潜力能促进风险偏好的零售企业制定较高努力水平与订货量。

6.3.2 风险态度非协同机制下银行贷款利率决策

银行基于条件风险值（CVaR）管理准则，同时综合考虑零售商风险偏好下努力水平与订货决策对于贷款利率反应，探讨非合作机制下贷款定价。非合作机制下，零售企业隐藏风险偏好信息，使得银行依据零售商为风险中性假设（该信息不可靠）制定贷款利率。进一步，该基于零售商风险中性假设下的利率定价又将影响风险偏好零售企业运营决策。

由式（6.1）可知，风险中性下企业（零售商与 PE）期望利润：

$$\Pi_{R\&PE}(q_1, e_1) = pE\min(q_1, D) - wq_1 + p\beta e_1 - w\beta(1 + r_{bl})e_1 - \frac{1}{2}se_1^2$$

（1）当 $D + \beta e_1 \geq q_1 + \beta e_1$ 时，零售商能还本付息。

（2）当 $D + \beta e_1 < q_1 + \beta e_1$ 时，银行可能面临零售商无法还本付息风险。

令 $y_1 = \dfrac{wq_1 + w\beta(1 + r_{b1})e_1 + \dfrac{1}{2}se_1^2}{p}$ 时，表示零售商破产需求临界点满足

$q_1 + \beta e_1 \geqslant y_1$。

情形 1：当 $D + \beta e_1 \geqslant y_1$ 时，存在

$$\Pi_{R\&PE}(q_1, e_1) = pD - wq_1 + p\beta e_1 - w\beta(1 + r_{b1})e_1 - \frac{1}{2}se_1^2 \geqslant 0$$

银行期望利润为：

$$\Pi_B(r_{b1}) = w\beta e_1 r_{b1}$$

情形 2：当 $D + \beta e_1 < y_1$ 时，存在

$$\Pi_{R\&PE}(q_1, e_1) = pD - wq_1 + p\beta e_1 - w\beta(1 + r_{b1})e_1 - \frac{1}{2}se_1^2 < 0$$

银行期望利润为：

$$\Pi_B(r_{b1}) = pD - wq_1 + p\beta e_1 - w\beta e_1 - \frac{1}{2}se_1^2$$

综上可知，银行期望利润为：

$$\Pi_B(r_{b1}) = pE\min(D + \beta e_1, y_1) - wq_1 - w\beta e_1 - \frac{1}{2}se_1^2 \qquad (6.10)$$

根据洛克菲拉和乌里亚瑟夫（Rockafellar and Uryasevd，2002）的研究，CVaR 是指在给定条件和置信水平下，利润低于某个给定 VaR 水平的平均值表示为：

$$F(r_{b1}, v_2) = v_2 - (1 - \kappa_b)^{-1} \int_{x \in R^m} [v_2 - \Pi_B(r_{b1})]^+ f(x)dx \qquad (6.11)$$

已经证明对于给定置信水平 κ_b 及任意给定 r_{b1}，$F(r_{b1}, v_2)$ 是关于 v_2 的凹函数且连续可微，且 CVaR 可由下述最优问题确定：

$$CVaR_{\kappa_b}(r_{b1}) = \max_{v_2 \in R} F(r_{b1}, v_2) \qquad (6.12)$$

将式（6.10）代入式（6.11）可得：

$$F(r_{b1}, v_2) = v_2 - \frac{1}{(1 - \kappa_b)} \int_0^\infty [v_2 - \Pi_B(r_{b1})]^+ f(x)dx \qquad (6.13)$$

命题 6.2　对于任意给定利率水平 r_{b1} 及给定置信水平 κ_b，使其

$\text{CVaR}_{\kappa_b}(r_{b1}) = \max_{v_2 \in R} F(r_{b1}, v_2)$，则最优 v_2^* 为：

$$v_2^* = \begin{cases} pF^{-1}(1-\kappa_b) - wq_1 + (p-w)\beta e_1 - \dfrac{1}{2}se_1^2, & \text{if } F(y_1 - \beta e_1) \geq 1 - \kappa_b \\ \\ py_1 - wq_1 - w\beta e_1 - \dfrac{1}{2}se_1^2, & \text{if } F(y_1 - \beta e_1) < 1 - \kappa_b \end{cases}$$

证明类似于命题 6.1。

定理 6.3　良好市场成长性下，银行在投贷联动融资中依据零售商为风险中性假设下，根据 CVaR 风险管理原则参与利率博弈并制定最优贷款利率 r_{b1}^*，并满足如下条件：

$$r_{b1}^* = \frac{(p-w)\beta - se_1^*}{w\beta}$$

且最优努力水平 e_1^* 满足如下等式：

$$\left[1 - \frac{1}{(1-\kappa_b)}F(y_1^* - \beta e_1^*)\right](se_1^* - p\beta)$$

$$+ \left[w\beta + se_1^* - \frac{p\beta}{(1-\kappa_b)}F(y_1^* - \beta e_1^*)\right] = 0$$

其中 $y_1^* - \beta e_1^* = \dfrac{wq_1^* - \dfrac{1}{2}se_1^{*2}}{p}$，$q_1^* = F^{-1}\left[\dfrac{(1-\kappa_r)(p-w)}{\varphi p}\right]$，零售商市场开拓后订货总量为 $q_{t1}^* = q_1^* + \beta e_1^*$。

证明：银行期望利润为：$\Pi_B(r_{b1}) = pE\min(D + \beta e_1, y_1) - wq_1 - w\beta e_1 - \dfrac{1}{2}se_1^2$。

（1）$F(r_{b1}, v_2)$ 求最优 v_2^*

根据洛克菲勒和乌里亚瑟夫（Rockafellar and Uryasevd, 2002）的研究可得：

$$F(r_{b1}, v_2) = v_2 - \frac{1}{(1-\kappa_b)}\int_0^{y_1 - \beta e_1}\left\{v_2 - \left[p(x+\beta e_1) - wq_1 - w\beta e_1\right.\right.$$

$$\left.\left. - \frac{1}{2}se_1^2\right]\right\}^+ f(x)\,dx - \frac{1}{(1-\kappa_b)}\int_{y_1-\beta e_1}^{\infty}\left\{v_2 - \left[py_1 - wq_1\right.\right.$$

$$\left.\left. - w\beta e_1 - \frac{1}{2}se_1^2\right]\right\}^+ f(x)\,dx$$

情形 1：当 $v_2 + wq_1 + w\beta e_1 + \dfrac{1}{2}se_1^2 < 0$ 时，$F(r_{b1}, v_2) = v_2$，则

$$\frac{\partial F(r_{b1}, v_2)}{\partial v_2} = 1。$$

情形 2：当 $-wq_1 - w\beta e_1 - \dfrac{1}{2}se_1^2 < v_2 < py_1 - wq_1 - w\beta e_1 - \dfrac{1}{2}se_1^2$，令 $\vartheta_2 =$

$\dfrac{v_2 + wq_1 + w\beta e_1 + \dfrac{1}{2}se_1^2 - p\beta e_1}{p}$，即 $F(r_{b1}, v_2) = v_2 - \dfrac{1}{(1-\kappa_b)}\displaystyle\int_0^{\vartheta_2}\Big[v_2 - (p -$

$w)\beta e_1 + wq_1 + \dfrac{1}{2}se_1^2\Big]f(x)\,dx + \dfrac{p}{(1-\kappa_b)}\displaystyle\int_0^{\vartheta_2}xf(x)\,dx$ 所以 $\dfrac{\partial F(r_{b1}, v_2)}{\partial v_2} = 1 -$

$\dfrac{1}{(1-\kappa_b)}F(\vartheta_2)。$

（a）当 $v_2 = -wq_1 - w\beta e_1 - \dfrac{1}{2}se_1^2$ 时，$\left.\dfrac{\partial F(r_{b1}, v_2)}{\partial v_2}\right|_{v_2 = -wq_1 - w\beta e_1 - \frac{1}{2}se_1^2} = 1。$

（b）当 $v_2 = py_1 - wq_1 - w\beta e_1 - \dfrac{1}{2}se_1^2$，$\left.\dfrac{\partial F(r_{b1}, v_2)}{\partial v_2}\right|_{v_2 = py_2 - wq_1 - w\beta e_1 - \frac{1}{2}se_1^2} =$

$1 - \dfrac{1}{(1-\kappa_b)}F(y_1 - \beta e_1)，$

情形 3：$v_2 > py_1 - wq_1 - w\beta e_1 - \dfrac{1}{2}se_1^2$ 时，$\dfrac{\partial F(r_{b1}, v_2)}{\partial v_2} = 1 - \dfrac{1}{(1-\kappa_b)} < 0。$

综上所述，可知存在最优 v_2^* 所在区间为：

$$\left[-wq_1 - w\beta e_1 - \dfrac{1}{2}se_1^2, \ py_2 - wq_1 - w\beta e_1 - \dfrac{1}{2}se_1^2\right]$$

（a）若 $1 - \dfrac{1}{(1-\kappa_b)}F(y_1 - \beta e_1) > 0$，即 $F(y_1 - \beta e_1) < 1 - \kappa_b$，则

$$v_2^* = py_1 - wq_1 - w\beta e_1 - \dfrac{1}{2}se_1^2$$

（b）若 $1 - \dfrac{1}{(1-\kappa_b)}F(y_1 - \beta e_1) \le 0$，$F(y_1 - \beta e_1) \ge 1 - \kappa_b$，则满足

$1 - \dfrac{1}{(1-\kappa_b)}F(\vartheta_2) = 0$，即 $v_2^* = pF^{-1}(1-\kappa_b) - wq_1 + (p - w)\beta e_1 - \dfrac{1}{2}se_1^2。$

（2）$F(r_{b1}, v_2^*)$ 求最优 r_{b1}^*

（a）当 $v_2^* = F^{-1}(1 - \kappa_b)p - wq_1 + (p - w)\beta e_1 - \frac{1}{2}se_1^2$ 时，

$$F(r_{b1}, v_2) = v_2 - \frac{1}{(1 - \kappa_b)}\int_0^{\vartheta_2}\left[v_2 - (p - w)\beta e_1 + wq_1 + \frac{1}{2}se_1^2\right]f(x)dx$$

$$+ \frac{p}{(1 - \kappa_b)}\int_0^{\vartheta_2}xf(x)dx$$

其中 $\vartheta_2 = F^{-1}(1 - \kappa_r)$，存在

$$F(r_{b1}, v_2^*) = (p - w)\beta e_1 - wq_1 - \frac{1}{2}se_1^2 + \frac{p}{(1 - \kappa_b)}\int_0^{F^{-1}(1 - \kappa_b)}xf(x)dx$$

已知 $e_1 = \frac{\beta[p - w(1 + r_{b1})]}{s}$，即 $(p - w)\beta - se_1 > 0$。由 $\frac{de_1}{dr_{b1}} = -\frac{\beta w}{s}$，

$$\frac{\partial F(r_{b1}, v_2^*)}{\partial r_{b1}} = [(p - w)\beta - se_1]\frac{de_2}{dr_{b1}} < 0，即无最优解。$$

（b）当 $v_2^* = py_1 - wq_1 - w\beta e_1 - \frac{1}{2}se_1^2$ 时，$\vartheta_2 = y_1 - \beta e_1$。

$$F(r_{b1}, v_2^*) = py_1 - wq_1 - w\beta e_1 - \frac{1}{2}se_1^2 - \frac{p}{(1 - \kappa_b)}\int_0^{y_1 - \beta e_1}[y_1 - (x + \beta e_1)]f(x)dx，$$

已知 $y_1 = \frac{wq_2 + w\beta(1 + r_{b1})e_1 + \frac{1}{2}se_1^2}{p}$，$\frac{dy_1}{dr_{b1}} = \frac{w\beta e_1 + [w\beta(1 + r_{b1}) + se_1]\frac{de_1}{dr_{b1}}}{p}$，

由 $e_1 = \frac{\beta[p - w(1 + r_{b1})]}{s}$，$\frac{dy_1}{dr_{b1}} = \frac{w\beta e_1 + p\beta\frac{de_1}{dr_{b1}}}{p}$，$\frac{d^2y_1}{dr_{b1}^2} = \frac{w\beta\frac{de_1}{dr_{b1}} + p\beta\frac{d^2e_1}{dr_{b1}^2}}{p}$。

$$\frac{\partial F(r_{b1}, v_2^*)}{\partial r_{b1}} = p\frac{dy_1}{dr_{b1}} - w\beta\frac{de_1}{dr_{b1}} - se_1\frac{de_1}{dr_{b1}} - \frac{p}{(1 - \kappa_b)}F(y_1 - \beta e_1)\left(\frac{dy_1}{dr_{b1}} - \right.$$

$$\left.\beta\frac{de_1}{dr_{b1}}\right)，\frac{\partial^2 F(r_{b1}, v_2^*)}{\partial r_{b1}^2} = p\frac{d^2y_1}{dr_{b1}^2} - s\left(\frac{de_1}{dr_{b1}}\right)^2 - \frac{p}{(1 - \kappa_b)}f(y_1 - \beta e_1)\left(\frac{dy_1}{dr_{b1}} - \right.$$

$$\left.\beta\frac{de_1}{dr_{b1}}\right)^2 - \frac{p}{(1 - \kappa_b)}\times F(y_1 - \beta e_1)\frac{d^2y_1}{dr_{b1}^2}，已知 e_1 = \frac{\beta[p - w(1 + r_{b1})]}{s}，\frac{de_1}{dr_{b1}} = $$

$$-\frac{\beta w}{s}，\frac{d^2e_1}{dr_{b1}^2} = 0，\frac{d^2y_1}{dr_{b1}^2} = \frac{w\beta\frac{de_1}{dr_{b1}}}{p} < 0，\frac{\partial^2 F(r_{b1}, v_2^*)}{\partial r_{b1}^2} = \left[w\beta - \frac{1}{(1 - \kappa_b)}F(y_1 - \right.$$

$$\beta e_1) w\beta \Big] \frac{de_1}{dr_{b_1}} - \frac{p}{(1-\kappa_b)} f(y_1 - \beta e_1) \left(\frac{dy_1}{dr_{b1}} - \beta \frac{de_2}{dr_{b1}} \right)^2 - s\left(\frac{de_1}{dr_{b1}} \right)^2$$

由 $1 - \dfrac{1}{(1-\kappa_b)} F(y_1 - \beta e_1) > 0$ 且 $0 \leqslant F(y_1 - \beta e_1) \leqslant 1 - \kappa_b$，即

$$0 < 1 - \frac{1}{(1-\kappa_b)} F(y_1 - \beta e_1) < 1$$

由 $\dfrac{\partial^2 F(r_{b1}, \ v_2^*)}{\partial r_{b1}^2} < 0$，令 $\dfrac{\partial F(r_{b1}, \ v_2^*)}{\partial r_{b1}} = 0$，存在 e_1^* 满足如下等式：

$$\left[1 - \frac{1}{(1-\kappa_b)} F(y_1^* - \beta e_1^*) \right] (se_1^* - p\beta)$$

$$+ \left[w\beta + se_1^* - \frac{p}{(1-\kappa_b)} F(y_1^* - \beta e_1^*) \beta \right] = 0$$

其中 $\dfrac{p-w}{p} < \varphi < 1 - \kappa_r$，$y_1^* - \beta e_1^* = \dfrac{wq_1^* - \dfrac{1}{2} se_1^{*2}}{p}$，$q_1^* = F^{-1}$

$\left[\dfrac{(1-\kappa_r)(p-w)}{\varphi p} \right]$。

定理 6.3 证毕。

6.4　风险态度协同机制下零售商投贷联动融资模型

借贷双方由于信息不对称致使银行缺少对融资企业运营能力进行有效甄别。投贷联动中的 PE 公司作为银行境内设立股权投资子公司，银行与 PE 搭建起"风险与利益共同体"。PE 凭借股权资本先期介入而获悉零售企业风险态度，并要求零售商真实风险态度告知银行以便于制定合理贷款利率与防范金融系统风险，即合作机制下投贷联动模式。

综上可知，协同机制下零售商投贷联动融资模型中，银行作为主导者参与 Stackelberg 博弈时，银行基于 CVaR 管理原则与零售商风险偏好信息制定贷款利率 r_{b2}，零售企业则根据信贷资金成本与自身风险态度制定期望收益最大化的努力水平 e_2 与订货量 q_2。系统流程如图 6-2 所示。

6.4.1　风险态度协同机制下零售商运营决策

考虑银行贷款利率给定时，风险偏好零售商以企业（零售商与 PE）总期望最大化作为决策目标制定订货量与努力水平。根据式（6.1）与命题 6.1 可知：

企业（零售商与 PE）风险偏好下期望利润：

$$\mathbb{Z} = \frac{1 - \varphi}{\kappa_r}\Big[\,pEmin(q_2,\ D) - wq_2 + p\beta e_2 - w\beta(1 + r_{b2})e_2 - \frac{1}{2}se_2^2\,\Big]$$

$$+ \frac{\varphi - (1 - \kappa_r)}{\kappa_r} \times \Big[\,p\beta e_2 - wq_2 - w\beta(1 + r_{b2})e_2 - \frac{1}{2}se_2^2 + pF^{-1}(1 - \kappa_r)$$

$$- \frac{p}{(1 - \kappa_r)}\int_0^{F^{-1}(1 - \kappa_r)} F(x)\,dx\,\Big]$$

根据定理 6.2 可知，努力水平 e_2 与订货量 q_2 满足如下关系：

$$\begin{cases} q_2^* = F^{-1}\Big[\dfrac{(1 - \varphi)p - \kappa_r w}{(1 - \varphi)p}\Big] \\[3mm] e_2 = \dfrac{\beta[\,p - w(1 + r_{b2})\,]}{s} \end{cases}$$

其中订货总量 $q_{t2} = q_2^* + \beta e_2$，零售商风险权重因子 $\varphi \in \Big[0,\ \dfrac{p - w}{p}\Big]$。

6.4.2　风险态度协同机制下银行贷款利率决策

零售商投贷联动融资中，PE 与银行采取合作机制时，PE 要求零售企业将风险偏好信息告知银行。银行基于条件风险值（CVaR）管理准则，同时考虑零售商风险偏好态度下运营决策（努力水平与订货量）对利率反应，并制定使得银行期望利润最大化贷款利率。

当 $F(q_2) \geqslant 1 - \kappa_r$，即 $0 < \varphi \leqslant \dfrac{p - w}{p}$ 时，已知风险偏好型企业（零售商与 PE）期望利润。

（1）当 $D + \beta e_2 \geqslant q_2 + \beta e_2$ 时，零售商能还本付息。

（2）当 $D + \beta e_2 < q_2 + \beta e_2$ 时，银行可能面临零售商无法还本付息风险。

$$\frac{1}{2}se_2^2 - \frac{\varphi - (1 - \kappa_r)}{\kappa_r}p\beta e_2 - \frac{\varphi - (1 - \kappa_r)}{\kappa_r}$$

$$令 y_2 = \frac{\left[pF^{-1}(1 - \kappa_r) - \dfrac{p}{(1 - \kappa_r)}\displaystyle\int_0^{F^{-1}(1-\kappa_r)}F(x)dx\right]}{\dfrac{1 - \varphi}{\kappa_r}p} + \frac{wq_2 + w\beta(1 + r_{b2})e_2}{\dfrac{1 - \varphi}{\kappa_r}p}$$

时，表示零售商破产需求临界点满足 $q_2 + \beta e_2 \geqslant y_2$。

情形 1：当 $D + \beta e_2 \geqslant y_2$ 时，存在

$$\Pi_{R\&PE}(q_2, e_2) = \frac{1 - \varphi}{\kappa_r}p(D + \beta e_2) + \frac{\varphi - (1 - \kappa_r)}{\kappa_r}p\beta e_2 - wq_2$$

$$- w\beta(1 + r_{b2})e_2 - \frac{1}{2}se_2^2 + \frac{\varphi - (1 - \kappa_r)}{\kappa_r}\left[pF^{-1}(1 - \kappa_r)\right.$$

$$\left. - \frac{p}{(1 - \kappa_r)}\int_0^{F^{-1}(1-\kappa_r)}F(x)dx\right] \geqslant 0$$

银行期望利润为：

$$\Pi_B(r_{b2}) = w\beta e_2 r_{b2}$$

情形 2：当 $D + \beta e_2 < y_2$ 时，存在

$$\Pi_{R\&PE}(q_2, e_2) = \frac{1 - \varphi}{\kappa_r}p(D + \beta e_2) + \frac{\varphi - (1 - \kappa_r)}{\kappa_r}p\beta e_2 - wq_2$$

$$- w\beta(1 + r_{b2})e_2 - \frac{1}{2}se_2^2 + \frac{\varphi - (1 - \kappa_r)}{\kappa_r}\left[pF^{-1}(1 - \kappa_r)\right.$$

$$\left. - \frac{p}{(1 - \kappa_r)}\int_0^{F^{-1}(1-\kappa_r)}F(x)dx\right] < 0$$

银行期望利润为：

$$\Pi_B(r_{b2}) = \frac{1 - \varphi}{\kappa_r}p(D + \beta e_2) + \frac{\varphi - (1 - \kappa_r)}{\kappa_r}p\beta e_2 - wq_2 - w\beta e_2 - \frac{1}{2}se_2^2$$

$$+ \frac{\varphi - (1 - \kappa_r)}{\kappa_r}\left[pF^{-1}(1 - \kappa_r) - \frac{p}{(1 - \kappa_r)}\int_0^{F^{-1}(1-\kappa_r)}F(x)dx\right]$$

综上可知，银行期望利润为：

$$\Pi_B(r_{b2}) = \frac{1 - \varphi}{\kappa_r}pE\min(D + \beta e_2, y_2) + \frac{\varphi - (1 - \kappa_r)}{\kappa_r}p\beta e_2 - wq_2 - w\beta e_2$$

$$- \frac{1}{2}se_2^2 + \frac{\varphi - (1 - \kappa_r)}{\kappa_r} \left[pF^{-1}(1 - \kappa_r) - \frac{p}{(1 - \kappa_r)} \int_0^{F^{-1}(1-\kappa_r)} F(x) dx \right]$$

命题6.3   对于任意给定利率水平 r_{b2} 及给定置信水平 κ_b，使其 $CVaR_{\kappa_b}(r_{b2}) = \max_{v \in R} F(r_{b2}, v_2)$，则最优 v_2^* 为：

$$v_2^* = \begin{cases} \frac{1 - \varphi}{\kappa_r} pF^{-1}(1 - \kappa_b) + p\beta e_2 - wq_2 - w\beta e_2 - \frac{1}{2}se_2^2 + \frac{\varphi - (1 - \kappa_r)}{\kappa_r} M, \\[2mm] \quad \text{if} \quad F(y_2 - \beta e_2) \geqslant 1 - \kappa_b \\[3mm] \frac{1 - \varphi}{\kappa_r} py_2 + \frac{\varphi - (1 - \kappa_2)}{\kappa_2} p\beta e_2 - wq_2 - w\beta e_2 - \frac{1}{2}se_2^2 + \frac{[\varphi - (1 - \kappa_r)]}{\kappa_r} M, \\[2mm] \quad \text{if} \quad F(y_2 - \beta e_2) < 1 - \kappa_b \end{cases}$$

其中 $M = pF^{-1}(1 - \kappa_r) - \frac{p}{(1 - \kappa_r)} \int_0^{F^{-1}(1-\kappa_r)} F(x) dx$。

证明类似于命题6.1。

定理6.4   良好市场成长性下，银行获悉零售企业为风险偏好型情形下，根据 CVaR 风险管理原则参与利率博弈并制定最优贷款利率 r_{b2}^*，并满足如下条件：

$$r_{b2}^* = \frac{(p - w)\beta - se_2^*}{w\beta}$$

存在 e_2^* 满足如下等式：

$$\left[1 - \frac{1}{(1 - \kappa_b)} F(y_2^* - \beta e_2^*) \right] \left(se_2^* - \frac{1 - \varphi}{\kappa_r} p\beta \right) - \left[\frac{\varphi - (1 - \kappa_r)}{\kappa_r} p\beta - w\beta \right.$$

$$\left. - se_2^* + \frac{1 - \varphi}{\kappa_r(1 - \kappa_b)} \times p\beta F(y_2^* - \beta e_2^*) \right] = 0$$

其中 $0 < \varphi \leqslant \frac{p - w}{p}$，即

$$y_2^* - \beta e_2^* = \frac{wq_2^* - \frac{1}{2}se_2^{*2} - \frac{\varphi - (1 - \kappa_r)}{\kappa_r}\left[pF^{-1}(1 - \kappa_r) - \frac{p}{(1 - \kappa_r)} \int_0^{F^{-1}(1-\kappa_r)} F(x) dx \right]}{\frac{1 - \varphi}{\kappa_r}p}$$

所以 $q_2^* = F^{-1}\left[\dfrac{(1-\varphi)p - \kappa_r w}{(1-\varphi)p}\right]$，零售商订货总量为 $q_{t2}^* = q_2^* + \beta e_2^*$。

6.5　数值分析

上述模型分析了零售商风险态度信息不对称下投贷联动融资模型，研究了零售商与银行采取合作（非合作）对银行贷款利率定价影响，并进一步揭示了合作机制对供应链运营与效率改善作用。本章通过数值分析，以期进一步探究如下问题：（1）投贷联动的协同机制是否存在"帕累托"改进；（2）银行风险规避程度如何影响金融机构间协同模式选择与贷款利率定价；（3）零售商风险偏好（风险权重因子）如何影响利率与供应链运营决策及收益分配格局。

参考于辉和甄学平（2011）文献选择参数：$\beta = 5$，$p = 40$，$w = 30$，$c = 20$，$s = 1$，$\bar{\theta} = 0.55$，$\varphi = 0.22$，$\kappa_r = 0.7$，$\kappa_b = 0.7$。市场需求服从参数为 120 指数分布。

6.5.1　协同机制下的"帕累托"改进区间存在性

市场成长性不仅是成长型企业捕获成长机会与实现跨越式发展的根本保障，还推动投贷联动模式中不同金融机构（银行与 PE）协同服务实体经济的合作基石。投贷联动模式中零售商对于是否有动机与银行共享风险偏好信息（合作态度）取决于市场成长潜力。如表 6 – 5 所示，（1）市场成长性较低（当 $2 < \beta < 4$ 时）时，相对协同机制而言，PE 为激励银行参与投贷联动融资而要求零售商隐藏风险偏好信息。较低信贷融资成本促进零售商制定较高努力水平与订货量，从而促进零售商快速发展。（2）当 $4 < \beta < 7.65$ 时，随着市场成长性不断提升，信息共享合作时银行贷款利率（利润）低于非合作模式。由此说明，投贷联动中协同机制不仅能疏解借贷双方信息不对称，而且高成长性下银行甚至不惜降低利润来制定"优惠"贷款利率，予以零售企业协同供应链各方价值创造，从而实现跨越式发展。由此可得，高

成长不仅提升银行风险容忍度，还能化解"市场运营风险"引发银行信贷风险的可能。(3) 当市场成长性足够大（β > 7.65），协同机制下"优惠"利率能进一步激励零售商制定高努力水平与订货量，同时还存在提升供应链效率及各参与方（零售商、供应商、金融机构）利润的"帕累托"改进区间。

表6-5　　　　　　　　　　　　协同机制下"帕累托"改进区间

合作类型	β	努力水平	订货量	贷款利率（%）	零售商利润	供应商利润	金融机构利润	供应链利润
非协同机制	2	1.65E+1	8.04E+1	5.89	3.27E+2	8.04E+2	2.9908E+2	1.03E+3
	4	2.91E+1	1.64E+2	9.05	4.57E+2	1.64E+3	7.7760E+2	2.32E+3
	5.95	3.83E+1	2.75E+2	11.87	5.96E+2	2.75E+3	1.4930E+3	4.12E+3
	6	3.85E+1	2.79E+2	11.93	6.00E+2	2.79E+3	1.5141E+3	4.17E+3
	7.65	4.46E+1	3.89E+2	13.89	7.14E+2	3.89E+3	2.2764E+3	6.01E+3
	8	4.58E+1	4.14E+2	14.26	7.37E+2	4.14E+3	2.4534E+3	6.43E+3
协同机制	2	1.61E+1	7.98E+1	6.42	3.25E+2	7.98E+2	2.9374E+2	1.02E+3
	4	2.90E+1	1.63E+2	9.20	4.57E+2	1.63E+3	7.7004E+2	2.30E+3
	5.95	3.84E+1	2.76E+2	11.80	5.98E+2	2.76E+3	1.4869E+3	4.12E+3
	6	3.86E+1	2.79E+2	11.87	6.02E+2	2.79E+3	1.5081E+3	4.17E+3
	7.65	4.50E+1	3.92E+2	13.72	7.22E+2	3.92E+3	2.2764E+3	6.03E+3
	8	4.62E+1	4.17E+2	14.08	7.46E+2	4.17E+3	2.4553E+3	6.46E+3

综上分析，本章结论与已有研究文献结论吻合。斯蒂格利茨和韦斯（Stiglitz and Weiss, 1981）认为信息不对称通过"逆向选择"与"道德风险"提升违约风险。当银行对融资企业真实风险缺乏了解，银行制定高利率使得低风险融资企业退出借贷市场（逆向选择），同时也诱使融资企业从事高风险投资（生产经营），进一步提高不良贷款风险。迪蒙德（Diamon, 1991）研究也表明银行对融资信息了解程度的提升可降低贷款利率。已有文献从博弈与信息经济学范畴探讨信息不对称与投融资关系，而本章是基于供应链运营视角探讨投贷联动融资中不同风险态度与信息不对称问题，不仅

刻画了借贷双方博弈特征,更为凸显、强调了供应链与金融机构的多方合作(风险信息共享)价值,并以此为契机将金融机构纳入供应链价值创造体系中,避免以往文献"产融割裂"的缺陷。

6.5.2 银行风险偏好对信息协同价值的影响

投贷联动是基于不同风险与收益要求金融机构搭建起利益共同体,通过强化金融机构间的合作以提升金融资本服务供应链的意愿与能力。银行风险态度不仅关系金融资源供需匹配效率,还成为激活供应链节点企业协同捕获市场机会的重要环节。因此,银行风险偏好通过贷款定价机制影响信贷投放意愿与资金使用成本,从而影响投贷联动模式下供应链与金融机构的多方合作价值。

银行置信水平作为衡量银行对风险规避态度的指标,银行对信贷资产安全性随着置信水平上升而变得更为审慎。此外,零售商采取不同协同机制(是否分享风险态度信息)还将影响银行贷款利率与供应链运营决策及投贷联动中多方合作格局。如表6-6、图6-3~图6-4所示,(1)当 $0.6 < \kappa_b < 0.734$ 时,贷款利率(合作与非合作机制)随着银行风险规避程度上升而呈下降趋势,且合作模式下降幅更大。这区别于传统金融领域研究,资本资产定价理论认为风险溢价会提高贷款者对不确定风险的投资回报(Joyce et al.,2010;Adrian et al.,2013)。

表6-6 银行置信水平对风险态度协同机制影响

合作类型	κ_b	努力水平	订货量	贷款利率(%)	零售商利润	供应商利润	供应链利润
非协同机制	0.6	3.19E+1	2.07E+2	12.05	4.95E+2	2.07E+3	3.06E+3
	0.734	3.52E+1	2.24E+2	9.85	5.45E+2	2.24E+3	3.24E+3
	0.8	3.80E+1	2.37E+2	8.03	5.90E+2	2.37E+3	3.37E+3
	0.9	4.44E+1	2.70E+2	3.73	7.10E+2	2.70E+3	3.63E+3
	0.95	4.87E+1	2.91E+2	0.87	8.00E+2	2.91E+3	3.77E+3

续表

合作类型	κ_b	努力水平	订货量	贷款利率（％）	零售商利润	供应商利润	供应链利润
协同机制	0.6	3.19E+1	2.07E+2	12.10	4.94E+2	2.07E+3	3.05E+3
	0.734	3.52E+1	2.24E+2	9.85	5.45E+2	2.24E+3	3.23E+3
	0.8	3.81E+1	2.38E+2	7.93	5.93E+2	2.38E+3	3.37E+3
	0.9	4.51E+1	2.73E+2	3.26	7.24E+2	2.73E+3	3.65E+3
	0.95	4.99E+1	2.97E+2	0.09	8.26E+2	2.97E+3	3.79E+3

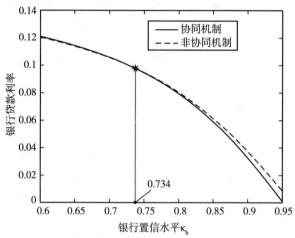

图6-3　银行贷款利率

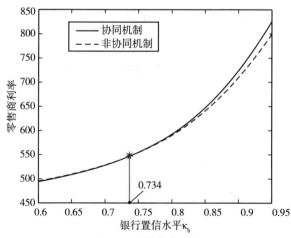

图6-4　零售商利润

银行通过采取提高信贷融资成本与准入门槛等方式规避融资企业违约高风险，如不惜以"抽贷"方式隔离经营风险。由此可见，由于信息不对称导致金融与实体深陷"非合作"博弈怪圈，即零售商运营风险上升⇒部分银行抽贷或提高风险溢价⇒零售商从事高风险投资（生产经营）⇒银行挤兑⇒零售商破产。无论零售商是否协同，投贷联动中股权资本介入本身则视为对企业成长潜力进行加持，因此银行有动机为"前景良好，经营环境未发生根本恶化"的零售企业提供"优惠"贷款利率，从根本上化解了经营风险所引发银行不良贷款危机。同时，零售商利润随着努力水平与订货量提升而不断增加，且零售商利润在非协同模式下上升更快。这说明当银行风险规避态度处于"低置信水平"区间时，零售商隐藏风险态度信息（非协同机制）将会采取更为"积极"的运营决策（努力水平与订货量），此时，"积极"运营决策所带来的收益能抵补违约风险，提升供应链绩效。

（2）当 $0.734 < \kappa_b < 0.95$ 时，即当银行风险态度介于"高置信水平"区间时，非协同模式下贷款利率高于协同机制，即借贷双方信息不对称会加剧银行不良贷款风险，银行为此将索要额外信贷投资回报。这意味着，银行较高风险厌恶会加剧非协同模式下零售企业财务风险，致使"积极"运营决策不能抵补财务风险。同时，伴随着协同机制模式下努力水平、订货量与投贷联动融资总额上升，还能增加零售商与供应商利润。上述结论与以往金融理论中风险溢价相吻合，此外，本章还进一步研究发现零售商风险信息共享的投贷联动融资中，银行风险厌恶程度较高时存在遏制"逆向选择"的协同效应。投贷联动中零售商风险信息藏匿未能带来策略优势，即协同机制下零售商利润高于非协同机制。

6.5.3　零售商风险权重因子对供应链收益分配影响

投贷联动机制创新在于股权资本对融资企业具有较强甄别与监督能力，并借助金融机构信息共享（信息隐匿）机制疏解（加剧）借贷双方信息不对称，并以此为契机形成多层次金融资本与供应链有效对接。银行信贷风险根源来自供应链运作风险，而零售企业对于风险利润追求的喜好将影响供应链采取"积极"或"稳健"的决策风格，所以零售商风险权重因子则成为银行信贷投放与定价决策的重要依据，并影响供应链运营效率。

风险权重因子体现了零售企业对于风险利润的重视程度，如表6-7所示，当$0.04 < \varphi < 0.2$时，随着φ减小，零售企业对于风险偏好程度不断上升。传统金融资本定价理论认为实体（供应链）运营与破产风险会影响银行信贷资本安全性，鉴于银行"审慎管理和系统性风险防范"原则，通常提高信贷资本收益率，并在实践中采取"一刀切"的"抽贷、断贷"行为与缩减企业"授信额度"来降低融资企业违约风险。无论零售商是否与银行分享零售商风险态度信息，股权资本先期介入并参与企业经营决策，很大程度规避了融资企业在后期跟进的债权融资中的"道德风险"问题。由于银行信贷资本安全性取决于零售商运营风险大小，银行有动机制定"优惠"利率来降低融资企业财务风险，切实提升运营与盈利能力。该结论不同于传统金融理论视角中投融资双方间非合作博弈关系，在刻画投融资双方"竞合"格局中，更为凸显投贷联动模式下"产融渗透"对于缓和借贷双方由于信息不对称矛盾。

表6-7   零售商风险偏好（权重因子）对投贷联动各方收益影响机制

合作类型	φ	努力水平	订货量	贷款利率（%）	融资额	零售商利润	银行利润	供应商利润	供应链利润
非协同机制	0.2	3.50E+1	2.26E+2	9.99	5.86E+3	5.77E+2	4.45E+2	2.26E+3	3.28E+3
	0.12	3.83E+1	2.54E+2	7.77	6.49E+3	7.96E+2	3.25E+2	2.54E+3	3.66E+3
	0.11	3.88E+1	2.57E+2	7.50	6.56E+3	8.26E+2	3.09E+2	2.57E+3	3.71E+3
	0.08	4.00E+1	2.67E+2	6.69	6.79E+3	9.20E+2	2.58E+2	2.67E+3	3.85E+3
	0.04	4.15E+1	2.80E+2	5.64	7.09E+3	1.05E+3	1.88E+2	2.80E+3	4.04E+3
协同机制	0.2	3.49E+1	2.25E+2	10.07	5.84E+3	5.75E+2	4.37E+2	2.25E+3	3.26E+3
	0.12	3.76E+1	2.50E+2	8.24	6.36E+3	7.84E+2	3.23E+2	2.50E+3	3.61E+3
	0.11	3.80E+1	2.53E+2	8.03	6.41E+3	8.12E+2	3.09E+2	2.53E+3	3.65E+3
	0.08	3.88E+1	2.62E+2	7.44	6.58E+3	9.00E+2	2.64E+2	2.62E+3	3.78E+3
	0.04	3.99E+1	2.72E+2	6.70	6.79E+3	1.02E+3	2.06E+2	2.72E+3	3.95E+3

如图 6－5～图 6－6 所示，无论零售商是否分享风险信息，银行贷款利率随着零售商对风险偏好程度上升而下降，同时融资总额也随之上升。该结论既解释传统资产定价理论中风险溢价产生的由来，又指出本章贷款定价与

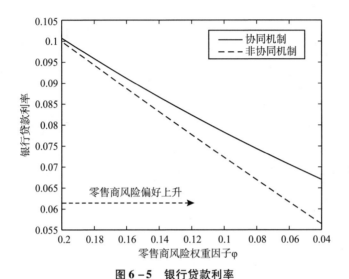

图 6－5　银行贷款利率

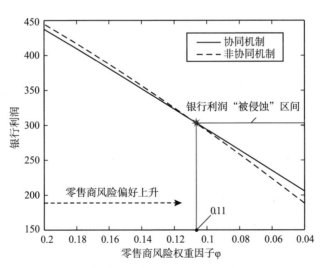

图 6－6　投贷联动融资总额

风险溢价的不同之处。区别在于：本章将企业运营纳入投融资决策中，避免了产融间相互割裂的缺陷。此外，当 PE 与银行纳入供应链价值创造体系时，意味着金融机构资产安全与供应链运营风险息息相关。因此，银行有动机制定"优惠"贷款利率来降低零售商破产风险。

　　传统信息不对称下逻辑作用机制表示为：零售商风险喜好上升⇒运营风险上升⇒信贷资本风险溢价⇒零售商破产风险上升。投贷联动是深化金融体制改革下，引导银行通过制度创新探索以股权资本为纽带撬动信贷资本，实现金融对产业渗透与融合，从而缓和产融间信息不对称风险。因此，当 $0.04 < \varphi < 0.2$，零售商运营风险伴随着零售商风险因子减小而提升，银行为避免信息不对称（非协同）下利率定价机制提升融资企业违约风险危机，而不惜采取更为"优惠"贷款利率为零售商释放违约风险。如表 6-8 所示，与此同时，非协同模式下努力水平与订货量及融资额都随着信贷资本价格下降而提升，供应链各方（零售商与供应商）利润高于协同机制的情形。区别以往资本资产定价理论（Bakshi and Chen，1996；Abel，1999），上述研究结论可从投贷联动机制中如下两个特点予以解释：（1）股权资本的信用加持功能；股权资本先期介入，说明具备更强投资甄别能力的 PE 公司对融资企业成长潜力认可；（2）风险补偿机制；一方面，投贷联动中制度安排，由投资收益抵补信贷风险，实现融资企业信贷风险和收益的匹配；另一方面，政府通过整合财政各类专项资金设立"风险补偿基金"，给予银行贷款风险补偿。因此，投贷联动机制下非协同模式虽能提升银行风险容忍度，

表 6-8　　　　零售商风险偏好上升（φ 减小且 $\varphi \in [0.04, 0.11]$）
对各参与主体收益影响

项目	零售商利润	供应商利润	PE 利润	银行利润	金融机构利润	供应链利润
非协同机制（相对协同机制）	↑	↑	↑	↓	↓	↑

并通过降低贷款利率提升零售商利润，但零售商过高风险偏好（$0.04 < \varphi < 0.11$）存在"侵蚀"银行利润现象，即零售商借助其风险信息不对称优势损害银行利益（如图 6-6 和表 6-8 所示），这也进一步解释现实中银行对于财务信息不透明成长型企业信贷投放意愿较小的缘由。

6.6　本章小结

投贷联动融资是围绕"金融服务实体经济与防控金融风险"并举，作为深化金融改革探索新方向，而融资企业风险信息的合作机制则成为缓和"金融供需扭曲"这一结构相性矛盾关键。本章构建了零售商投贷联动融资下其风险态度协同（非协同）机制，刻画了零售商风险偏好与银行风险厌恶的决策特征，对比探究借贷双方协同（非协同）机制下利率与运营决策机制及收益分配格局，探明了金融与供应链多方合作"帕累托"改进可能及合作机制存在遏制"逆向选择"的协同效应，具体发现如下：

（1）投贷联动融资存在协调供应链与金融机构实现"帕累托"改进的合作机制。投贷联动融资中借贷双方就零售企业风险信息展开共享合作，避免借贷双方由于信息不对称进行非合作博弈致使供应链运作效率下降。当市场成长性足够大时，合作机制下"优惠"利率能进一步激励零售商制定高努力水平与订货量，同时还存在提升供应链效率及各参与方（零售商、供应商、金融机构）利润的"帕累托"改进区间。该结论也进一步对以往研究观点（Stiglitz and Weiss，1981；Diamond，1991）进行了印证与拓展。

（2）零售商风险信息合作下的投贷联动中存在遏制"逆向选择"的协同效应。由于信息不对称导致借贷双方深陷"非合作"博弈怪圈，区别与以往研究中风险溢价理论（Adrian et al.，2013；Joyce et al.，2010）提出"高风险索要额外投资回报"观点，投贷联动模式中股权资本介入则视为企业成长潜力进行加持，因此银行有动机为零售企业提供"优惠"贷款利率，从根本上化解经营风险所引发银行不良贷款危机。当银行风险厌恶较高时，投贷联动中零售商风险信息藏匿未能带来策略优势，即协同机制下零售商利润高于非合作模式，存在遏制"逆向选择"的协同效应。

（3）投贷联动中非协同机制伴随着零售商风险偏好提升，存在零售商"侵蚀"银行利润现象。与以往研究结论不同（Bakshi and Chen，1996；Abel，1999），投贷联动下股权资本具有信用加持一定程度规避债权融资中"道德风险"的问题，从而出现零售商风险偏好与贷款利率"倒挂"的现象。投贷联动机制下非协同模式虽能提升银行风险容忍度，并通过降低贷款利率提升零售商利润，但低利率降低银行期望收益，即零售商风险信息不对称使得借贷双方收益再分配，并存在银行利率被零售商"侵蚀"的现象。

第 7 章

结论与展望

股权融资已成为激活成长型企业整合供应链上下游资源以提升协同价值创造能力，捕获跨越式发展机会的重要途径。然而，由于信息不对称所致股权投融资双方进行非合作博弈，加剧金融资源错配矛盾，而呈现出资金"脱实向虚""资本空转"等乱象。因此，将企业运营这一价值创造过程与股权融资的价值评估有机契合，是推动金融与实体经济相互融合的重要命题与微观运作基础。本书立足于企业价值评估亟需在企业价值创造基础上来展开，围绕供应链契约（渠道控制）选择、股权投资结构、风险态度信息共享三个方面探讨基于供应链运作支持下股权融资问题，旨在为投融资决策提供理论支撑与参考。

7.1 研究结论

本书围绕成长型企业股权融资，分别以供应链上下游、投融资双方的结构关系为切入点探讨企业运营对股权融资及供应链的影响。具体研究了以下几个问题：第一，供应链渠道控制对成长型企业股权融资影响；第二，成长型企业股权融资下供应链契约选择机制；第三，成长型企业股权融资下最优投资结构选择；第四，成长型企业股权融资下的风险信息共享价值。研究的主要结论如下：

（1）强（弱）供应链渠道控制对股权融资额及契约设计（估值、资金利用率）产生重要影响，而市场成长性、批发价锁定结构则主导了成长型企业股权融资中供应链渠道控制的选择。市场成长性分别为低、中和高成长性时，渠道控制选择依次为：批发价锁定下强渠道控制、不锁定下弱渠道控制、锁定下强渠道控制。批发价不锁定时应避免采用强渠道控制；当批发价锁定时强渠道控制促进了企业股权融资，而批发价不锁定下弱渠道控制促进了企业股权融资。当市场成长性处于中等水平时，最优的供应链控制策略与较强的股权融资意愿冲突，即存在"股权融资意愿背驰"现象。

（2）基于交易成本理论视角揭示了供应链契约与投贷联动融资的内在联系，探究了能协调供应链与金融机构的"帕累托"区间。研究发现投贷

联动融资的供应链契约选择取决于交易成本降低（协同效益）与供应链协同成本的比较。相对批发价契约而言，收益共享契约存在提升供应链效率、各节点企业（零售商、供应商）及金融机构利润的"帕累托"改进区间。收益共享机制加强供应链上下游运营合作（如供应商制定较低批发价），共同应对市场开拓成本上升所致运营风险，即收益共享契约中存在贷款利率与努力成本扰动风险"倒挂"现象。

（3）探讨了成长型企业投贷联动融资中最优投资结构及其影响因素。研究发现当投资方（商业银行与 PE）参与零售商投贷联动融资博弈，存在协调投资方利益最大的"投贷联动区间"与最优投资结构。市场成长性高低主导了投贷联动中最优投资结构大小。市场成长性对运营决策影响将延伸至供应链上下游价值创造，并直接影响不同风险与收益要求金融机构（银行与 PE）搭建起"风险与利益共同体"。当企业所得税率下降时，投资方偏好表现为"先股权后信贷"的投资行为决策，即融资企业税盾效应减弱产生了"反啄食顺序"的投资偏好。

（4）分析了成长型企业投贷联动融资中能缓解企业风险态度信息不对称的多方合作机制。研究发现当市场成长性足够大时，投贷联动融资存在协调供应链与金融机构实现"帕累托"改进的合作机制。当银行风险厌恶较高时，股权资本介入则为企业成长潜力进行加持，风险态度信息藏匿未能带来策略优势，存在遏制"逆向选择"的协同效应。投贷联动融资下风险态度信息藏匿还存在银行利润被"侵蚀"的现象。

7.2　研究展望

本书虽然以企业运营视角审视成长型企业的股权融资，进一步探究股债联动机制下成长性企业股权融资问题，但受时间与精力的限制，仍存在一定的局限性和不足之处，以期未来研究可从以下几方面展开。

（1）多周期下成长型企业股权融资与运营决策研究。研究问题探讨了单周期下企业股权融资问题。单周期决策模型虽能简化股权融资问题与投融资特征，但现实中成长型企业通常需进行多轮股权融资弥补资金不足问题，以适应多周期运营目标与决策。由于投融资双方信息不对称，股权投资结构通过多轮投资避免委托代理下"道德风险"的问题。在技术工具层面，学术界已对多阶段鲁棒优化方法、多阶段运营决策（如生产、库存、订货等）展开研究，所以基于多阶段成长型企业运营与股权融资问题将成为研究重点，以期为股权投融资双方提供更契合实际的理论指导。

（2）股权融资下投融资与运营决策目标多样化研究。研究中投融资双方、运营决策主体均以财务利润（资产）最大化为目标。例如，实践案例中诸如交通出行业中滴滴、快的（二者合并前），共享单车行业 ofo、摩拜等企业在多轮股权融资，采取"烧钱"的方式扩张市场。股权投融资中，短期财务业绩或许并非股东（战略投资者）与管理层所关注，而往往更重视企业发展前景如市场渗透率等。股权投融资中，股东可能并非财务投资投资者，其决策目标是获得企业控制权，从而影响企业运营甚至战略发展，即"控制权溢价"效应。股权融资中以市场占有率为经营目标或控制权为投资者目标都具有较强实践价值与意义。这也将是未来研究重点考察对象。

（3）供应链上下游交叉持股研究。本书研究中探讨股权投资者都为第三方金融机构（如 PE）时，投融资决策与企业运营关系。现实中，往往存在很多供应链上下游相互持股现象，如小米投资了上百个相关生态链企业。因此，供应链上下游持股（参股或控制）对上下游协同运作、投融资决策、运营与金融风险防范产生了重要影响。所以供应链上下游交叉持股值得进一步探索。

附　录

A. 企业上市前的股权融资数据统计

表 A1　　　　　　　　　　创业板制造业股权融资数据统计

编号	行业	企业	股权融资	投资者数量	编号	行业	企业	股权融资	投资者数量
1	化学原料与制品业（27家）	硅宝科技			28	医药制造业（28家）	九强生物	√	1
2		宝利沥青			29		大华农		
3		新宙邦			30		博腾股份	√	1
4		回天新材			31		我武生物	√	3
5		鼎龙股份	√	4	32		博雅生物	√	1
6		天龙集团			33		利德曼		
7		安诺其			34		尔康制药	√	2
8		三聚环保			35		常山药业	√	1
9		奥克股份	√	2	36		仟源医药		
10		建新股份			37		东宝生物		
11		双龙股份			38		金城医药	√	1
12		新开源			39		舒泰神	√	1
13		阳谷华泰			40		翰宇药业	√	2
14		青松股份			41		福安药业		
15		元力股份	√	1	42		佐力药业		
16		科斯伍德	√	2	43		振东制药		
17		高盟新材	√	1	44		香雪制药	√	4
18		日科化学			45		沃森生物	√	2
19		金力泰			46		智飞生物		
20		上海新阳			47		瑞普生物	√	1
21		瑞丰高材			48		华仁药业	√	2
22		雅本化学			49		康芝药业	√	2
23		国瓷材料	√	2	50		福瑞股份	√	1
24		联创节能	√	1	51		上海凯宝		
25		富帮股份	√	3	52		红日药业	√	1
26		飞凯材料			53		北陆药业		
27		科隆精化	√	1	54		安科生物		

续表

编号	行业	企业	股权融资	投资者数量	编号	行业	企业	股权融资	投资者数量
55	医药制造业（28家）	莱美药业	√	1	87	专业设备制造业（47家）	迪瑞医疗		
56	橡胶和塑料制造业（13家）	鹏翎股份	√	1	88		中来股份		
57		德威新材	√	3	89		雪浪环境	√	2
58		同大股份	√	1	90		斯莱克	√	1
59		海达股份			91		汇金股份		
60		裕兴股份			92		楚天科技		
61		永利带业			93		津膜科技	√	2
62		银禧科技			94		凯利泰	√	1
63		安利股份	√	1	95		博晖创新		
64		纳川股份	√	1	96		晶盛机电	√	1
65		华峰超纤			97		戴维医疗		
66		天晟新材	√	2	98		中际装备	√	3
67		宝通带业			99		慈星股份	√	3
68		大禹节水			100		三诺生物		
69	仪器仪表制造业（16家）	汇中股份			101		蓝英装备		
70		安控科技	√	1	102		金明精机		
71		炬华科技	√	1	103		华昌达	√	2
72		东华测试	√	1	104		三丰智能	√	3
73		金卡股份			105		和佳股份		
74		开元仪器	√	4	106		依米康	√	1
75		吉艾科技	√	1	107		宝莱特	√	1
76		远方光电	√	1	108		冠昊生物	√	2
77		安科瑞	√	1	109		福瑞特装		
78		新天科技	√	3	110		千山药机		
79		聚光科技	√	5	111		森远股份		
80		天瑞仪器	√	4	112		理邦仪器	√	3
81		先河环保	√	4	113		海伦哲	√	2
82		万讯自控			114		长荣股份	√	1
83		三川股份	√	2	115		松德股份	√	1
84		汉威电子	√	1	116		东富龙	√	2
85	专业设备制造业（47家）	宝色股份			117		新研股份	√	2
86		劲拓股份			118		神雾环保		
					119		昌红科技	√	2

编号	行业	企业	股权融资	投资者数量	编号	行业	企业	股权融资	投资者数量
120	专业设备制造业（47家）	新国都	√	3	153	电机器材制造业（37家）	燃控科技		
121		达刚路机	√	2	154		和顺电气		
122		尤洛卡			155		启源装备		
123		华伍股份	√	3	156		泰胜风能	√	3
124		科新机电			157		汇川技术		
125		三维丝	√	4	158		经纬电材		
126		华力创通			159		龙源技术		
127		中科电气			160		金利华电		
128		阳普医疗	√	2	161		南都电源	√	1
129		天龙光电			162		中能电气		
130		宝德股份			163		合康变频	√	2
131		乐普医疗			164		九洲电气	√	3
132	电机器材制造业（37家）	凯发电气	√	1	165		金龙机电	√	1
133		地尔汉宇	√	1	166		中元华电		
134		易事特			167		亿纬锂能	√	1
135		欣泰电气	√	4	168		特锐德	√	1
136		光一科技	√	3	169	通用设备制造业（19家）	康跃科技		
137		天银机电	√	1	170		天保重装	√	4
138		麦迪电气			171		南通锻压	√	2
139		珈伟股份	√	4	172		兴源过滤	√	2
140		温州宏丰	√	2	173		隆华节能	√	2
141		和晶科技			174		新莱应材		
142		阳光电源	√	4	175		开山股份	√	1
143		开能环保	√	2	176		聚龙股份		
144		通光线缆			177		佳士科技	√	2
145		金信诺			178		通裕重工	√	1
146		桑乐金	√	2	179		华中数控	√	4
147		明家科技			180		瑞凌股份	√	2
148		科大智能			181		南方泵业		
149		东方电热			182		锐奇股份	√	1
150		恒顺电气	√	1	183		智云股份	√	1
151		欣旺达	√	1	184		金通灵	√	1
152		科泰电源			185		盛运股份	√	2

续表

编号	行业	企业	股权融资	投资者数量	编号	行业	企业	股权融资	投资者数量
186	通用设备制造业（19家）	机器人	√	4	219	计算机及设备制造业（60家）	亿通科技	√	1
187		南风股份	√	1	220		天喻信息	√	5
188		三环集团			221		中海达	√	1
189		天和防务	√	1	222		雷曼光电		
190		天华超净			223		安居宝	√	3
191		艾比森	√	1	224		福星晓程	√	1
192		扬杰科技	√	1	225		信维通信	√	2
193		东方网力	√	3	226		大富科技	√	2
194		东土科技			227		英唐智控	√	1
195		永贵电器	√	3	228		锦富新材	√	1
196		南大光电	√	1	229		银河磁体		
197		科恒股份	√	1	230		东方日升	√	5
198		苏大维格	√	4	231		长盈精密	√	2
199		中颖电子	√	1	232		中航电测		
200		华灿光电	√	5	233		向日葵	√	1
201		硕贝德	√	4	234		乾照光电	√	1
202	计算机及设备制造业（60家）	麦捷科技			235		振芯科技	√	3
203		聚飞光电			236		长信科技	√	2
204		长方照明			237		劲胜精密		
205		利亚德	√	3	238		数码视讯	√	1
206		吴通通讯	√	2	239		中瑞思创		
207		汇冠股份	√	1	240		国民技术	√	1
208		中威电子			241		GQY视讯		
209		联建光电	√	2	242		海兰信	√	1
210		星星科技	√	2	243		欧比特	√	2
211		初灵信息			244		台基股份		
212		瑞丰光电			245		朗科科技		
213		洲明科技	√	2	246		梅泰诺	√	1
214		光韵达	√	1	247		金亚科技	√	3
215		北京君正	√	1	248	有色金属冶炼加工业（3家）	银邦股份		
216		金运激光			249		万顺股份		
217		鸿利光电	√	1	250		钢研高钠	√	2
218		佳讯飞鸿			251	金属制品业(2家)	红宇新材	√	2

编号	行业	企业	股权融资	投资者数量	编号	行业	企业	股权融资	投资者数量
252	金属制品业（2家）	宜安科技	√	3	269	非金属矿物制造业（12家）	长海股份	√	2
					270		四方达		
253	运输设备制造业（7家）	云意电气	√	1	271		秀强股份	√	3
254		精锻科技	√	4	272		金刚玻璃	√	3
255		美晨科技			273		长城集团	√	4
256		鸿特精密			274		新大新材	√	2
257		双林股份	√	1	275		当升科技	√	2
258		鼎汉技术	√	2	276		豫金刚石		
259		太阳鸟	√	5	277	食品制造业（4家）	花园生物	√	1
260	文教用品制造业（2家）	海伦钢琴			278		溢多利		
261		互动娱乐			279		量子高科		
262	农副食品加工业（3家）	万福生科	√	2	280		汤臣倍健		
263		朗源股份			281	纺织服装服饰业（1家）	探路者	√	1
264		晨光生物	√	4	282	其他制造业（3家）	先锋新材		
265	非金属矿物制造业（12家）	菲利华			283		坚瑞消防		
266		太空板业	√	5	284		康耐特		
267		开尔新材	√	2	合计			164	331
268		正海磁材							

数据截止日期：2004 年 12 月 1 日。

资料来源：作者根据上交所和深交所招股说明书数据整理所得。

表 A2　　　　　　　　　　创业板非制造业股权融资数据统计

编号	行业	企业	股权融资	投资者数量	编号	行业	企业	股权融资	投资者数量
1	信息技术业（71家）	神州泰岳			10	信息技术业（71家）	海联讯	√	1
2		华平股份			11		旋极信息	√	1
3		东软载波	√	4	12		安硕信息	√	2
4		梅安森			13		网宿科技	√	3
5		掌趣科技	√	2	14		银之杰		
6		东方通	√	2	15		天泽信息		
7		立思辰		1	16		飞利信		
8		数字政通	√	2	17		华虹计通		
9		美亚柏科			18		光环新网	√	1

续表

编号	行业	企业	股权融资	投资者数量	编号	行业	企业	股权融资	投资者数量
19	信息技术业（71家）	银江股份	√	1	53	信息技术业（71家）	迪威视讯	√	4
20		易联众			54		新开普	√	1
21		易华录			55		同有科技	√	2
22		朗玛信息			56		创意信息	√	2
23		兆日科技	√	6	57		三五互联	√	2
24		飞天诚信	√	1	58		万达信息	√	1
25		华星创业			59		卫宁软件		
26		高新兴			60		宜通世纪		
27		上海钢联			61		绿盟科技	√	3
28		荣科科技	√	2	62		中青宝	√	2
29		润和软件	√	2	63		汉得信息		
30		腾信股份	√	4	64		佳创视讯	√	1
31		同花顺			65		任子行	√	1
32		乐视网	√	3	66		赢时胜	√	1
33		拓尔思	√	4	67		东方财富	√	1
34		三六五网			68		捷成股份		
35		长亮科技	√		69		华宇软件		
36		京天利			70		邦讯技术	√	1
37		超图软件	√	2	71		鼎捷软件	√	2
38		顺网科技	√	1	72	农林牧渔业（6家）	荃银高科		
39		银信科技			73		星河生物		
40		蓝盾股份	√	2	74		神农大丰	√	3
41		北信源	√	2	75		天山生物		
42		赛为智能	√	1	76		西部牧业	√	1
43		世纪瑞尔	√	2	77		国联水产	√	4
44		方直科技	√	2	78	批发和零售业（3家）	吉峰农机	√	1
45		富春通信	√	2	79		恒信移动		
46		全通教育	√	2	80		力源信息	√	3
47		天源迪科			81	租赁商务服务业（3家）	蓝色光标	√	2
48		东方国信			82		华谊嘉信		
49		天玑科技			83		腾邦国际	√	3
50		汉鼎股份	√	3	84	科学技术服务业（7家）	上海佳豪	√	1
51		恒华科技	√	1	85		华测检测		
52		世纪鼎利			86		易世达	√	3

编号	行业	企业	股权融资	投资者数量	编号	行业	企业	股权融资	投资者数量
87	科学技术服务业（7家）	电科院			104	文化体育娱乐业（6家）	华策影视	√	2
88		苏交科			105		华谊兄弟		
89		天壕节能	√	6	106	采矿业（5家）	海默科技		
90		三联虹普	√	1	107		恒泰艾普	√	5
91	公共设施管理业（6家）	碧水源	√	2	108		通源石油	√	2
92		宋城演艺	√	1	109		潜能恒信		
93		中电环保			110		道氏技术	√	2
94		永清环保			111	水电煤（1家）	迪森股份	√	3
95		维尔利	√	4	112	建筑业（5家）	万邦达		
96		国祯环保			113		嘉寓股份	√	1
97	卫生和社会工作（3家）	爱尔眼科	√	1	114		铁汉生态	√	3
98		迪安诊断	√	2	115		巴安水务	√	2
99		泰格医药	√	2	116		蒙草抗旱		
100	文化体育娱乐业（6家）	新文化			117	交通运输仓储业（3家）	新宁物流		2
101		华录百纳	√	2	118		飞力达	√	1
102		光线传媒			119		华鹏飞		
103		天舟文化				合计		73	152

数据截止日期：2014 年 12 月 1 日。

资料来源：作者根据上交所和深交所招股说明书数据整理所得。

B. 企业股权融资募集投向数据统计

表 B　　　　　　　　　　上市企业募集资金投向统计

编号	代码	企业	提产能	促研发	扩市场	编号	代码	企业	提产能	促研发	扩市场
1	300479	神思电子	√	√	√	9	300470	日机密封	√		
2	300478	杭州高新	√			10	300469	信息发展		√	√
3	300477	合纵科技	√	√		11	300468	四方精创		√	
4	300476	胜宏科技	√	√		12	300467	迅游科技		√	√
5	300475	聚隆科技	√			13	300466	赛摩电气	√		
6	300473	德尔股份	√	√		14	300465	高伟达	√		
7	300472	新元科技	√			15	300464	星徽精密	√		
8	300471	厚普股份	√	√		16	300463	迈克生物	√	√	√

续表

编号	代码	企业	提产能	促研发	扩市场	编号	代码	企业	提产能	促研发	扩市场
17	300462	华铭智能	√	√		51	300427	红相电力	√	√	
18	300461	田中精机	√			52	300426	唐德影视	√		
19	300460	惠伦晶体	√	√		53	300425	环能科技	√		√
20	300459	浙江金科	√	√		54	300424	航新科技	√	√	
21	300458	全志科技		√		55	300423	鲁亿通	√		
22	300457	赢合科技		√		56	300422	博世科	√		
23	300456	耐威科技	√	√		57	300421	力星股份	√	√	
24	300455	康拓红外	√			58	300420	五洋科技	√	√	√
25	300453	三鑫医疗	√	√	√	59	300419	浩丰科技	√	√	
26	300452	山河药辅	√			60	300418	昆仑万维	√	√	
27	300451	创业软件		√		61	300417	南华仪器	√	√	
28	300450	先导股份	√	√		62	300416	苏试试验	√	√	
29	300449	汉邦高科	√	√		63	300415	伊之密	√	√	
30	300448	浩云科技	√	√	√	64	300414	中光防雷	√	√	
31	300447	全信股份	√	√		65	300413	快乐购			√
32	300446	乐凯新材	√	√		66	300412	迦南科技	√	√	√
33	300445	康斯特	√	√		67	300411	金盾股份	√		
34	300444	双杰电气	√	√		68	300410	正业科技	√		
35	300443	金雷风电	√			69	300409	道氏技术	√	√	
36	300442	普丽盛	√			70	300408	三环集团	√	√	
37	300441	鲍斯股份	√	√		71	300407	凯发电气	√	√	
38	300440	运达科技		√	√	72	300404	博济医药		√	
39	300439	美康生物	√	√	√	73	300394	天孚通信	√	√	
40	300438	鹏辉能源	√	√		74	300374	恒通科技	√		
41	300437	清水源	√		√	75	300364	中文在线	√		
42	300436	广生堂	√	√	√			创业版合计	67	59	14
43	300435	中泰股份	√			76	002767	先锋电子	√	√	√
44	300434	金石东方	√	√		77	002766	索菱股份	√	√	
45	300433	蓝思科技	√			78	002765	蓝黛传动	√		
46	300432	富临精工	√	√		79	002763	汇洁股份	√		
47	300431	暴风科技	√			80	002762	金发拉比			√
48	300430	诚益通	√	√		81	002761	多喜爱			√
49	300429	强力新材	√	√		82	002760	凤形股份	√	√	
50	300428	四通新材	√			83	002759	天际股份	√	√	

续表

编号	代码	企业	提产能	促研发	扩市场	编号	代码	企业	提产能	促研发	扩市场
84	002758	华通医药	√		√	117	603939	益丰药房			√
85	002757	南兴装备	√	√		118	603918	金桥信息		√	√
86	002756	永兴特钢	√	√		119	603901	永创智能	√	√	
87	002755	东方新星	√		√	120	603899	晨光文具	√	√	√
88	002753	永东股份	√			121	603898	好莱客	√		
89	002752	昇兴股份	√			122	603889	新澳股份	√		
90	002751	易尚展示	√	√	√	123	603885	吉祥航空	√		
91	002750	龙津药业	√			124	603883	老百姓	√		
92	002749	国光股份	√		√	125	603869	北部湾旅	√		
93	002748	世龙实业	√			126	603828	柯利达	√	√	
94	002747	埃斯顿	√	√		127	603818	曲美股份	√		√
95	002746	仙坛股份	√			128	603808	歌力思	√		
96	002745	木林森	√	√		129	603799	华友钴业	√		
97	002743	富煌钢构	√			130	603789	星光农机	√		
98	002742	三圣特材	√	√		131	603788	宁波高发	√	√	
99	002741	光华科技	√	√		132	603729	龙韵股份	√		
100	002740	爱迪尔	√		√	133	603718	海利生物	√		
101	002739	万达院线	√			134	603703	盛洋科技	√		
102	002738	中矿资源	√			135	603698	航天工程	√	√	
103	002737	葵花药业	√	√	√	136	603686	龙马环卫	√		
104	002736	国信证券	√			137	603678	火炬电子	√		
105	002735	王子新材	√			138	603669	灵康药业	√		√
106	002734	利民股份	√	√		139	603636	南威软件	√		
107	002733	雄韬股份	√			140	603618	杭电股份	√	√	
108	002732	燕塘乳业	√		√	141	603616	韩建河山	√		
109	002731	萃华珠宝			√	142	603611	诺力股份	√	√	
110	002724	海洋王	√	√	√	143	603601	再升科技	√		
	中小板合计		34	14	12	144	603600	永艺股份	√	√	
111	000166	申万宏源			√	145	603599	广信股份	√		
112	603998	方盛制药	√	√		146	603598	引力传媒	√		√
113	603997	继峰股份	√	√		147	603588	高能环境	√		
114	603989	艾华集团	√	√		148	603568	伟明环保	√		
115	603969	银龙股份	√			149	603567	珍宝岛	√		
116	603968	醋化股份	√	√		150	603566	普莱柯	√	√	√

续表

编号	代码	企业	提产能	促研发	扩市场	编号	代码	企业	提产能	促研发	扩市场
151	603558	健盛集团	√			173	603026	石大胜华	√	√	
152	603519	立霸股份	√	√		174	603025	大豪科技	√	√	√
153	603518	维格娜丝		√	√	175	603023	威帝股份	√	√	
154	603368	柳州医药	√			176	603022	新通联	√		
155	603355	莱克电气	√	√	√	177	603021	山东华鹏	√		
156	603338	浙江鼎力	√			178	603020	爱普股份	√	√	
157	603318	派思股份	√	√		179	603017	园区设计	√	√	√
158	603315	福鞍股份	√			180	603015	弘讯科技	√	√	
159	603311	金海环境			√	181	603012	创力集团	√		√
160	603309	维力医疗	√	√	√	182	601985	中国核电	√		
161	603300	华铁科技	√			183	601969	海南矿业		√	
162	603268	松发股份	√		√	184	601968	宝钢包装	√		
163	603227	雪峰科技		√		185	601689	拓普集团	√		
164	603222	济民制药		√		186	601368	绿城水务			
165	603199	九华旅游	√			187	601226	华电重工			√
166	603198	迎驾贡酒	√	√	√	188	601198	东兴证券	√		√
167	603166	福达股份	√	√		189	601069	西部黄金	√	√	
168	603158	腾龙股份	√	√		190	601021	春秋航空	√		
169	603118	共进股份	√	√		191	600959	江苏有线	√		
170	603108	润达医疗	√	√		192	600958	东方证券	√	√	√
171	603066	音飞储存	√				主板合计		78	46	22
172	603030	全筑股份	√	√	√						

统计时间段：2014 年 11 月 11 日到 2015 年 6 月 21 日。

资料来源：作者根据上交所和深交所招股说明书数据整理所得。

参考文献

[1] 蔡建湖，王丽萍，韩毅，2010. 供应商管理库存模式下的两次生产和两次补货模式 [J]. 计算机集成制造系统，16（6）：1313 – 1324.

[2] 蔡宁. 2015. 风险投资"逐名"动机与上市公司盈余管理 [J]. 会计研究，5：20 – 27.

[3] 曹滨，高杰. 2018. 工艺设计质量信息不对称环境下质量激励合同设计 [J]. 中国管理科学，26（7）：142 – 150.

[4] 曾海舰，苏冬蔚. 2010. 信贷政策与公司资本结构 [J]. 世界经济，33（08）：17 – 42.

[5] 常英. 2018. 供应链主从企业利益协调与激励的 Stackelberg 博弈分析 [J]. 数学的实践与认识，48（6）：12 – 17.

[6] 陈建林，李瑞琴，冯昕珺. 2018. 私募股权与家族企业治理模式：合作还是冲突 [J]. 产业经济研究，93（2）：116 – 126.

[7] 陈金龙，占永志. 2018. 第三方供应链金融的双边讨价还价博弈模型 [J]. 管理科学学报，21（2）：91 – 103.

[8] 陈敬贤，马志强. 2014. 零售商团购的二级供应链协调 [J]. 系统管理学报，23（1）：7 – 12.

[9] 陈良华，孙健，张菡. 2005. 香港创业板上市公司 IPO 前后业绩变化及其影响因素的实证研究 [J]. 审计与经济研究，20（4）：84 – 88.

[10] 代建生，孟卫东，范波，等. 2015. 风险规避供应链的回购契约安排 [J]. 管理科学学报，18（5）：57 – 67.

[11] 代建生. 2017. 销售努力下基于 CVaR 的供应链协调 [J]. 系统工

程学报，32（2）：252－264.

[12] 邓青.2013. 股权融资中强制性披露制度的经济学分析 [J]. 财经问题研究，11：17－22.

[13] 段新生.2011. 创业板 IPO 的 VC/PE 投资回报分析 [J]. 财会月刊，9：29－32.

[14] 范建昌，倪得兵，唐小我.2017. 企业社会责任与供应链产品质量选择及协调契约研究 [J]. 管理学报，14（9）：1374－1383.

[15] 冯慧群.2016. 私募股权投资能缓和委托代理矛盾吗 [J]. 财会月刊，5：114－119.

[16] 苟燕楠，董静.2014. 风险投资背景对企业技术创新的影响研究 [J]. 科研管理，35（2）：35－42.

[17] 顾研，周强龙.2018. 政策不确定性、财务柔性价值与资本结构动态调整 [J]. 世界经济，41（6）：102－126.

[18] 侯玉梅，田歆，马利军，等.2013. 基于供应商促销与销售努力的供应链协同决策 [J]. 系统工程理论与实践，33（12）：3087－3094.

[19] 胡军，张镓，芮明杰.2013. 线性需求条件下考虑质量控制的供应链协调契约模型 [J]. 系统工程理论与实践，33（3）：601－609.

[20] 胡志颖，吴先聪，果建竹.2015. 私募股权声誉、产权性质和 IPO 前持有期 [J]. 管理评论，27（12）：39－49.

[21] 黄继承，朱冰，向东.2014. 法律环境与资本结构动态调整 [J]. 管理世界，5：142－156.

[22] 黄少安，张岗.2001. 中国上市公司股权融资偏好分析 [J]. 经济研究，11：12－27.

[23] 黄少安，钟卫东.2012. 股权融资成本软约束与股权融资偏好——对中国公司股权融资偏好的进一步解释 [J]. 财经问题研究，12：3－10.

[24] 江龙，宋常，刘笑松.2013. 经济周期波动与上市公司资本结构调整方式研究 [J]. 会计研究，7：28－34.

[25] 金伟，骆建文.2018. 考虑风险规避的资金约束供应链最优信用

契约设计 [J]. 中国管理科学, 26 (1)：35 – 46.

[26] 靳磊. 2012. 私募股权基金估值方法比较研究 [J]. 现代管理科学, 11：52 – 55.

[27] 李德焱, 颜明. 2013. 风险投资与企业经营绩效研究——基于创业板上市公司的实证分析 [J]. 云南民族大学学报（哲学社会科学版）, 30 (6)：102 – 106.

[28] 李莉, 闫斌, 顾春霞. 2014. 知识产权保护、信息不对称与高科技企业资本结构 [J]. 管理世界, 11：1 – 9.

[29] 梁昌勇, 叶春森. 2015. 基于努力和赔偿成本分摊机制的云服务供应链协调 [J]. 中国管理科学, 23 (5)：82 – 88.

[30] 刘斌, 刘思峰, 陈剑. 2005. 不确定需求下供应链渠道协调的数量折扣研究 [J]. 南京航空航天大学学报, 27 (2)：256 – 261.

[31] 刘建丽, 张文珂, 张芳芳. 2014. 中央国有企业投资管控效率对股东回报的影响——基于国有企业股权多元化目标的研究 [J]. 中国工业经济, 8：109 – 121.

[32] 刘浪, 吴双胜, 史文强. 2018. 信息不对称下价格随机的应急数量折扣契约研究 [J]. 中国管理科学, 26 (3)：169 – 176.

[33] 刘重庆, 晏妮娜. 2016. 基于 η – CVaR 准则的供应链金融回购契约协调策略 [J]. 华中师范大学学报（自然科学版）, 50 (5)：704 – 712.

[34] 卢荣花, 李南. 2015. 基于产品生命周期的闭环供应链定价和协调策略研究 [J]. 运筹与管理, 24 (6)：112 – 120.

[35] 陆正飞, 叶康涛. 2004. 中国上市公司股权融资偏好解析——偏好股权融资就是缘于融资成本低吗？[J]. 经济研究, 4：50 – 59.

[36] 雒敏, 聂文忠. 2012. 财政政策、货币政策与企业资本结构动态调整——基于我国上市公司的经验证据 [J]. 经济科学, 34 (5)：18 – 32.

[37] 马亚华, 史笑梦. 2017. 中国企业股权融资成本地区差异根源探究——基于城市形象信号功能的视角 [J]. 上海经济研究, 5：61 – 70.

[38] 麦勇, 胡文博, 于东升. 2011. 上市公司资本结构调整速度的区

域差异及其影响因素分析——基于 2000～2009 年沪深 A 股上市公司样本的研究 [J]. 金融研究, 7: 196－206.

[39] 潜力, 胡援成. 2015. 经济周期、融资约束与资本结构的非线性调整 [J]. 世界经济, 38 (12): 135－158.

[40] 邱若臻, 苑红涛, 冯俏. 2015. 具有风险偏好的供应链收入共享契约协调模型 [J]. 工业工程与管理, 20 (4): 86－91.

[41] 邵婧. 2016. 两层级分散决策供应链库存转运问题研究 [J]. 中国管理科学, 24 (1): 76－81.

[42] 申成霖, 张新鑫. 2016. 消费者策略行为和成员损失规避下的供应链协调 [J]. 软科学, 30 (4): 114－119.

[43] 沈忱, 张立民. 2017. 新三板企业审计质量与融资效率: 声誉视角分析 [J]. 北京交通大学学报, 16 (3): 39－53.

[44] 石丹, 李勇建. 2015. 不同激励机制下供应商产能投资问题研究 [J]. 系统工程理论与实践, 35 (1): 86－94.

[45] 史文强, 刘浪, 汪明月, 李文川. 2018. 价格随机和销售成本信息不对称下的应急数量弹性契约 [J]. 北京理工大学学报 (社会科学版), 20 (04): 120－127.

[46] 孙敬辉. 2014. 私募股权投资入股期限与 IPO 后公司业绩的实证研究 [D]. 北京: 中国地质大学.

[47] 孙寅, 林伟, 姜军. 2012. 私募股权投资特征与 IPO 盈余管理 [J]. 国际商务财会, 11: 73－76.

[48] 汤春华, 曹二保, 殷悦. 2017. 配额信息不对称时排放依赖型供应链契约 [J]. 系统管理学报, 26 (2): 356－360.

[49] 唐润, 彭洋洋. 2018. 考虑渠道特征的生鲜食品供应链双渠道协调演化博弈分析 [J]. 统计与决策, 34 (13): 56－60.

[50] 田素华, 刘依妮. 2014. 中国企业股权融资偏好研究——基于声誉溢价、市场势力和现金分红的视角 [J]. 上海经济研究, 1: 50－62.

[51] 王大飞, 张旭梅, 周茂森, 等. 2017. 考虑消费者策略行为的产品

服务供应链动态定价与协调［J］. 系统工程理论与实践, 37（12）：3052 –
3065.

［52］王道平, 张博卿, 李小燕 . 2016. 联合促销下双渠道 VMI 供应链
的竞争与协调［J］. 中国管理科学, 24（3）：52 – 60.

［53］王君君, 陈兆波, 田春英, 姚锋敏 . 2018. 规模经济下考虑策略
式顾客的供应链协调策略［J］. 软科学, 32（8）：112 – 116.

［54］王宣涛, 张玉林, 黄星寿 . 2017. 时尚设计下考虑顾客行为的供
应链协调研究［J］. 统计与决策, 3：47 – 51.

［55］王宇, 于辉 . 2017. 供应链合作下零售商股权融资策略的模型分
析［J］. 中国管理科学, 25（6）：101 – 110.

［56］王玉荣, 李军 . 2009. 风险投资对中小企业自主创新影响的实证
研究——基于中小企业板的经验数据［J］. 山东科技大学学报（社会科学
版）, 11（1）：47 – 52.

［57］王振山, 王秉阳 . 2018. 股票投机、信息发现与权益成本——对
股权融资偏好的再讨论［J］. 经济评论, 2：103 – 118.

［58］吴晓黎, 万常海, 周永务 . 2014. 基于收益共享契约的零售商押
金补货策略研究［J］. 运筹与管理, 23（2）：33 – 40.

［59］吴育辉, 黄飘飘, 陈维, 等 . 2017. 产品市场竞争优势、资本结
构与商业信用支持——基于中国上市公司的实证研究［J］. 管理科学学报,
20（5）：51 – 65.

［60］吴育辉, 吴翠凤, 吴世农 . 2016. 风险资本介入会提高企业的经
营绩效吗? 基于中国创业板上市公司的证据［J］. 管理科学学报, 19（7）：
85 – 101.

［61］夏鑫, 杨金强 . 2017. 非完备市场下控制权私利和公司资本结构
［J］. 中国管理科学, 25（10）：31 – 41.

［62］向华, 杨招军 . 2017. 新型融资模式下中小企业投融资分析［J］.
中国管理科学, 25（4）：18 – 25.

［63］肖迪, 潘可文 . 2012. 基于收益共享契约的供应链质量控制与协

调机制 [J]. 中国管理科学，27（2）：256 - 261.

　　[64] 谢桂标，许姣丽. 2018. 宏观经济环境对资本结构动态调整的影响——基于金融危机背景的实证分析 [J]. 财经理论研究，3：99 - 106.

　　[65] 谢家平，董国姝，张为四，杨光. 2018. 基于税盾效应的供应链贸易信用融资优化决策研究 [J]. 中国管理科学，26（5）：62 - 73.

　　[66] 辛玉红，魏悦. 2015. 存货质押融资中考虑银行 Downside - risk 的回购契约设计 [J]. 运筹与管理，24（4）：233 - 239.

　　[67] 徐欣，夏芸. 2015. 风险投资特征、风险投资 IPO 退出与企业绩效——基于中国创业板上市公司的实证研究 [J]. 经济管理，37（5）：97 - 107.

　　[68] 徐子尧，张雪兰，赵绍阳. 2016. 私募股权投资下的应计盈余管理与真实盈余管理——基于 PIPE 投资的经验研究 [J]. 四川大学学报（哲学社会科学版），206（5）：120 - 133.

　　[69] 许丽君，杨丽，李帮义. 2009. 不同控制模式下差异化渠道中的价格形成机制及其稳定性 [J]. 系统工程理论与实践，29（10）：63 - 67.

　　[70] 颜波，刘艳萍，夏畅. 2015. 集中控制型 VMI & TPL 集群式供应链的补货决策和协调契约 [J]. 系统工程理论与实践，35（8）：1968 - 1982.

　　[71] 晏维龙. 2004. 生产商主导还是流通商主导——关于流通渠道控制的产业组织分析 [J]. 财贸经济，5：11 - 17.

　　[72] 杨帆，赵静，刘伟玉. 2014. 渠道竞争与品牌竞争共存时的 Stackelberg 定价博弈分析 [J]. 天津工业大学学报，33（2）：70 - 75.

　　[73] 杨宽，易灵燕. 2015. 收益共享契约及广告投入下易损品供应链协调 [J]. 系统工程，33（8）：33 - 38.

　　[74] 杨丽，兰卫国，李帮义. 2010. 基于渠道控制模式的差异化分销渠道中价格形成机制 [J]. 系统管理学报，19（3）：323 - 328.

　　[75] 姚铮，顾慧莹，严琦. 2016. 基于风险投资机构的风险企业高管变更影响因素研究 [J]. 经济与管理研究，37（7）：135 - 144.

［76］于辉，王亚文.2016.供应链金融视角下利率市场化的鲁棒分析模型［J］.中国管理科学，24（2）：19－26.

［77］于辉，甄学平.2011.考虑借款企业决策行为的供应链 CVaR 利率决策模型［J］.系统科学与数学，31（10）：1269－1278.

［78］余琰，罗炜，李怡宗，等.2014.国有风险投资的投资行为和投资成效［J］.经济研究，2：32－46.

［79］袁春生，郭晋汝.2018.货币政策变化对企业资本结构动态调整影响研究——来自中国上市公司的经验证据［J］.宏观经济研究，7：19－32.

［80］张红，黄嘉敏，崔琰琰.2018.考虑政府补贴下具有公平偏好的绿色供应链博弈模型及契约协调研究［J］.工业技术经济，37（1）：111－121.

［81］张华，柳玉鹏，韩东平，等.2014.大股东控制风险会影响 IPO 估值吗？——来自我国中小板 IPO 公司的证据［J］.管理评论，26（2）：13－23.

［82］张欢，刘洋.2016.双边信息不对称下供应链契约研究［J］.计算机集成制造系统，22（6）：1570－1580.

［83］张天舒，陈信元，黄俊.2015.政治关联、风险资本投资与企业绩效［J］.南开管理评论，18（5）：18－27.

［84］张廷龙，梁樑.2012.不同渠道权力结构和信息结构下供应链定价和销售努力决策［J］.中国管理科学，20（2）：68－77.

［85］张锡林，唐元虎.2002.供应链控制权的使用［J］.管理工程学报，24（6）：69－72.

［86］张新鑫，申成霖，侯文华.2015.考虑顾客行为和成员风险规避性的供应链收益共享契约的设计与协调［J］.预测，34（1）：70－75.

［87］张学龙，王军进.2016.考虑价格和服务竞争的供应链决策与协调模型研究［J］.系统科学学报，3：99－104.

［88］张亦春，洪图.2012.创业板 IPO 市盈率与超募率的影响因素研究——基于券商声誉及私募股权投资的实证分析［J］.厦门大学学报（哲学

社会科学版），3：42 – 49.

［89］张子炜，李曜，徐莉 . 2012. 私募股权资本与创业板企业上市前盈余管理［J］. 证券市场导报，2：60 – 70.

［90］章砚，盛安琪 . 2018. 高管持股激励对资本结构动态调整速度的影响［J］. 财会通讯，26：34 – 37.

［91］赵吟 . 2013. 论我国公司型私募股权投资基金的退出机制［J］. 上海金融，1：108 – 111.

［92］甄红线，梁超，史永东 . 2014. 宏观冲击下企业资本结构的动态调整［J］. 经济学动态，3：72 – 81.

［93］郑宇 . 2015. 我国私募股权基金的投资回报分析［J］. 金融经济月刊，22：136 – 138.

［94］周翔翼，魏宇航，肖晟 . 2013. 资金流入对私募股权价值的影响——来自中国私募股权市场的证据［J］. 山西财经大学学报，35（6）：42 – 48.

［95］朱鸿伟，陈诚 . 2014. 私募股权投资与公司治理：基于创业板上市公司的实证研究［J］. 广东财经大学学报，29（1）：62 – 72.

［96］庄贵军，徐文，周筱莲 . 2008. 关系营销导向对于企业营销渠道控制行为的影响［J］. 管理工程学报 . 22（3）：5 – 10.

［97］庄新霞，欧忠辉，周小亮，等 . 2017. 风险投资与上市企业创新投入：产权属性和制度环境的调节［J］. 科研管理，38（11）：48 – 56.

［98］Abel A. B. 1999. Risk Premia and Term Premia in General Equilibrium［J］. *Journal of Monetary Economics*，43（1）：3 – 33.

［99］Adrian T. , Crump R. K. , Moench E. 2013. Pricing the Term Structure with Linear Regressions［J］. *Journal of Financial Economics*，110（1）：110 – 138.

［100］Agrawal A. , Cooper T. 2010. Accounting Scandals in IPO Firms：Do Underwriters and Vcs Help?［J］. *Journal of Economics & Management Strategy*，19（4）：1117 – 1181.

［101］ Akerlof G. 1995. The Market for "Lemons": Quality Uncertainty and the Market Mechanism ［J］. *Quarterly Journal of Economics*, 84 (3): 488 – 500.

［102］ Allen F. 2012. Trends in Financial Innovation and Their Welfare Impact: An Overview ［J］. *European Financial Management*, 18 (4): 493 –514.

［103］ Andersson J, Jörnsten K, Nonås S. L., et al. 2013. A Maximum Entropy Approach to the Newsvendor Problem with Partial Information ［J］. *European Journal of Operational Research*, 228 (1): 190 – 200.

［104］ Ang J., Hutton I., Majadillas M. A. 2014. Manager Divestment in Leveraged Buyouts ［J］. *European Financial Management*, 20 (3): 462 – 493.

［105］ Arcot S. 2014. Participating Convertible Preferred Stock in Venture Capital Exits ［J］. *Journal of Business Venturing*, 29 (1): 72 – 87.

［106］ Arrow, K. J. 1963. Uncertainty and the Welfare Economics of Medical Care ［J］. *American Economic Review*, 53 (5): 941 – 973.

［107］ Arvanitis S., Stucki T. 2014. The Impact of Venture Capital on the Persistence of Innovation Activities of Start-ups ［J］. *Small Business Economics*, 42 (4): 849 – 870.

［108］ Attig N., Cleary S., Ghoul S. E., et al. 2013. Institutional Investment Horizons and the Cost of Equity Capital ［J］. *Financial Management*, 42 (2): 441 – 477.

［109］ Axelson U., Jenkinson T. 2013. Borrow Cheap, Buy High? The Determinants of Leverage and Pricing in Buyouts ［J］. *Social Science Electronic Publishing*, 68 (6): 2223 – 2267.

［110］ Babichabbc V. 2012. Contracting with Asymmetric Demand Information in Supply Chains ［J］. *European Journal of Operational Research*, 217 (2): 333 – 341.

［111］ Bakshi G. S., Chen Z. 1996. The Spirit of Capitalism and Stock-market Prices ［J］. *American Economic Review*, 86 (1): 133 – 157.

［112］ Ball E., Chiu H. H., Smith R. Can VCs Time the Market? An Analysis of Exit Choice for Venture-backed Firms ［J］. *Review of Financial Studies*, 2011, 24 (9): 3105 – 3138.

［113］ Bancel F., Mittoo U. R. 2014. The Gap between the Theory and Practice of Corporate Valuation: Survey of European Experts ［J］. *Journal of Applied Corporate Finance*, 26 (4): 106 – 117.

［114］ Barry C. B., Mihov V. T.. 2015. Debt Financing, Venture Capital, and the Performance of Initial Public Offerings ［J］. *Journal of Banking & Finance*, 58: 144 – 165.

［115］ Bayar O., Chemmanur T. J. 2011. IPOs Versus Acquisitions and the Valuation Premium Puzzle: A Theory of Exit Choice by Entrepreneurs and Venture Capitalists ［J］. *Journal of Financial & Quantitative Analysis*, 46 (6): 1755 – 1793.

［116］ Bengtsson O. 2011. Covenants in Venture Capital Contracts ［J］. *Social Science Electronic Publishing*, 57 (11): 1926 – 1943.

［117］ Benson D., Ziedonis R H. 2009. Corporate Venture Capital as a Window on New Technologies: Implications for the Performance of Corporate Investors when Acquiring Startups ［J］. *Organization Science*, 20 (2): 329 – 351.

［118］ Bergemann D., Hege U. 1998. Venture Capital Financing, Moral Hazard, and Learning ［J］. *Journal of Banking & Finance*, 22 (6 – 8): 703 – 735.

［119］ Berger A. N., Udell G. F. 1998. The Economics of Small Business Finance: The Roles of Private Equity and Debt Markets in the Financial Growth Cycle ［J］. *Journal of Banking & Finance*, 22 (6 – 8): 613 – 673.

［120］ Bernstein S., Sheen A. 2013. The Operational Consequences of Private Equity Buyouts: Evidence from the Restaurant Industry ［J］. *Social Science Electronic Publishing*, 29 (9): 2387 – 2418.

［121］ Bhattacharya U., 2003. Daouk H., Welker M. The World Price of Earnings Opacity ［J］. *Accounting Review*, 78 (3): 641 – 678.

[122] Block J. H., Vries G. D., Schumann J. H., et al. Trademarks and Venture Capital Valuation [J]. *Journal of Business Venturing*, 29 (4): 525 –542.

[123] Bocken N. M. P.. 2014. Sustainable Venture Capital-catalyst for Sustainable Start-up Success? [J]. *Journal of Cleaner Production*, 2015, 108: 647 – 658.

[124] Botosan C. A.. 1997. Disclosure Level and the Cost of Equity Capital [J]. *Accounting Review*, 72 (3): 323 –349.

[125] Bottazzi L., Rin M. D., Hellmann T. 2009. What is the Role of Legal Systems in Financial Intermediation? Theory and Evidence [J]. *Journal of Financial Intermediation*, 18 (4): 559 –598.

[126] Boyaci T. 2005. Competitive Stocking and Coordination in a Multiple-channel Distribution System [J]. *IIE transactions*, 37 (5): 407 –427.

[127] Bruno A. V., Tyebjee T. T.. 1985. The Entrepreneur's Search for Capital [J]. *Journal of Business Venturing*, 1 (1): 61 –74.

[128] Buchner A. 2016. How Much can Lack of Marketability Affect Private Equity Fund Values? [J]. *Review of Financial Economics*, 28: 35 –45.

[129] Bürer M. J., Wüstenhagen R. 2009. Which Renewable Energy Policy is a Venture Capitalist's Best Friend? Empirical Evidence from a Survey of International Cleantech Investors [J]. *Energy Policy*, 37 (12): 4997 –5006.

[130] Burg U. V., Kenney M. 2000. Venture Capital and the Birth of the Local Area Networking Industry [J]. *Research Policy*, 29 (9): 1135 –1155.

[131] Buzacott J. A., Zhang R. Q.. 2004. Inventory Management with Asset-Based Financing [J]. *Management Science*, 50 (9): 1274 –1292.

[132] Cachon G. P., Lariviere M. A.. 1999. Capacity Choice and Allocation: Strategic Behavior and Supply Chain Performance [J]. *Management Science*, 45 (8): 1091 –1108.

[133] Cachon G. P., Lariviere M. A.. 2005. Supply Chain Coordination with Revenue-sharing Contracts: Strengths and Limitations [J]. *Management Sci-*

ence, 51 (1): 30 – 44.

[134] Cachon G. P. 2003. Supply Chain Coordination with Contracts [J]. *Handbooks in Operations Research & Management Science*, 11 (11): 227 – 339.

[135] Cai G. G. 2010. Channel Selection and Coordination in Dual-channel Supply Chains [J]. *Journal of Retailing*, 86 (1): 22 – 36.

[136] Cai J., Zhong M., Shang J., et al. 2017. Coordinating VMI Supply Chain under Yield Uncertainty: Option Contract, Subsidy Contract, and Replenishment Tactic [J]. *International Journal of Production Economics*, 185: 196 – 210.

[137] Cain M. D., Denis D. J., Denis D. K.. Earnouts: 2011. A Study of Financial Contracting in Acquisition Agreements [J]. *Journal of Accounting & Economics*, 51 (1 – 2): 151 – 170.

[138] Callagher L. J., Smith P., Ruscoe S. 2016. Government Roles in Venture Capital Development: a Review of Current Literature [J]. *Journal of Entrepreneurship & Public Policy*, 4 (3): 367 – 391.

[139] Cao E., Ma Y., Wan C., et al. 2013. Contracting with Asymmetric Cost Information in a Dual-channel Supply Chain [J]. *Operations Research Letters*, 41 (4): 410 – 414.

[140] Cao E. 2014. Coordination of Dual-channel Supply Chains under Demand Disruptions Management Decisions [J]. *International Journal of Production Research*, 52 (23): 7114 – 7131.

[141] Capasso A., Faraci R., Picone P. M.. 2014. Equity-worthiness and Equity-willingness: Key Factors in Private Equity Deals [J]. *Business Horizons*, 57 (5): 637 – 645.

[142] Celikyurt U., Sevilir M., Shivdasani A. 2014. Venture Capitalists on Boards of Mature Public Firms [J]. *Review of Financial Studies*, 27 (1): 56 – 101.

[143] Chaab J., Rasti – Barzoki M. 2016. Cooperative Advertising and Pri-

cing in a Manufacturer-retailer Supply Chain with a General Demand Function；A game-theoretic Approach ［J］. *Computers & Industrial Engineering*，99：112 – 123.

［144］Chang C. T. ，Soong P. Y. ，Cheng M C. 2017. The Influences of Defective Items and Trade Credits on Replenishment Decision ［J］. *International Journal of Information & Management Sciences*，28（2）：113 – 132.

［145］Chen F. ，Xu M. ，Zhang G. . 2009. A Risk-averse Newsvendor Model under CVaR Decision Criterion ［J］. *Social Science Electronic Publishing*，57（4）：1040 – 1044.

［146］Chen G. ，Kang J. K. ，Kim J. M. ，et al. 2014. Sources of Value Gains in Minority Equity Investments by Private Equity Funds：Evidence from Block Share Acquisitions ［J］. *Journal of Corporate Finance*，29（2）：449 – 474.

［147］Chen J. ，Zhang H. ，Sun Y. 2012. Implementing Coordination Contracts in a Manufacturer Stackelberg Dual-channel Supply Chain ［J］. *Omega*，40（5）：571 – 583.

［148］Chen Z. ，Su S. I. I. 2014. Photovoltaic Supply Chain Coordination with Strategic Consumers in China ［J］. *Renewable Energy*，68（7）：236 – 244.

［149］Choi T. M. ，Li Y. ，Xu L. 2013. Channel Leadership，Performance and Coordination in Closed Loop Supply Chains ［J］. *International Journal of Production Economics*，146（1）：371 – 380.

［150］Coase R. H. . 1937. The Nature of the Firm ［J］. *Economica*，4（6）：386 – 405.

［151］Collins D. ，Huang H. . 2011. Management Entrenchment and the Cost of Equity Capital ［J］. *Journal of Business Research*，64（4）：356 – 362.

［152］Comelli M. ，Féniès P. ，Tchernev N. 2008. A. Combined Financial and Physical Flows Evaluation for Logistic Process and Tactical Production Planning：Application in a Company Supply Chain ［J］. *International Journal of Production Economics*，112（1）：77 – 95.

［153］Cook D. O. , Tang T. 2010. Macroeconomic Conditions and Capital Structure Adjustment Speed ［J］. *Journal of Corporate Finance*, 16（1）: 73 – 87.

［154］Cornely P. B. . 1986. Health Services in the United States: A Growth Enterprise Since 1875 ［J］. *Journal of Public Health Policy*, 7（4）: 556 – 558.

［155］Cressy R. , Munari F. , Malipiero A. 2007. Playing to Their Strengths? Evidence that Specialization in the Private Equity Industry Confers Competitive Advantage ［J］. *Journal of Corporate Finance*, 13（4）: 647 – 669.

［156］Cumming D. J. , Macintosh J G. 2006. Crowding out Private Equity: Canadian Evidence ［J］. *Journal of Business Venturing*, 21（5）: 569 – 609.

［157］Cumming D. , Knill A. 2012. Disclosure, Venture Capital and Entrepreneurial Spawning ［J］. *Journal of International Business Studies*, 43（6）: 563 – 590.

［158］Dada M. , Hu Q. 2008. Financing Newsvendor Inventory ［J］. *Operations Research Letters*, 36（5）: 569 – 573.

［159］Dan G. , Hayn C. K. , Katz S. P. . 2010. Does Public Ownership of Equity Improve Earnings Quality? ［J］. *Accounting Review*, 85（1）: 195 – 225.

［160］Devangan L. , Amit R. K. , 2013. Mehta P, et al. Individually Rational Buyback Contracts with Inventory Level Dependent Demand ［J］. *International Journal of Production Economics*, 142（2）: 381 – 387.

［161］Diamond D. W. . 1991. Monitoring and Reputation: The Choice between Bank Loans and Directly Placed Debt ［J］. *Journal of Political Economy*, 99（4）: 689 – 721.

［162］Diller C. , Kaserer C. What Drives Private Equity Returns? – Fund Inflows, Skilled GPs, and/or Risk? ［J］. *European Financial Management*, 2009, 15（3）: 643 – 675.

［163］Dimov D. , Holan P. M. D. , 2012. Milanov H. Learning Patterns in Venture Capital Investing in New Industries ［J］. *Industrial & Corporate Change*, 21（6）: 1389 – 1426.

［164］ Dimov D. , Shepherd D. A. , 2007. Sutcliffe K. M. . Requisite Expertise, Firm Reputation, and Status in Venture Capital Investment Allocation Decisions ［J］. *Journal of Business Venturing*, 22 （4）: 481 – 502.

［165］ Ding Q. , Dong L. , 2007. Kouvelis P. On the Integration of Production and Financial Hedging Decisions in Global Markets ［J］. *Operations Research*, 55 （3）: 470 – 489.

［166］ Dye C. Y. , Yang C. T. . 2015. Sustainable Trade Credit and Replenishment Decisions with Credit-linked Demand under Carbon Emission Constraints ［J］. *European Journal of Operational Research*, 244 （1）: 187 – 200.

［167］ Elango B. , Fried V. H. , Hisrich R. D. , et al. 1995. How Venture Capital Firms Differ ［J］. *Journal of Business Venturing*, 10 （2）: 157 – 179.

［168］ Eltantawy R. , Paulraj A. , Giunipero L. , et al. 2015. Towards Supply Chain Coordination and Productivity in a Three Echelon Supply Chain ［J］. *International Journal of Operations & Production Management*, 35 （6）: 895 – 924.

［169］ Engel D. , Keilbach M. . 2007. Firm-level Implications of Early Stage Venture Capital Investment—An Empirical Investigation ［J］. *Journal of Empirical Finance*, 14 （2）: 150 – 167.

［170］ Fan J. P. H. , Titman S. , Twite G. . 2012. An International Comparison of Capital Structure and Debt Maturity Choices ［J］. *Nber Working Papers*, 47 （1）: 23 – 56.

［171］ Feng Q. , Lai G. , Lu L. X. . 2014. Dynamic Bargaining in a Supply Chain with Asymmetric Demand Information ［J］. *Management Science*, 61 （2）: 301 – 315.

［172］ Fisher P. A. . 2003. Common Stocks and Uncommon Profits and other Writings ［M］. *John Wiley & Sons, Inc.*

［173］ Florida R. , Kenney M. 1988. Venture Capital and High Technology Entrepreneurship ［J］. *Journal of Business Venturing*, 3 （4）: 301 – 319.

［174］ Gan X. 2010. Commitment-penalty Contracts in Drop-shipping Supply

Chains with Asymmetric Demand Information [J]. *European Journal of Operational Research*, 204 (3): 449 – 462.

[175] Gao F., Chen F. Y., Chao X. 2011. Joint Optimal Ordering and Weather Hedging Decisions: Mean – CVaR Model [J]. *Flexible Services & Manufacturing Journal*, 23 (1): 1 – 25.

[176] Gbadji L. A. G. D., Gailly B., Schwienbacher A. 2015. International Analysis of Venture Capital Programs of Large Corporations and Financial Institutions [J]. *Entrepreneurship Theory & Practice*, 39 (5): 1213 – 1245.

[177] Gerasymenko V., Arthurs J. D.. 2014. New Insights into Venture Capitalists' Activity: IPO and Time-to-exit Forecast as Antecedents of Their Post-investment Involvement [J]. *Journal of Business Venturing*, 29 (3): 405 – 420.

[178] Gerasymenko V., De Clercq D., Sapienza H. J.. 2015. Changing the Business Model: Effects of Venture Capital Firms and Outside CEOs on Portfolio Company Performance [J]. *Strategic Entrepreneurship Journal*, 9 (1): 79 – 98.

[179] Ghoreishi M., Mirzazadeh A., Weber G. W., et al. 2015. Joint Pricing and Replenishment Decisions for Non-instantaneous Deteriorating Items with Partial Backlogging, Inflation-and Selling Price-dependent Demand and Customer Returns [J]. *Journal of Industrial & Management Optimization*, 11 (3): 933 – 949.

[180] Giannoccaro I., Pontrandolfo P.. 2009. Negotiation of the Revenue Sharing Contract: An Agent-based Systems Approach [J]. *International Journal of Production Economics*, 122 (2): 558 – 566.

[181] Gilbert S. M., Cvsa V. 2003. Strategic Commitment to Price to Stimulate Downstream Innovation in a Supply Chain [J]. *European Journal of Operational Research*, 150 (3): 617 – 639.

[182] Giovanni P. D.. 2018. Closed-loop Supply Chain Coordination through Incentives with Asymmetric Information [J]. *Annals of Operations Research*, 253 (1): 133 – 167.

［183］ Gohil R. K. , Vyas V. 2018. Factors Driving Abnormal Returns in Private Equityindustry: A New Perspective ［J］. *Journal of Private Equity*, 19 (3): 30 – 36.

［184］ Gompers P. , Kovner A. , Lerner J. 2010. Specialization and Success: Evidence from Venture Capital ［J］. *Journal of Economics & Management Strategy*, 18 (3): 817 – 844.

［185］ Gorman M. , Sahlman W. A. . 1989. What do Venture Capitalists Do? ［J］. *Journal of Business Venturing*, 4 (4): 231 – 248.

［186］ Graham B. 2005. The Intelligent Investor ［M］. *HarperCollins US*.

［187］ Grenadier S. R. , Malenko A. 2011. Real Options Signaling Games with Applications to Corporate Finance ［J］. *Review of Financial Studies*, 24 (24): 3993 – 4036.

［188］ Gu Q. , Lu X. . 2014. Unraveling the Mechanisms of Reputation and Alliance Formation: A Study of Venture Capital Syndication in China ［J］. *Strategic Management Journal*, 35 (5): 739 – 750.

［189］ Gu S. , Guo H. , Su Y. . 2018. Research on Supply Chain Coordination and Profit Allocation Based on Altruistic Principal under Bilateral Asymmetric Information ［J］. *Discrete Dynamics in Nature & Society*, 4: 1 – 15.

［190］ Guo L. , Li T. , Zhang H. . 2015. Strategic Information Sharing in Competing Channels ［J］. *Production & Operations Management*, 23 (10): 1719 – 1731.

［191］ Ha A. Y. . 2015. Supplier-buyer Contracting: Asymmetric Cost Information and Cutoff Level Policy for Buyer Participation ［J］. *Naval Research Logistics*, 48 (1): 41 – 64.

［192］ Hanley K. W. , Hoberg G. 2007. Litigation Risk, Strategic Disclosure and the Underpricing of Initial Public Offerings ［J］. *Social Science Electronic Publishing*, 103 (2): 235 – 254.

［193］ Harcourt M. , Wood G. . 2007. The Importance of Employment Protection for Skill Development in Coordinated, Market Economies [J]. *European Journal of Industrial Relations*, 13 (2): 141 – 159.

[194] Hargadon A. B. , Kenney M. 2012. Misguided Policy? Following venture Capital into Clean Technology [J]. *California Management Review*, 54 (2): 118 – 139.

[195] Hege U. , Palomino F. , Schwienbacher A. 2009. Venture Capital Performance: The Disparity between Europe and the United States [J]. *Mpra Paper*, 30 (1): 7 – 50.

[196] Hellmann T. . 2001. IPOs, Acquisitions, and the Use of Convertible Securities in Venture Capital [J]. *Research Papers*, 81 (3): 649 – 679.

[197] Henry A. , Wernz C. 2015. A Multiscale Decision Theory Analysis for Revenue Sharing in Three-stage Supply Chains [J]. *Annals of Operations Research*, 226 (1): 277 – 300.

[198] Hirukawa M. , Ueda M. 2011. Venture Capital and Innovation: Which is First? [J]. *Pacific Economic Review*, 16 (4): 421 – 465.

[199] Hochberg Y. V. , Ljungqvist A. & Lu, Y. . 2007. Whom you Know Matters: Venture Capital Networks and Investment Performance [J]. *The Journal of Finance*, 62 (1): 251 – 301.

[200] Hopp C. , Lukas C. 2014. Evaluation Frequency and Evaluator's Experience: the Case of Venture Capital Investment Firms and Monitoring Intensity in Stage Financing [J]. *Journal of Management & Governance*, 18 (2): 649 – 674.

[201] Hou Y. , Wei F. , Li S. X. , et al. 2016. Coordination and Performance Analysis for a Three-echelon Supply Chain with a Revenue Sharing Contract [J]. *International Journal of Production Research*, 55 (1): 202 – 227.

[202] Hsieh C. C. , Lu Y. T. 2010. Manufacturer's Return Policy in a Two-stage Supply Chain with Two Risk-averse Retailers and Random Demand [J]. *European Journal of Operational Research*, 207 (1): 514 – 523.

[203] Hsu D. H.. 2004. What Do Entrepreneurs Pay for Venture Capital Affiliation? [J]. *Journal of Finance*, 59 (4): 1805 – 1844.

[204] Hsueh C. F. Improving Corporate Social Responsibility in a Supply Chain Through a New Revenue Sharing Contract [J]. *International Journal of Production Economics*, 2014, 151 (3): 214 – 222.

[205] Huang H., Wang Q., 2009. Zhang X. The Effect of CEO Ownership and Shareholder Rights on Cost of Equity Capital [J]. *Corporate Governance*, 9 (3): 255 – 270.

[206] Huang S., Yang C., Liu H. 2013. Pricing and Production Decisions in a Dual-channel Supply Chain when Production Costs are Disrupted [J]. *Economic Modelling*, 30 (1): 521 – 538.

[207] Hugonnier J., Malamud S., Morellec, E. 2015. Credit Market Frictions and Capital Structure Dynamics [J]. *Journal of Economic Theory*, 157: 1130 – 1158.

[208] Ireland R. D., Hitt M. A., Sirmon D. G.. 2003. A Model of Strategic Entrepreneurship: The Construct and its Dimensions [J]. *Journal of Management*, 29 (6): 963 – 989.

[209] James H. Scott J. A. 1976. Theory of Optimal Capital Structure [J]. *Bell Journal of Economics*, 7 (1): 33 – 54.

[210] Jammernegg W., Kischka P. 2007. Risk-averse and Risk-taking Newsvendors: a Conditional Expected Value Approach [J]. *Review of Managerial Science*, 1 (1): 93 – 110.

[211] Jia N. 2017. Diversification of pre – IPO Ownership and Foreign IPO Performance [J]. *Review of Quantitative Finance & Accounting*, 48 (4): 1031 – 1061.

[212] Jiang W., Chen X. 2016. Optimal Strategies for Low Carbon Supply Chain with Strategic Customer Behavior and Green Technology Investment [J]. *Discrete Dynamics in Nature and Society*, 5: 1 – 13.

［213］Jolink A. , Niesten E. 2016. The Impact of Venture Capital on Governance Decisions in Collaborations with Start-ups ［J］. *Small Business Economics*, 47（2）: 1 – 14.

［214］Joyce M. A. S. , Lildholdt P. , Sorensen S. 2010. Extracting Inflation Expectations and Inflation Risk Premia from the Term Structure: A Joint Model of the UK Nominal and Real Yield Curves ［J］. *Journal of Banking & Finance*, 34（2）: 281 – 294.

［215］Kallberg J. G. , Udell G. F. 2003. The Value of Private Sector Business Credit information Sharing: The US Case ［J］. *Journal of Banking & Finance*, 27（3）: 449 – 469.

［216］Kaplan S. N. , Strömberg P. 2001. Venture Capitalists as Principals: Contracting, Screening, and Monitoring ［J］. *The American Economic Review*, 91（2）: 26 – 430.

［217］Kaplan S. N. , Strömberg P. 2009. Leveraged Buyouts and Private Equity ［J］. *Journal of Economic Perspectives*, 23（1）: 121 – 146.

［218］Karsai J. 2018. Government Venture Capital in Central and Eastern Europe ［J］. *Venture Capital*, 20（1）: 73 – 102.

［219］Keil T. , Maula M. V. J. , Wilson C. 2010. Unique Resources of Corporate Venture Capitalists as a Key to Entry into Rigid Venture Capital Syndication Networks ［J］. *Entrepreneurship Theory & Practice*, 34（1）: 83 – 103.

［220］Khoury T. A. , Junkunc M. , Mingo S. 2015. Navigating Political Hazard Risks and Legal System Quality: Venture Capital Investments in Latin America ［J］. *Journal of Management*, 41（3）: 808 – 840.

［221］Kochhar R. , Hitt M. A. . 1998. Linking Corporate Strategy to Capital Structure: Diversification Strategy, Type and Source of Financing ［J］. *Strategic Management Journal*, 19（6）: 601 – 610.

［222］Korajczyk R. A. , Levy A. 2003. Capital Structure Choice: Macroeconomic Conditions and Financial Constraints ［J］. *Journal of Financial Econom-*

ics, 68 (1): 75 – 109.

[223] Kortum S. , Lerner J. 2000. Assessing the Contribution of Venture Capital to Innovation [J]. *Rand Journal of Economics*, 31 (4): 674 – 692.

[224] Kräussl R. , Krause S. 2014. Has Europe been Catching Up? An Industry Level Analysis of Venture Capital Success over 1985 – 2009 [J]. *European Financial Management*, 20 (1): 179 – 205.

[225] Krishnan C. N. V. , Ivanov V. I. , Singh A K. 2011. Venture Capital Reputation, Post – IPO Performance, and Corporate Governance [J]. *Journal of Financial & Quantitative Analysis*, 46 (5): 1295 – 1333.

[226] Kumar R. S. , Tiwari M. K. , Goswami A. 2016. Two-echelon Fuzzy Stochastic Supply Chain for the Manufacturer-buyer Integrated Production-inventory System [J]. *Journal of Intelligent Manufacturing*, 27 (4): 1 – 14.

[227] Kunter M. 2012. Coordination Via Cost and Revenue Sharing in Manufacturer-retailer Channels [J]. *European Journal of Operational Research*, 216 (2): 477 – 486.

[228] Laffont J. J. , Tirole J. 1993. *A Theory of Incentives in Procurement and Regulation* [M]. Cambridge: MIT Press.

[229] Lahr H. , Mina A. 2015. Venture Capital Investments and the Technological Performance of Portfolio Firms [J]. *Research Policy*, 45 (1): 303 – 318.

[230] Lauab H. L. 2001. Some Two-echelon Style-goods Inventory Models with Asymmetric Market Information [J]. *European Journal of Operational Research*, 134 (1): 29 – 42.

[231] Lee H. L. , Padmanabhan V. , Whang S. 1997. Information Distortion in a Supply Chain: The Bullwhip Effect [J]. *Management Science*, 43 (4): 546 – 558.

[232] Lei Q. , Chen J. , Wei X. , et al. 2015. Supply Chain Coordination under Asymmetric Production Cost Information and Inventory Inaccuracy [J]. *In-*

ternational Journal of Production Economics, 170: 204 – 218.

[233] Lerner J. 2012. The Narrowing Ambitions of Venture Capital [J]. *Technology Review*, 115 (6): 76 – 78.

[234] Levy A. , Hennessy C. 2006. Why Does Capital Structure Choice Vary with Macroeconomic Conditions? [J]. *Journal of Monetary Economics*, 54 (6): 1545 – 1564.

[235] Li B. , Hou P. W. , Chen P. , et al. 2016. Pricing Strategy and Coordination in a Dual Channel Supply Chain with a Risk-averse Retailer [J]. *International Journal of Production Economics*, 178: 154 – 168.

[236] Li J. , Liu L. 2006. Supply Chain Coordination with Quantity Discount Policy [J]. *International Journal of Production Economics*, 101 (1): 89 – 98.

[237] Li Y. , Chi T. 2013. Venture Capitalists' Decision to Withdraw: The Role of Portfolio Configuration from a Real Options Lens [J]. *Strategic Management Journal*, 34 (11): 1351 – 1366.

[238] Link A. N. , Ruhm C. J. , Siegel D. S. 2014. Private Equity and the Innovation Strategies of Entrepreneurial Firms: Empirical Evidence from the Small Business Innovation Research Program [J]. *Managerial & Decision Economics*, 35 (2): 103 – 113.

[239] Liu X. , Li J. , Wu J. , et al. 2017. Coordination of Supply Chain with a Dominant Retailer under Government Price Regulation by Revenue Sharing Contracts [J]. *Annals of Operations Research*, 257 (1 – 2): 1 – 26.

[240] Lumpkin G. T. , Dess G. G. 1996. Clarifying the Entrepreneurial Orientation Construct and Linking it to Performance [J]. *Academy of Management Review*, 21 (1): 135 – 172.

[241] Lusch R. F. , Brown J. R. . 1996. Interdependency, Contracting, and Relational Behavior in Marketing Channels [J]. *Journal of Marketing*, 60 (4): 19 – 38.

［242］ Ma J. , Xie L. 2016. The Comparison and Complex Analysis on Dual-channel Supply Chain under Different Channel Power Structures and Uncertain Demand ［J］. *Nonlinear Dynamics*, 83 (3): 1 – 15.

［243］ Macmillan I. C. , Siegel R. , Narasimha P. N. S. 1985. Criteria used by Venture Capitalists to Evaluate New Venture Proposals ［J］. *Journal of Business Venturing*, 1 (1): 119 – 128.

［244］ Macmillan I. C. , Zemann L. , Subbanarasimha P N. 2009. Criteria Distinguishing Successful from Unsuccessful Ventures in the Venture Screening Process ［J］. *Journal of Business Venturing*, 2 (2): 123 – 137.

［245］ Mahajan S. 2014. A Quantity Flexibility Contract in a Supply Chain with Price Dependent Demand ［J］. *Opsearch*, 51 (2): 219 – 234.

［246］ Mahata G. C. , De S. K. . 2016. An EOQ Inventory System of Ameliorating Items for Price Dependent Demand Rate under Retailer Partial Rrade Credit Policy ［J］. *Opsearch*, 53 (4): 1 – 28.

［247］ Maihami R. , Karimi B. 2017. Effect of Two-echelon Trade Credit on Pricing-inventory Policy of Non-instantaneous Deteriorating Products with Probabilistic Demand and Deterioration Functions ［J］. *Annals of Operations Research*, 257 (1): 1 – 37.

［248］ Malone T. W. . 1987. Modeling Coordination in Organization and Markets ［J］. *Management Science*, 33 (10): 1317 – 1332.

［249］ Marquez R. 2015. Private Equity Fund Returns and Performance Persistence ［J］. *Review of Finance*, 19 (5): 1783 – 1823.

［250］ Mckinnon R. I. 1973. Money and Capital in Economic Development ［J］. *American Political Science Review*, 68 (4): 1822 – 1824.

［251］ Metrick A. , Yasuda A. 2010. The Economics of Private Equity Funds ［J］. *Review of Financial Studies*, 23 (6): 2303 – 2341.

［252］ Michel J. S. 2014. Return on Recent VC Investment and Long-run IPO returns ［J］. *Entrepreneurship Theory & Practice*, 38 (3): 527 – 549.

［253］ Mikkelson W. H. , Partch M. M. . 1986. Valuation Effects of Security Offerings and the Issuance Process ［J］. *Journal of Financial Economics* , 15 (1): 31 – 60.

［254］ Milanov H. , Shepherd D. A. . 2013. The Importance of the First Relationship: The Ongoing Influence of Initial network on Future Status ［J］. *Strategic Management Journal* , 34 (6): 727 – 750.

［255］ Modigliani F. , Miller M. H. . 1958. The Cost of Capital, Corporation Finance and the Theory of Investment ［J］. *The American Economic Review* , 48 (3): 261 – 297.

［256］ Modigliani F. , Miller M. H. 1963. Corporate Income Taxes and the Cost of Capital: A Correction ［J］. *The American Economic Review* , 53 (3): 433 – 443.

［257］ Murray G. , Cowling M. , Liu W. et al. 2012. *Government Co-financed 'Hybrid' Venture Capital Programmes: Generalizing Developed Economy Experience and its Relevance to Emerging Nations* ［C］. Kauffman International Policy Conference. 1 – 28.

［258］ Muzyka D. , Birley S. , Leleux B. . 1996. Trade-offs in the Investment Decisons of European Venture Capitalists ［J］. *Journal of Business Venturing* , 11 (4): 273 – 287.

［259］ Myers S. C. , Majluf N. S. 1984. Corporate Financing and Investment Decisions When Firms have Information that Investors Do Not Have ［J］. *Journal of Financial Economics* , 13 (2): 187 – 221.

［260］ Nam D. I. , Park H. D. , Arthurs J. D. . 2014. Looking Attractive until You Sell: Earnings Management, Lockup Expiration, and Venture Capitalists ［J］. *Journal of Management Studies* , 51 (8): 1286 – 1310.

［261］ Nikoskelainen E. , Wright M. 2007. The Impact of Corporate Governance Mechanisms on Value Increase in Leveraged Buyouts ［J］. *Journal of Corporate Finance* , 13 (4): 511 – 537.

［262］ Opler T. , Titman S. 1993. The Determinants of Leveraged Buyout Activity: Free Cash Flow vs. Financial Distress Costs ［J］. *Journal of Finance*, 48 （5）: 1985 – 1999.

［263］ Paglia J. K. , Harjoto M. A. . 2014. The Effects of Private Equity and Venture Capital on Sales and Employment Growth in Small and Medium-sized Businesses ［J］. *Journal of Banking & Finance*, 47 （1）: 177 – 197.

［264］ Pasternack B. A. . 1985. Optimal Pricing and Return Policies for Perishable Commodities ［J］. *Marketing Science*, 4 （2）: 166 – 176.

［265］ Peneder M. 2009. The Contribution of Venture Capital to Modern Systems of Innovation: a Critical Review ［J］. *International Journal of Public Sector Performance Management*, 1 （3）: 245 – 259.

［266］ Perakis G. , Roels G. 2008. Regret in the Newsvendor Model with Partial information ［J］. *Operations Research*, 56 （1）: 188 – 203.

［267］ Petty J. S. , Gruber M. 2011. "In Pursuit of the Real Deal": A Longitudinal Study of VC Decision Making ［J］. *Journal of Business Venturing*, 26 （2）: 172 – 188.

［268］ Pollock T. G. , Lee P. M. , Jin K. , et al. 2015. （Un） Tangled: Exploring the Asymmetric Coevolution of New Venture Capital Firms' Reputation and Status ［J］. *Administrative Science Quarterly*, 60 （7）: 482 – 517.

［269］ Popescu I. 2005. A Semidefinite Programming Approach to Optimal-moment Bounds for Convex Classes of Distributions ［J］. *Mathematics of Operations Research*, 30 （3）: 632 – 657.

［270］ Popov A. 2014. Venture Capital and Industry Structure: Evidence from Local US Markets ［J］. *Review of Finance*, 18 （3）: 1059 – 1096.

［271］ Protopappa – Siekeabc M. 2010. Interrelating Operational and Financial Performance Measurements in Inventory Control ［J］. *European Journal of Operational Research*, 204 （3）: 439 – 448.

［272］ Qi X. 2006. Coordinating Dyadic Supply Chains When Production

Costs are Disrupted [J]. *Iie Transactions*, 38 (9): 765 – 775.

[273] Rahmandad H. 2012. Impact of Growth Opportunities and Competition on Firm-level Capability Development Trade-offs [J]. *Organization Science*, 23 (1): 138 – 154.

[274] Rendleman R. J. . 1980. *Informational Asymmetries and Optimal Project Financing* [D]. Durham: Duke University Graduate School of Business.

[275] Roberts G, Yuan L. 2010. Does Institutional Ownership Affect the Cost of Bank Borrowing? [J]. *Journal of Economics & Business*, 62 (6): 604 – 626.

[276] Rockafellar R. T. , Uryasev S. 2002. Conditional Value-at-risk for General Loss Distributions [J]. *Journal of Banking & Finance*, 26 (7): 1443 – 1471.

[277] Rockfellar R. T. . 2010. Optimization of Conditional Value-at-risk [J]. *Journal of Risk*, 2 (1): 1071 – 1074.

[278] Ryan J. K. , Sun D. , Zhao X. 2013. Coordinating a Supply Chain with a Manufacturer-owned Online Channel: A Dual Channel Model under Price Competition [J]. *IEEE Transactions on Engineering Management*, 60 (2): 247 – 259.

[279] Safari A. 2017. Worldwide Venture Capital, Intellectual Property Rights, and Innovation [J]. *Industrial & Corporate Change*, 26 (3): 485 – 515.

[280] Scarf H. 1958. A Min-max Solution of an Inventory Problem [J]. *Studies in the Mathematical Theory of Inventory and Production*, 10 (2): 201 – 209.

[281] Schäfer D. , Werwatz A. , Zimmermann V. 2004. The Determinants of Debt and (Private) Equity Financing: The Case of Young, Innovative SMEs from Germany. Industry and Innovation, 11 (3): 225 – 248.

[282] Schmidt K. M. . Convertible 2010. Securities and Venture Capital Finance [J]. *Journal of Finance*, 58 (3): 1139 – 1166.

[283] Sharma M. , Kaushal S. . 2012. The S&P Private Equity Index Versus the Private Equity Total Return Index: A Volatility Comparison [J]. *Journal of*

Private Equity, 15 (2): 51 –52.

[284] Shaw E. S. 1973. *Financial Deepening in Economic Development* [M]. Oxford University Press.

[285] Smith C.. 1977. Alternative Methods for Raising Capital: Rights Versus Underwritten Offerings [J]. *Journal of Financial Economics*, 5 (3): 273 – 307.

[286] Smith J. K. , Schnucker C. 1994. An Empirical Examination of Organizational Structure: The Economics of the Factoring Decision [J]. *Journal of Corporate Finance*, 1 (1): 119 –138.

[287] Sorenson O. , Stuart T. E.. 2008. Bringing the Contex Back in: Settings and the Search for Syndicate Partners in Venture Capital Investment Networks [J]. *Administrative Science Quarterly*, 53 (2): 266 –294.

[288] Srivathsan S. , Kamath M. 2017. *Performance Modeling of a Two-echelon Supply Chain under Different Levels of Upstream Inventory Information Sharing* [M]. Elsevier Science Ltd.

[289] Staelin R. 2008. Commentary-an Industry Equilibrium Analysis of Downstream Vertical Integration: Twenty-five Years Later [J]. *Marketing Science*, 27 (1): 111 –114.

[290] Steger D. 2018. Macroeconomic Conditions and Private Equity Fund Returns – A Swiss Perspective [J]. *Journal of Private Equity*, 21 (1): 20 –30.

[291] Stiglitz J. E. , Weiss A. 1981. Credit Rationing in Markets with Imperfect Information [J]. *American Economic Review*, 71 (3): 393 –410.

[292] Suchard J. A. 2009. The Impact of Venture Capital Backing on the Corporate Governance of Australian Initial Public Offerings [J]. *Journal of Banking & Finance*, 33 (4): 765 –774.

[293] Swinney R. , Netessine S. 2009. Long-term Contracts under the Threat of Supplier Default [J]. *Manufacturing & Service Operations Management*, 11 (1): 109 –127.

［294］ Tang Y. , Zeng L. , Li C. , et al. 2015. *Venture Capital and the Corporate Performance after IPO：Based China GEM Market* ［M］. Proceedings of the Ninth International Conference on Management Science and Engineering Management. Springer Berlin Heidelberg.

［295］ Taussig M. , Delios A. . 2015. Unbundling the Effects of Institutions on Firm Resources：The Contingent Value of being Local in Emerging Economy Private Equity ［J］. *Strategic Management Journal*, 36 （12）: 1845 –1865.

［296］ Taylor T. A. . 2002. Supply Chain Coordination under Channel Rebates with Sales Effort Effects ［J］. *Management Science*, 48 （8）: 992 –1007.

［297］ Thangam A. . 2012. Optimal Price Discounting and Lot-sizing Policies for Perishable Items in A supply Chain under Advance Payment Scheme and Two-echelon Trade Credits ［J］. *International Journal of Production Economics*, 139 （2）: 459 –472.

［298］ Tian X. 2011. The Causes and Consequences of Venture Capital Stage Financing ［J］. *Journal of Financial Economics*, 101 （1）: 132 –159.

［299］ Titman S. , Tsyplakov S. A. 2007. Dynamic Model of Optimal Capital Structure ［J］. *Social Science Electronic Publishing*, 11 （3）: 401 –451.

［300］ Trivedi M. 1998. Distribution Channels：An Extension of Exclusive Retailership ［J］. *Management Science*, 44 （7）: 896 –909.

［301］ Tyebjee T. T. , Bruno A. V. . 1984. A Model of Venture Capital Activity ［J］. *Management Science*, 30 （9）: 1051 –1066.

［302］ Tykvová T. , Borell M. 2011. Do Private Equity Owners Increase Risk of Financial Distress and Bankruptcy? ［J］. *Journal of Corporate Finance*, 18 （1）: 138 –150.

［303］ Tykvová T. 2010. What do Economists Tell Us about Venture Capital Contracts? ［J］. *Journal of Economic Surveys*, 21 （1）: 65 –89.

［304］ Uzzi B. . 1997. Social Structure and Competition in Interfirm Networks：The Paradox of Embeddedness ［J］. *Administrative Science Quarterly*, 42

(1): 35 – 67.

[305] Vilkkumaa E. , Salo A. , Liesiö J. , et al. 2015. Fostering Break-through Technologies – How do Optimal Funding Decisions Depend on Evaluation Accuracy? [J]. *Technological Forecasting & Social Change*, 96: 173 – 190.

[306] Viswanath P. V. . 1993. Strategic Considerations, the Pecking Order Hypothesis, and Market Reactions to Equity Financing [J]. *Journal of Financial and Quantitative Analysis*, 28 (2): 213 – 234.

[307] Voigt G. . 2014. Supply Chain Coordination in Case of Asymmetric Information: Information Sharing and Contracting in a Just-in-time Environment [J]. *Lecture Notes in Economics & Mathematical Systems*, 650 (6): 27 – 31.

[308] Wan W. , 2013. The Effect of External Monitoring on Accrual-based and Real Earnings Management: Evidence from Venture-backed Initial Public Offerings [J]. *Contemporary Accounting Research*, 30 (1): 296 – 324.

[309] Wang Y. , Bell D. R. , 2009. Padmanabhan V. Manufacturer-owned Retail Stores [J]. *Marketing Letters*, 20 (2): 107 – 124.

[310] Wang Z. , Liang Q. , Yang W. 2017. Capital Market Internationalization and Equity Financing Costs: Firm-level Evidence from China [J]. *Asia – Pacific Journal of Accounting and Economics*, 25 (3 – 4): 330 – 351.

[311] Wei J. , Zhao J. , et al. 2013. Pricing Decisions for Complementary Products with Firms' Different; Market Powers [J]. *European Journal of Operational Research*, 224 (3): 507 – 519.

[312] Wei Y. , Choi T. M. . 2010. Mean-variance Analysis of Supply Chains under Wholesale Pricing and Profit Sharing Schemes [J]. *European Journal of Operational Research*, 204 (2): 255 – 262.

[313] Weitz B. A. , Jap S D. , 1995. Relationship Marketing and Distribution Channels [J]. *Journal of the Academy of Marketing Science*, 23 (4), 305 – 320.

[314] Wells W. A. . 1974. *Venture Capital Decision-making* [M]. University

Microfilms.

［315］Wen W. , Zhang Q. . 2015. A Design of Straw Acquisition Mode for China's Straw Power Plant based on Supply Chain Coordination ［J］. *Renewable Energy*, 76: 369 – 374.

［316］Wijbenga F. H. , Postma T. J. B. M. , Stratling R. 2007. The Influence of the Venture Capitalist's Governance Activities on the Entrepreneurial Firm's Control Systems and Performance ［J］. *Entrepreneurship Theory & Practice*, 31 (2): 257 – 277.

［317］Williams J. B. , Graham B. 1939. The Theory of Investment Value ［J］. *Journal of Political Economy*, 49 (193): 121 – 122.

［318］Williamson O. E. . 1975. *Markets and Hierarchies: Analysis and Antitrust Implications* ［M］. New York: The Free Press.

［319］Wright M. , Amess K. , Weir C. , et al. 2010. Private Equity and Corporate Governance: Retrospect and Prospect ［J］. *Corporate Governance An International Review*, 17 (3): 353 – 375.

［320］Wu C. , Li K. , Shi T. 2017. Supply Chain Coordination With Two-part Tariffs under Information Asymmetry ［J］. *International Journal of Production Research*, 55 (9): 2575 – 2589.

［321］Xiao T. , Choi T. M. , Cheng T. C. E. 2015. Optimal Variety and Pricing Decisions of a Supply Chain with Economies of Scope ［J］. *IEEE Transactions on Engineering Management*, 62 (3): 411 – 420.

［322］Xu G. , Dan B. , Zhang X. , et al. 2014. Coordinating a Dual-channel Supply Chain with Risk-averse under a Two-way Revenue Sharing Contract ［J］. *International Journal of Production Economics*, 147 (1): 171 – 179.

［323］Xu H. , Shi N. , Ma H. S. , et al. 2010. Contracting with an Urgent Supplier under Cost Information Asymmetry ［J］. *European Journal of Operational Research*, 206 (2): 374 – 383.

［324］Yang D. , Qi E. , Li Y. . 2015. Quick Response and Supply Chain

Structure with Strategic Consumers [J]. *Omega*, 52: 1 - 14.

[325] Yeganegi S. , Laplume A. O. , Dass P. , et al. 2016. Where do Spinouts Come From? The Role of Technology Relatedness and Institutional Context [J]. *Research Policy*, 45 (5): 1103 - 1112.

[326] Yi H. , Sarker B. R. . 2013. *An Operational Policy for an Integrated Inventory System under Consignment Stock Policy with Controllable Lead Time and Buyers' Space Limitation* [M]. Elsevier Science Ltd.

[327] Yin S. , Nishi T. , Zhang G. 2013. A Game Theoretic Model to Manufacturing Planning with Single Manufacturer and Multiple Suppliers with Asymmetric Quality Information [J]. *Procedia Cirp*, 7 (12): 115 - 120.

[328] Zhang G. . 2010. The Multi-product Newsboy Problem with Supplier Quantity Discounts and a Budget Constraint [J]. *European Journal of Operational Research*, 206 (2): 350 - 360.

[329] Zhang H. , Nagarajan M. , Sošić G. 2010. Dynamic Supplier Contracts under Asymmetric Inventory Information [J]. *Operations Research*, 58 (5): 1380 - 1397.

[330] Zhang Q. H. , Luo J. W. . 2009. Coordination of Supply Chain with Trade Credit under Bilateral Information Asymmetry [J]. *Systems Engineering - Theory & Practice*, 29 (9): 32 - 40.

[331] Zhang R. , Liu B. , Wang W. , et al. 2012. Pricing Decisions in a Dual Channels System with Different Power Structures [J]. *Economic Modelling*, 29 (2): 523 - 533.

[332] Zhao F. G. , Wu D. D. , Liang L. , Dolgui A. 2015. Cash Flow Risk in Dual-channel Supply Chain [J]. *International Journal of Production Research*, 53 (12): 3678 - 3691.

[333] Zhu H. , Chen J. 2009. Valuing Venture Capital Contracts: An Option Pricing Approach [J]. *J. Math. Study*, 46 (2): 117 - 125.

[334] Zissis D. , Ioannou G. , Burnetas A. 2015. Supply Chain Coordina-

tion under Discrete Information Asymmetries and Quantity Discounts ［J］. *Omega*, 53: 21 – 29.

［335］ Zuluaga L. F. , Peña J. F. 2005. A Conic Programming Approach to Generalized Tchebycheff Inequalities ［J］. *Mathematics of Operations Research*, 30 (2): 369 – 388.